基金项目

教育部人文社会科学研究青年基金（10YJC840085）
南昌大学社会科学学术著作出版基金

农村社区建设中的社会动员机制研究

袁小平　著

中国社会科学出版社

图书在版编目（CIP）数据

农村社区建设中的社会动员机制研究／袁小平著.—北京：中国社会科学
出版社，2020.11
ISBN 978 – 7 – 5203 – 7329 – 6

Ⅰ.①农… Ⅱ.①袁… Ⅲ.①农村社区—社区建设—研究—中国
Ⅳ.①D669.3

中国版本图书馆 CIP 数据核字（2020）第 186416 号

出 版 人	赵剑英
责任编辑	王莎莎
责任校对	张爱华
责任印制	张雪娇

出　　版	中国社会科学出版社
社　　址	北京鼓楼西大街甲 158 号
邮　　编	100720
网　　址	http://www.csspw.cn
发 行 部	010 – 84083685
门 市 部	010 – 84029450
经　　销	新华书店及其他书店

印　　刷	北京君升印刷有限公司
装　　订	廊坊市广阳区广增装订厂
版　　次	2020 年 11 月第 1 版
印　　次	2020 年 11 月第 1 次印刷

开　　本	710×1000　1/16
印　　张	19
插　　页	2
字　　数	265 千字
定　　价	118.00 元

凡购买中国社会科学出版社图书，如有质量问题请与本社营销中心联系调换
电话：010 – 84083683

前　言

　　社会动员对社区来说有着独特的意义，强而有效的社区动员有助于提升社区参与、促进社区行动和社区结构发育，塑造社区文化。在一定程度上来说，社会动员是农村社区能力的直接衡量指标，它所关注的动员主体、客体、资源、渠道、话语等都与当下农村社区建设的目标与内容密切相关。而这也恰恰是农村社区建设的难点所在。从各地实践情况看，我国的农村社区建设存在着政策与行动之间的张力。政策体系虽然在不断完善，但社区行动却有诸多不足，表明农村社区的社会动员能力仍然非常偏弱。为适应国家治理转型的需求，迫切需要找到提升农村社区动员能力的新路径，并建立相应的保障机制。

　　基于此一现实，本书将焦点聚焦于农村社区建设中的动员机制上，希望通过对这一主题的研究发现当前农村社区建设社会动员机制的不足及其结构性原因，进而建构出一种高效的社会动员机制以促进农村社区建设开展。为实现上述研究目标，本书共选取了江西省N市、J市、JA市和S市的12个村作为实地调研点，考察它们在农村社会建设中所使用的不同社会动员模式，系统分析其形成机制、特征及优缺点。研究发现在社会动员模式上，当前农村社区常采用的动员方法包括行政动员、项目动员、能人动员、自组织动员。行政动员主要依靠政府的强力推动，具有天然的强制性与组织性，在资源的配置上具有充足性与可持续性，从而保证动员的统一性；项目动员是依靠项目所能提供的经济吸引力来实现动员；能人动员核心是乡村精英的人格魅力与能力，具有凝聚力强、效率高的特征；自组织动员的动力主要来自于社区内的自组织的组织利益与组织需要，这一模式相对民主化，与乡村传统资源的耦合度强。当然，四种模式也分别存在着不同的缺点，行政动员存在政府包袱过重、上下级政府权责不匹配等问题；项目动员最常出现的是资源获取难以可持续性、资源分配容易不公等问题；能人动员由于缺乏监督，容易滋生腐败现象和不当行为；自组织动员易受到人情与关系的冲击。

此外，从机制上看，四种动员方法在运行、动力和保障等方面也存在一些共同的不足。运行机制方面存在着无反馈机制、无对动员对象的分类甄别机制、无对动员主体的整合机制问题；动力机制方面存在着未建立动员主体的动员目的与农村社区建设目标的整合机制、缺乏对社区动员动力的持续性激励机制、没有建立动员理念的更新机制问题；保障机制方面存在着缺乏条件保障机制、缺乏风险预防机制问题。诸多动员机制的缺失导致村民的参与意愿不强，参与行为不积极。后续的农村社区建设应将机制建设作为完善农村社区建设社会动员模式的重点，具体而言需要着重完善农村社区动员的动力机制、运行机制与保障机制。

有效的动员是创新社区治理的关键，它能在社区和村民之间建立起强有力的勾连。由于全国各地的社区差异巨大，本书提出的完善社区社会动员机制的方法难以保证普适性，仅做一个抛砖引玉。

目　　录

第一章　导论

第一节　研究的缘起

（一）关注农村社区具有重要的社会学意义

　　自德国学者滕尼斯（Ferdinand Tönnies）在 1887 年提出"社区"这一概念以来，社区就被当作一个重要的研究课题，吸引着众多社会研究者的关注。虽然学者们对社区定义理解存在着一些差异，例如早在 1955 年美国学者 G. A. 希莱里就汇总了 94 个有关社区的定义，但大部分学者都继承了滕尼斯的学术传统，将社区当成人类的一种生活形态，这种生活形态具有"共同体"的神圣魅力，吸引着社区成员。后来，芝加哥学派的旗手帕克（Parker）教授发展了滕尼斯的社区思想，将区位地理因素植入社区概念中。他认为，社区的本质特征包括三部分：组织起来的人口、人们或多或少地扎根于他们所占用的土地、人口中的各个子群体生活在相互依存的社会关系中。概言之，人口、地域、共同的纽带和社会交往是社区的核心①。帕克教授的社区思想深深地影响了中国社会学界对社区的看法，费孝通先生曾将社区看成是"若干个社会群体或社会组织聚集在某一地域里形成的一个在生活上相互关联的大集体"。1933 年，以费孝通为代表的一批燕京大学青年学生在翻译帕克教授的论文集时，将英文的"community"翻

---

① Fritz, Jan Marie, and Rhéaume, Jacques, *Community Intervention：Clinical Sociology Perspectives*, New York：Springer, 2014.

译成"社区"。除此之外，他们还认为，这种以区域为基础的人群的集合是更大规模的社会投影，是人们生活的时空的坐落。因此，分析社区或以社区为研究对象具有重要的社会学意义。"每一个社区有它一套社会结构，各制度配合的方式。因之，现代社会学的一个趋势就是社区研究，也称社区分析。"① 这一观点也得到了莱德维特（Ledwith）的赞同，他认为社区是一个跨社会差异、不同历史和文化相互交织的复杂系统，它包括了社会的所有特质，以社区为分析对象能反映政治与社会的变迁。②

　　社区的共同体性质在农村社会体现得更加明显。实际上，在滕尼斯的笔下，社区的这种生活形态所代表的就是农村社区，它与城市社会相对应，共同构成了人类生活的两种理想分析形态。在他看来，农村社区建立在自然感情的基础上，具有人际交往的情感性、社会控制的非正式性、社会团结度较高等性质。我国有着广袤的农村区域和众多的农村人口，有着几百万个农村社区，这些农村社区构成了一个个特征各异、意义丰富的"地方性知识"。很明显，以农村社区为分析单位，有助于在多样性与统一性之间把握这些"地方性知识"的内涵，并有助于在宏观层面更好地理解、把握当前中国社会结构、文化的特征。早在几十年前，主张社区分析的中国学派的学者们（如吴文藻、费孝通、林耀华、杨懋春等）就十分注重分析农村社区，并诞生了一大批研究作品。费孝通先生的早期作品《乡土中国》就是通过对农村社区的分析来把握中国农村社会结构的。他认为"血缘和地缘的合一是社区的原始状态"，农村社区是"熟人社会"，这是农村社区乡土性的重要原因。

　　农村社区，就是指聚居在一定地域范围内的农村居民，在农业生产方式基础上所组成的社会生活共同体。农村社区是城乡社区的重要

① 费孝通：《乡土中国》，生活·读书·新知三联书店1985年版，第94页。
② Margaret Ledwith, *Community Development：A Critical Approach*, Great Britain：Policy Press, 2005.

组成部分，是构建和谐社会的重要基础。农村社区建设主要是指在党和政府的领导下，动员各方面力量，整合农村基层资源，强化农村服务功能，深化村民自治，解决社区问题，合力建设管理有序、服务完善、文明祥和的新型农村社会生活共同体的过程。改革开放以来，农村经济快速发展，农民生活水平显著提高，村民自治制度初步建立并显示出巨大的政治优势。改革开放后，在城乡差距不断拉大的背景下，社会各界更加注重对农村社区的关注与分析。在研究方面，学者们不仅将农村社区看成是一个村庄，还将农村社区看成是居民区、乡镇，乃至更广阔的地区；同时还在研究方法上寻求突破，不再将农村社区作为一个研究个案，充分利用类型比较法和个案拓展法将农村社区研究引向更深层次，通过农村社区研究建构更为宏大的社会理论。因此，社区研究，或者说以农村社区为分析对象已成为社会学界讨论社会交往、社会结构、社会变迁，建构中国社会学理论的重要研究取向。

（二）农村社区建设得到中央政府的不断重视与强调

从全球化的角度看，社区建设变成一种社会政策是第二次世界大战之后的事情。战后，联合国在吸取西方国家战前社会建设经验的基础上，在全球范围内倡导社区发展运动。1955 年，为了更好地指导各个国家和地区的社区建设，联合国出版了《经由社区发展获得社会进步》的报告书，提出了社区发展运动的十项原则。但就我国而言，将社区建设作为一种社会政策是改革开放之后的事情，这主要源于城市改革所导致的"单位制"消解以及社会转型所出现的各类社会问题的倒逼。

新中国成立后，我国逐渐形成了"国家—单位—个人"的社会管理方式，这也是当时中国社会结构的主要形式[1]，个人隶属于单位，

---

[1] 田毅鹏：《单位制与中国社会密码》，腾讯网，https://new.qq.com/omn/20181218/20181218G008OL. html.，2018 年 12 月 18 日。

而单位又隶属于国家。个人通过单位以及附属于单位的街区与国家发生关系。对整个社会体制而言，城市的街区被分成一个个小块，是单位的延伸，"社区单位化"和"单位社区化"是社会管理体制的一体两面①。改革开放后，随着国有企业的改革及市场上各类民营企业的兴起、流动人口的增加，国家不再是社会资源的主要分配者，既有的"单位制"管理体制受到了强有力的冲击。为了解决城市社会的管理问题，1989年，国家修订了《中华人民共和国城市居民委员会组织法》，倡导城市居民依法办理自己的事情，而办理的载体就是"居民委员会"（简称"居委会"）。居委会的设立按照便于居民自治的原则，规模在100户至700户范围内。与此同时，负责社会福利部门的民政部也开始倡导"社会福利社会办"，开始建立城市的社区服务体系。20世纪90年代初，我国正式开始了社区建设的探索。21世纪以来，城市社区建设得到了中共中央和国务院的重视，认为这对推动城市的改革与发展具有十分重要的意义②，同时，这也代表着社会管理方式的重大变革③。

　　国家政策对社区建设的重视很快延伸至了农村。与城市相比，农村的人口、地理空间、产业、社会交往、社会运行、文化系统、社会控制等都有着自己特征。费孝通先生曾用"乡土性"等一系列概念来概括中国农村社会的特征。在传统社会，中国农村有着一套建立在血缘、地缘上的社会运作逻辑。改革开放后，中国农村社会的变迁也在加剧，国家也在农村地区探索实行村民自治，要村民自我管理、自我教育、自我服务。④ 1980年，广西壮族自治区合寨村首创了村民自

---

　　① 华伟：《单位制向社区制的回归》，《战略与管理》2000年第1期。

　　② 中共中央办公厅、国务院办公厅：《民政部关于在全国推进城市社区建设的意见》（中办发〔2000〕23号）。

　　③ 李宝库：《社区建设是社会管理方式的重大变革》，《领导信息决策》2001年第26期。

　　④ 全国人民代表大会常务委员会：《中华人民共和国村民委员会组织法（试行）》，中国人大网，http://www.npc.gov.cn/wxZJMQl/gongbao/1987-11/24/content_1481517.html.，1987年11月24日。

治制度。1998 年 11 月，《中华人民共和国村民委员会组织法》施行，正式确定了村民委员会与地方政府的关系，用法律的形式明确了村民委员会的属性，将其定位于村民自我管理、自我教育、自我服务的基层群众性自治组织，实行民主选举、民主决策、民主管理、民主监督。不可否认，村民自治制度解决了农村社会治理问题。在村民自治制度下，村民自治委员会是农村社会的基本单位，也是农村进行社会管理的主要载体和力量。借此，我国在农村地区重塑了一种新型的社会管理方式，也间接地塑造了一种新型国家与社会的关系，对推动基层民主具有重要意义。

在村民自治制度下，村民自治委员会大都由"人民公社"时期的"大队"改换而来，具有一定的历史性。从实践情况看，村民自治委员会确实有利于解决农民社会生活方面的问题，对排解村民冲突、优化村庄内部关系等具有重要功能。但是村民自治委员会无法解决村庄的发展问题，也无法解决农村与城市不断扩大差距的问题。例如，从 1998 至 2005 年间，我国的城乡收入差距一直在扩大。1998 年，我国农村居民家庭人均纯收入为 2162 元，集镇居民家庭人均可支配收入为 5425.1 元，后者约是前者的 2.51 倍。到 2005 年，农村居民家庭年人均收入增长至 3254.9 元，集镇居民家庭人均可支配收入升至 10493 元，后者约是前者的 3.22 倍。在固定资产投资方面，1999 年我国用于农村的固定资产投资为 6221.7 亿元，用于集镇的固定资产投资为 23732 亿元，前者约为后者的 0.26 倍；2005 年我国用于农村的固定资产投资为 13678.5 亿元，用于城镇的固定资产投资为 75095.1 亿元，前者约为后者的 0.18 倍，五年间下降了 0.08 的份额。①

---

① 国家统计局：《国家统计年鉴 2006 年》，参见国家统计局网站（2007 年），http://www.stats.gov.cn/tjsj/ndsj/2006/indexch.html.。

表1.1　　　　　　　1998 年至 2005 年间农村居民人均纯收入与

城镇居民可支配收入之比[1]

年份（年）	农村	城镇	比例
1998	2162.0	5425.1	2.51
1999	2210.3	5854.0	2.65
2000	2253.4	6280.0	2.79
2001	2366.4	6859.6	2.90
2002	2475.6	7702.8	3.11
2003	2622.2	8472.2	3.23
2004	2936.4	9421.6	3.21
2005	3254.9	10493.0	3.22

　　改革开放后，我国的经济发展道路存在着严重的不平衡问题，城乡差距也不断拉大。在城市取向和工业化发展取向的发展路径影响下，农村所获得的发展资源非常有限，农村的公共事业、基础设施和社会服务严重匮乏，农民的收入增长非常缓慢。例如，2001 年，中国农民的年均纯收入为 2366.4 元，而集镇居民的年均纯收入为 6859.6 元，后者是前者的 2.90 倍；2002 年，农民的年均纯收入增加到 2475.6 元，而集镇居民的年均纯收入则为 7702.8 元，是农村居民纯收入的 3.11 倍①。此外，由于大量的农民进入城市打工，成为流动人口，留在农村的人口主要以儿童、妇女和老人为主。农村在社会治理方面面临着人力极度缺乏的困境。鉴于我国存在着严重的城乡差距问题，国家在 21 世纪初就开始注重通过推行公共服务均等化来弥补城乡之间的鸿沟。在此背景下，更多的社会服务在农村当中得以开展，农村社区建设也被作为一项重点任务不断得到中央政府的强调，作为统筹城乡发展的两大路径之一。②

----

① 国家统计局：《国家统计年鉴 2002—2003 年》，国家统计局网站（2007 年），ht-tp://www.stats.gov.cn/tjsj/ndsj/2006/indexch.html.。

② 夏周青：《农村社区建设工作手册》，国家行政学院出版社 2010 年版，第 28 页。

2003 年，党的十六届三中全会提出要发挥市场在资源配置中的基础性作用，以统筹城乡发展、区域发展、经济社会发展等。同时，会议还提出了要发挥城乡社区自我管理、自我服务的功能。2006 年，一些地区在新农村建设的过程中，增强了农村社区的服务功能，这对化解乡村矛盾、推动城乡一体化具有重要作用。因此，在 2006 年 7 月全国民政工作年中情况分析会上，民政部做出了"认真开展农村社区建设试点"的工作部署。之后，民政部下发了《关于做好农村社区建设试点工作，推进社会主义新农村建设的通知》（民函〔2006〕288 号），决定在全国有条件的地方开展农村社区建设的试点工作，要求各地在党委、政府的统一领导下，选择一批村民自治工作基础扎实、群众积极性高、党政领导高度重视的县、乡、村进行农村社区建设试点，为全面开展农村社区建设积累经验。同年 10 月，"农村社区建设"正式被作为一项重要任务上升到了国家战略。在党的十六届六中全会通过的《中共中央关于构建社会主义和谐社会若干重大问题的决定》中，首次使用了农村社区建设这一概念，提出要"积极推进农村社区建设，健全新型社区管理和服务体制，把社区建设成为管理有序、服务完善、文明祥和的社会生活共同体"。这一任务在 2007 年党的十七大会议上再次得到重申，农村社区建设获得了与城市社区建设同等的地位。

为更好地总结全国各地农村社区建设经验，探索农村社区建设的建设思路，2007 年 3 月，民政部在山东省青岛胶南市召开了全国农村社区建设工作座谈会，拉开了全国范围内的农村社区建设的序幕。之后，民政部正式在全国启动了农村社区建设实验工作，为此民政部印发了《全国农村社区建设实验县（市、区）工作实施方法》（民函〔2007〕79 号），先后在全国确立了 304 个"全国农村社区建设实验县（市、区）"，推动了农村社区管理体制和机制的创新。由于各级政府的重视与努力推动，全国的农村社区建设实验工作进展迅速，涌现出"一村一社区""多村一社区""一村多社区"等多种社区建模式。2009 年，为巩固、扩大农村社区建设实验工作的受益面，民政部又下发了《关于开展"农村社区建设实验全覆盖"创建活动的通知》（民发〔2009〕27 号），要求各试验点推行领导协调机制、社区建设规划、社区综合服务设施、社区各项服务和各项管理的全覆盖，并陆续确定了一批"全国农村社区建设实验全覆盖示范单位"。

2010 年的中央一号文件也提出要开展农村社区建设创建活动，加强服务设施建设。为落实该文件精神，同年 10 月，民政部在宁夏回族自治区召开了全国农村社区建设实验工作推进会，分析研究实验工作的问题，安排部署农村社区建设创建活动的具体工作，会议提出要进一步扩大实验范围、强化政策指导、完善管理服务、加强队伍建设、健全体制机制，着力推进以完善乡村治理机制为重点的农村社区管理体制建设……为全面推进农村社区建设奠定坚实的基础。①

历经几年的试点实验，全国的农村社区建设实验工作取得了不俗的成绩。2015 年，中共中央办公厅、国务院正式决定在全国开展农村社区建设的试点工作，并下发了《关于深入推进农村社区建设试点工作的指导意见》（中办发〔2015〕30 号），结合党的十八大和十八届三中、四中全会精神，创新农村基层社会治理，提升农村公共服务水平，促进城乡一体化建设，将充分认识深化农村社区建设试点的重要意义，在坚持"以人为本、完善自治，党政主导、社会协同，城乡衔接、突出特色，科学谋划、分类施策，改革创新、依法治理"的原则下，将农村社区与农村基层治理创新、新型城镇化联系起来，要求打造一批管理有序、服务完善、文明祥和的农村社区建设示范点，为全面推进农村社区建设、统筹城乡发展探索路径、积累经验。

在党和政府的强力推动下，农村社区建设在全国蓬勃开展，并成为当前创新基层社会治理、推进新型城镇化的一个重要面向。从政策发展的脉络可见，在短短十余年间，农村社区得到了国家政策的不断

---

① 姜力：《在第三期全国农村社区建设实验工作讲习班上的讲话》，中央政府门户网站，http://www.gov.cn/gzdt/2007－11/28/content_ 819356. html.，2007 年 11 月 28 日。

重视,农村社区的功能被不断挖掘,农村社区建设的定位也越来越清晰。与政策脉络相对的是,农村社区在行动层面也得到了不断的强化,其内涵也在不断丰富。经由政策的不断拓展以及十余年的发展建设,农村社区早已脱离了原来的空间和共同体内涵,变成了一个乡村社会的行动者;成为乡村资源分配、公共服务供给、社会福利传递、社会管理与社会治理的行动者,且具有强大的行动能力。农村社区不仅已成为乡村社会的主要社会力量,也是国家与乡村社会互动的中间载体,更是吸纳乡村社会其他社会组织与民间力量的主要中介,是乡村社会力量互动的平台。例如,通过民政部的重点"三社联动"计划,农村社区涌现了众多的草根组织和专业社会工作者,这两种力量和社区的自身力量在社区领域进行了大量的有效互动,有效地驱动了农村基层的社会治理创新[1]。由此,农村社区作为社会基本单位的内涵也由结构单位扩展到了行动单位。

(三)社会动员在农村社区建设中的重要功能

动员最初是一个军事用语,主要指战争动员,强调调控一切国家与社会资源用于战争之需,又特指对军人的宣传、调动,用以激发军队的士气。由于动员与国家密切相关,动员一词随后进入政治社会学的分析视野中。在较长一段时期内,社会动员的研究都集中在该领域,学者习惯将社会员与革命、集体行动、社会运动、民主、国家能力、政治体制等联系起来进行分析。因此,社会动员的研究往往被打上了国家视角、革命视角、运动视角[2]。在实践中,社会动员也被作为一种国家的治理方式。从革命时代起,广泛有效的动员和组织人民群众一直是我党的政治优势,这也体现了我党一贯坚持的"从群众中来,到群众去"的工作方针。因此,社会动员一直被当作我党执政能

---

[1] 汪治强:《"三社联动"驱动社会治理创新》,《社会治理》2016 年第 3 期。

[2] Jia Gao and Yuanyuan Su,"Social mobilization in a changing China:A critical review of the literature",*Current Sociology*,July 2017,p. 929.

力的一个具体体现①。例如，克思明通过对党在农村动员的深入研究中发现，在动员中，统一战线是弹性，武装斗争是力量，党的建设是组织，以弹性为原则，以力量为基础，以组织为枢纽是党动员成功的根本关键。

随着社会变迁的加快，社会动员的意义被不断放大，社会动员本身也被看成是一个社会变迁的过程。例如，美国学者多伊奇（Deutsch）将社会动员放入现代化的社会背景中加以考察，认为社会动员是"人们所承担的绝大多数旧的社会、经济、心理义务受到侵蚀而崩溃的过程，人们获得新的社会化模式和行为模式的过程"②。美国政治学家 S. N. 艾森施塔特（S. N. Eisenstadt）在 1965 年发表的《现代化：对抗与变迁》中也指出，社会动员意味着人们在态度、价值观和期望等方面和传统社会的人们分道扬镳，并向现代社会的人们看齐。③ 借由二者的努力，社会动员进入了社会学的主流分析视野，通过对社会动员的分析，可以透过个体的改变与社会变迁之前的关系，架构起分析个人与社会关系的桥梁。社会动员的过程，不仅是人的改变过程，也是一个社会资源的重新组合、配置过程。因此，分析现代的社会动员，可以为人们适应、驾驭现代社会提供思路④。同时，从发展社会学的角度看，社会动员是推动可持续性发展政策的重要手段，也是培育地方领袖、促进民间参与，鼓励国家、市场、社会力量合作并建立伙伴关系的重要手段。

社会动员不仅在宏观层面具有重要的社会意义，在微观层面对社区来说也有着独特的意义。因为在社区范围内，成功的社会动员涉及

---

① 周凯：《社会动员与国家治理：基于国家能力的视角》，《湖北社会科学》2016 年第 2 期。

② ［美］卡尔·多伊奇：《社会动员与政治发展》，美国政治科学评论出版社第 55 号，第 501 页。

③ ［美］塞缪尔·亨廷顿：《变革社会的政治秩序》，李盛平等译，上海译文出版社 1989 年版，第 5 页。

④ 郑永廷：《论现代社会的社会动员》，《中山大学学报》2000 年第 2 期。

许多要素和条件，包括动员者、目标设定、动员资源、渠道、问题解决等。因此，社会动员对于社区而言，与社区参与、社区行动、社区结构、社区文化等密切相关。

第一，社会动员是提升社区参与的直接手段。社区参与是社区实施社会动员的直接结果，一次成功的动员就是希望动员对象能够采取与动员主体相一致的行为取向。社会动员可以从两方面提升社区的参与率。一方面，社会动员会加强和扩展社区内的互动，进而提升社区参与率。在动员过程中，动员主体所采取的系列动员方法会加强、加深社区成员、群体、社区组织之间的互动，扩大社区内互动的频率、广度与宽度，为社区参与提供了可能。在此过程中，有关动员事项的利益相关者之间的互动会被直接放大。成功的社会动员甚至会将社区内的各类利益相关者链接在一起，以提高他们对特定计划的认识和需求。当来自社区不同部分的人拥有共同目标并积极成为解决方案的一部分时，社区参与也就得到了增加。[1] 另一方面，社会动员会拓展社区表达机制，运用议程设置方法确定社区事务的优先事项，为社区参与提供多种可能。许多学者认为，社区参与的重要渠道是社区内的表达机制[2]。学者穆比亚齐（G. M. Mubyazi）和赫顿（G. Hutton）通过研究社区健康发现，社区参与越来越被认为是维持健康改善结果的干预措施的关键，而社区参与的关键是推动社区在赋权、所有权、成本效益和健康改善的可持续性方面进行对话。[3]

第二，社会动员是促进社区行动的关键。社区行动是社区作为一个整体的行动者所展示出来的一系列行为，是解决社区自身问题的重

---

[1] World Health Organization, "Community-based rehabilitation: CBR guidelines", *World Health Organization*, Vol 47, 2010, p. 455.

[2] G. M. Mubyazi, G. Hutton, "Rhetoric and reality of community participation in health planning, resource allocation and service delivery: a review of the reviews, primary publications and grey literature", *Rwanda Journal of Health Sciences*, 2012, pp. 51 – 65.

[3] S. B. Rifkin, "Examining the links between community participation and health outcomes: a review of the literature", *Health policy and planning*, 2014, p. 98.

要方法，因此，社区行动力是社区能力的重要体现。在现代社会，社区行动还被认为是各类社会活动的发端和扩散、促进力量。① 对社区行动而言，社会动员一是会促进社区觉醒，二是会促进社区的一致性行动。社区觉醒是社区行动的第一步。在对社区居民进行动员的过程中，各种动员策略会增进社区居民对社区行动计划的接触。当到达一定程度后，社区居民的社区意识、责任意识便会逐步提升。同时，社区内的各种声音也会逐步显现，甚至会进行多方的"讨价还价"，但"讨价还价"方式本身就是社区觉醒的开始②。在此过程中，社区的冲突甚至会显现和爆发出来。但正如冲突学派所言，冲突的显现具有正功能，对社区而言是一种团结的"安全阀"，社区成员的凝聚力会得到提升。当社区成员对某一社区计划形成的凝聚力超过一定程度时，社区内的信任、合作也会被逐渐培育，社区的一致性行动就成了可能。

　　第三，社会动员有利于促进社区结构的发育。社区结构主要体现为社区的内部关系结构和社区与外部环境之间的关系。"社区结构"一词最初是生态学家用于指示特定环境中存在的生物体数量以及它们如何相互关联的术语。在社区研究中，社区的内部结构指的是社区居民、社区群体、社区组织之间的关系结构，其中最重要的结构是社区内部的权力结构。在社会学者看来，权力结构是社区正常运行的关键，也是社区最为显著特征的影响因素。林德夫妇在 1930 年的《中镇》一书中就揭示了，在社区遭遇外部危机时，社区中的某个家庭垄断全社区的经济命脉的现象。③ 对社区而言，社会动员的过程不仅是对社区居民宣传、发动的过程，还是一个重塑社区权力结构的过程。社区结构往往是静态的，隐藏在人们的日常生活之中。社会动员的过程为社区结构的显现营造出了一个个社区的"事件"，由此会让社区

---

① Terry Robson, *The State and Community Action*, London: Pluto Press, 2000.
② 袁超:《中国社区觉醒时代到来了吗?》,《新产经》2012 年第 12 期。
③ 朱琦:《社区结构与权力分布》,《社会》2002 年第 8 期。

内的各种权力粉墨登场。由于社区内的各群体对社区计划的态度不一，社区内的既有利益相关方会重新生成、组合，由此改变社区既有的权力结构。同时，社区的一致性行动代表着社区能力的提升，而这必将改变社区与外部环境的关系。例如，联合国儿童基金会就将社会动员看成一个参与和激励国家和地方各级合作伙伴和盟友的进程，通过对话提高对特定发展目标的认识和要求。[①] 对社区而言，社会动员也会让社区获得更多的合作伙伴，改变社区的外部关系结构。

第四，社会动员还是社区文化塑造的有力工具。社区文化是社区整合和可持续发展的动力。在我国农村，农村文化还是各个村落具有自身特色的"地方性知识"。我国现阶段要将农村社区建成"乡风文明"的共同体，必须重构农村社区的文化，发挥社区文化的整合团结作用，在社区内传播现代文明。因为社会动员的过程也是行动者有意识地在一个总体人群的某个亚群中创造"共意"的努力[②]，因此，成功的社会动员需要培养动员对象对动员目标的基本"共意"。对农村社区而言，社会动员会培育社区成员对社区计划的基本共识和一致性理解，这是社区共意形成的基础，在此基础上社区成员很容易形成对社区的归属感与认同感。同时，动员方法、动员渠道也是与社区的"地方性知识"相互嵌入的。对不同的社区而言，动员本身就是一种地方性知识。

对农村社区而言，社区参与、社会行动、社区结构的发育、社区文化的培育等都是社区建设的重要内容。总体来看，社会动员是农村社区能力的直接衡量指标，它所关注的动员主体、客体、资源、渠道、话语等都与农村社区建设的这些内容密切相关，而这也是当下我国农村社区建设的难点。从各地的实践情况看，我国农村社区建设的政策脉络与行动脉络之间存在着极大的张力，政策体系虽然在不断完善，但社区行动却有诸多不足。在社区参与方面，存在着动员结果停

---

① 参见 UNICEF，https：//www.unicef.org/cbsc/index_42347.html.。
② 肖灵：《网络公益的共意动员》，《光明日报》2016年3月20日第6版。

留于表象，村民参与积极性不高，难以促进村民的价值观以及社区结构的改变等问题。① 在社区行动方面，存在着外力主导的现象，农村社区的可持续发展能力和自身治理能力不高，提升乏力②，社区的集体行动能力弱。在社区结构方面，我国的农村社区治理结构仍不完善，社区社会组织发育缓慢，农村社区建设与村民自治关系仍未得到有效梳理。在社区文化方面，存在着村民的社域认同问题③，农村社区居民的主体性缺失④，社区的内聚力依旧较弱，社区文化呈现出离散性特征，难以形成统一的社区价值取向。以上状况表明，农村社区的社会动员能力仍然偏弱，迫切需要找到提升农村社区能力的新路径，并建立相应的保障机制。

（四）各地农村社区建设开展经验

随着中共中央《关于深入推进农村社区建设试点工作的指导意见》（中办发〔2015〕30 号）的出台，湖北省省委办公厅、省政府办公厅印发了《关于深入推进农村社区建设试点工作的实施意见》（鄂办发〔2015〕54 号），提出了"省级财政采取'以奖代补'方式，通过一般性转移支付对困难地区给予支持的保障措施；明确在'十三五'期间，各地每年要选择不低于总数 5% 的行政村开展农村社区建设试点，制定试点方案，明确试点任务，落实工作责任，建立试点台账，确保试点效果。到'十三五'末，全省要有 25% 以上的行政村开展农村社区建设试点工作，形成市州有试点示范县（市、

---

① 此内容出自本课题已公开出版或发表的阶段性研究成果。袁小平、潘明东：《农村社区建设中社会动员的现状、问题与对策——来自江西省 9 个村的实地调查》，《南昌大学学报》2016 年第 5 期。

② 刘宝：《农村社区建设的范式转换与实践路径——基于社区能力建构的视角》，《福建论坛》2013 年第 6 期。

③ 刘振杰：《新型农村社区建设的成效、问题与对策——基于对河南部分地市的调研》，《信访与社会矛盾问题研究》2014 年第 2 期。

④ 李茂松：《农村社区建设进程中居民主体性缺失与建构研究》，《生产力研究》2017 年第 12 期。

区）、县（市、区）有试点示范乡镇（街道）、乡镇（街道）有试点示范村的工作格局"。2016 年 1 月 15 日，吉林省委办公厅、省政府办公厅印发了《关于全面推进农村社区建设的实施意见》（吉办发〔2016〕3 号），明确提出了从 2016 年起，力争用 5 年时间，有阶段、有重点地持续推进，把全省行政村全面建成管理有序、服务完善、文明祥和的农村社区的工作目标。同时明确要求，在推进农村社区建设中，要健全农村社区治理机制、改善农村社区服务设施、完善农村社区服务功能、推进农村社区法治建设、拓展农村社区文化内涵和改善农村社区人居环境，与全省村级组织规范化服务建设和新农村建设有机结合，确保农村社区建设取得实效。

随着国家对农村社区建设的重视，全国各地相继开展了农村社区建设运动并取得了相应的成效。河南新型农村社区建设不以村为单位，而是根据产业发展、地形地貌，打破村级区划界限，数村或数十个村合并，重新选址，拆旧建新，一个社区的人口规模少则 3000 人，多则近 10 万人。新型农村社区建设，推动了土地流转，实现了规模经营，为现代农业发展打下了基础；转移了农民，为小城镇建设提供了条件；迁村腾地，转移的劳动力也助推了工业化发展。以河南省新乡市为例，新乡市位于河南省北部，北依太行，南临黄河，是中原经济区核心区重要组成部分，也是全国农村改革试验区，现辖 12 个县（市、区），总面积 8249 平方公里，总人口 570 万人；市区建成区面积 105 平方公里，人口 106 万人。2012 年实现地区生产总值 1600 亿元，增长 11.4%；农民人均纯收入 8647 元，增长 14.8%。① 自广东省中山市被国家民政部正式确定为全国农村社区建设实验市以来，中山市人民政府和广大市民以科学发展观为指导，坚持统筹城乡协调发展为基础，积极发展和建设社会主义新农村及和谐社会，并以"六好"为准则，构建了农村社区建设的"2 + 8 + N"模式，不但解决了

---

① 《新乡市国民经济和社会生长统计公报》，https://wenku.baidu.com/view/0d5b82d58f9951e79b89680203d8ce2f0066659a.html.，2013 年 3 月 22 日。

许多农村出现的各类社会问题，而且为广大市民提供了优质的社会服务，使中山市农村社区建设取得显著成效。中山市民众镇位于中山市的北部，总面积 125 平方公里，有 19 个村（居）委会，常住人口 7.6 万多人，而外来人员就有 3 万多人，该镇是中山市的粮食主产区，2010 年该镇实现生产总值 42.57 亿元，农村人均收入 11421 元。

天津市自开展农村社区建设以来，取得了显著成效。"开展农村社区建设，村里建了便民服务室，医保、社保等很多事儿都能帮我们代办手续，不用自己来回跑了"，东肖庄村民罗艳高兴地说。全区开展创建农村社区建设工作以来，陈咀镇渔坝口四村、小王村和东肖庄村以该镇农村社区试点建设工作方案为基础，以实现物质文明、精神文明、政治文明和生态文明协调发展为目标，结合自身实际，发挥各自特色，通过完善基础设施建设、全面提升服务水平两项措施，进一步完善道路、水电、通讯等基础设施建设的同时，还修建了娱乐休闲广场、文化活动中心、图书室等，为群众休闲健身搭建了平台。同时，他们在村委会的明显位置悬挂服务标识，并设置宣传橱窗、公开栏、电子屏等，宣传教育文化、医疗卫生、计划生育、社区治安、社会救助、社会福利、劳动保障、法律宣传等公共服务内容。为全面提升便民服务水平，三个村还分别建立了综合便民服务室、党员教育活动室、警务室等，切实方便了社区居民生活，使农村社区建设工作取得明显成效。①

江西省作为中国中部大省，在农村社区建设方面也做出了较大努力。到 2015 年年底，全省行政村规划覆盖率达到 90.2%，自然村规划覆盖率达到 60.5%，累计整治建设 8.95 万个村组，覆盖了全省 44% 的自然村，启动了 654 个中心村建设，一批美丽宜居乡村已然形成。除此之外，在完善基础设施方面，全省在新农村建设点上共硬化道路 16.2 万公里，改水 378.4 万户，改厕 365.2 万户，让农民有了实实在在的"获得感"。2015 年省财政安排农村生活垃圾专项治理 2

---

① 《天津：确保农村社区建设取得成效》，三农网，https://www.zg3n.com.cn/article – 62637 – 1.html.，2018 年 1 月 5 日。

亿元，对县（市、区）进行奖补。各市县财政也积极安排资金，如赣州市本级财政从 2015 年起，每年整合涉农资金统筹安排农村生活垃圾专项治理 7300 万元，连续安排 3 年。2006—2015 年，全省用 147.67 亿元的三级财政资金（其中省级财政专项资金 52.58 亿元），直接撬动项目资金 129.8 亿元、农民投劳筹资 267.5 亿元、单位帮扶和社会捐资及其他资金 71.15 亿元，新农村建设投资总额达到 616.12 亿元，取得了财政资金投资乘数效应。[①] 为打造美丽中国"江西样板"、建成全面小康社会做出了更大的贡献。

（五）政府社会动员能力弱、村民不参与现象已成为制约农村社区建设进一步推进的重要问题

按照新农村建设的目标要求，以健全村党组织领导的充满活力的农村基层群众自治机制、扩大基层群众自治范围、完善社区管理和服务功能为重点，以便民、助民、利民、安民、富民为出发点，建立党委政府领导、民政部门指导、村级组织牵头、社区服务中心主办、社会力量支持、群众广泛参与的农村社区建设的运行机制，培育农村社区服务组织，拓展农村社区服务领域，发展农村社区卫生，繁荣农村社区文化，美化农村社区环境，维护农村社区治安，促进农村经济社会协调发展，实现村民自我管理、自我教育、自我服务、自我监督。

作为一项自上而下的社会建设政策，农村社区建设在实质上是一种政府主导的农村规划性变迁的过程，它的成功与否和村民的认同、参与息息相关。而且，参与是农民对社区认同感培育的主要方式；而架起村民参与社区建设的关联的主要方式就是社会动员。因为社会动员是有目的的引导社会成员积极参与重大社会活动的过程[②]，社会动员的方式、程度直接影响到了村民的参与，这将直接决定农村社区建

---

① 江西省委办公厅、省政府办公厅：《关于深入推进农村社区建设的实施意见》（赣办发〔2020〕3 号）。

② 吴忠民：《重新发现社会动员》，《理论前沿》2003 年第 21 期。

设的动力与效果。在我国历史上，曾经有过数次外界主导的农村规划性变迁的历史。20 世纪 30 年代，轰轰烈烈的乡村建设运动吸引着无数有识之士投身其中，但由于"号召乡村动而乡村实际不动"，导致乡建运动效果有限。而中国共产党在革命和社会主义建设时期，"由于将宣传工作延伸到农村基层社会和农民的心理深层"①，有效实现了对分散的乡土社会的动员与整合，最终取得了革命和建设的胜利。

在当下的农村社区建设中，党和政府对村民的动员与参与非常重视。2009 年《全国农村社区建设实验县（市、区）工作实施方案》就明确要求组织动员村民和社会各方面力量参与到农村社区服务和社区建设活动中。在全覆盖活动的创建中，相关文件也明确规定要在"创建活动中切实尊重农村居民的主体地位，保障农民的知情权、参与权、表达权、监督权，把满足农民群众需要作为全部工作的出发点和落脚点"②。至 2015 年，国家将"多元主体参与有机结合的农村社区共建共享机制"建设作为农村社区建设的目标之一。③

但是，随着科学发展观的落实，社会主义新农村建设的推进，一些农村在经济社会发展中逐步产生某些方面深层次的矛盾，城乡差别继续扩大。农村基础设施落后、公共服务薄弱、村民自治组织的行政化倾向严重、凝聚力不强，严重制约着全面建设小康社会的进程，影响着农民群众参与社会主义新农村建设的积极性。众多的报道以及学术研究也揭示，当前农村社区建设的社会动员能力非常弱，村民的参与率不高，这大大制约了农村社区建设的进一步开展。首先，农民的参与度非常低。一些地区的调查发现，许多农民对社区建设的认识仍处于表面层次，认为只是"上头给钱、给物"，是"政府的事，干部

---

① 徐勇：《"宣传下乡"：中国共产党对乡土社会的动员与整合》，《中共党史研究》2010 年第 10 期。

② 民政部：《关于开展"农村社区建设实验全覆盖"创建活动的通知》（民发〔2009〕27 号）。

③ 中共中央，国务院办公厅：《关于深入推进农村社区建设试点工作的指导意见》（中办发〔2015〕30 号）。

的事", 与自己的关系不大, 对社区的日常管理也不关心。① 一项全国性的调查也显示, 将近 60% 以上的农民认为社区建设主要依靠政府, 而与农民自身没有关系。② 此外, 农民对社区建设不买账的现象非常突出, 有些地区的社区建设还存在激化矛盾的现象。例如, 在经济发达的江苏、山东等地, 农村社区建设重点推行了"村改居"工程, 实行农民集中居住, 但两地因开发社区住宅楼而引发的极端冲突也屡见不鲜。许多地方在社区建设中存在工作方法简单、形式主义严重等问题。不少地方对社区建设的宣传仍停留在表面, 无法获得农民的认同。例如, 郭延安通过对山东省多个地市的调查发现, 社区建设中存在着盲目大拆大建和形式主义倾向, 一些地方为了追求整齐划一的效果, 盲目克隆城市做法, 修建广场、草坪等政绩工程。一些地区在农民不富裕、村集体经济赢弱的情况下, 提出"住宅向高层发展、设施配套向城市看齐"目标③, 将村庄整体搬迁, 远离农田, 使农村新型社区被称为"绣花枕头"。

但是, 目前农村社区的民主管理、民主决策、民主监督制度非常不健全, 农村参与渠道也非常少, 农民的利益表达机制还不健全, 农民在社区建设中的主体作用也无从体现。根据民政部的文件规定, 农村社区建设中要重点做好基层的体制机制创新, 但是各地的农村社区建设在强大的制度惯性影响下仍倾向于采用老方法, 实行行政式的强行干预, 很多建成"党委领导、政府负责、社会协同、公众参与"的多元治理格局。不少地区的社区参与存在着精英得利现象, 导致社区建设异化。在农村社区建设中, 不少地区都加大了对农村社区的投入, 推行公共服务均等化, 大力发展社区服务, 其中或多或少地有许多资源投入。但是, 不少地区社区参与显示, 在社区建设中, 精英群

---

① 张志胜:《农村社区建设中农民主体性的缺失与重构》,《青岛农业大学学报》2013第 3 期。
② 袁方成、王剑虎:《社区建设中的农民》,《华中师范大学学报》2009 年第 5 期。
③ 郭延安:《农村社区建设中存在的问题及其对策》,《中国发展观察》2012 年第11 期。

体和普通大众的参与情况是不一样的。精英群体由于能力和信息的隐私，对农村社区建设的参与较多，同时得利也较大，大量的农村社区建设资源被农村精英群体获得，而普通农民则难获机会。这种参与的马太效应会损伤普通村民的参与热情，导致广大村民成为沉默的大多数。

　　目前，我国关于社会动员的研究要么倾向于将社会动员作为一个因变量，研究其他变量对动员效果的影响；要么是将社会动员当作一个自变量，研究某种动员模式对社会治理的效果；很少有研究去分析社会动员本身的内涵与外延，更少有学者去研究社会动员的机制。学者们虽然发现了社会动员具有不同的模式，如资源动员①、政治动员②、精英动员③，也发现了当前农村社会动员的话语分析已经由能力过渡到了主体④，却很少有学者关注到每种动员方法的动力和保障条件，也鲜少有人去对造成这种研究话语转变的结构性原因做深层的分析，这种研究思路在农村社区建设中的社会动员研究方面也有所体现。例如，在完善农村社区建设社会动员方法的对策方面，学者们往往注重强调改变社会动员模式（如引入新的动员主体⑤、尊重农民主体地位⑥等），而较为忽视既有社会动员的内部机制创新。这种分析思路实际上是将当前的动员方法与既有的体制机制对立起来，认为应该重建而非改善社会动员。而实际上，当今中国社会仍处于转型时期，有关社会动员的体制与机制还没有完全定型，农村社区建设中许多社会动员的问题是由于体制与机制的不完善所引起的。如果仅仅注

---

① 韩志明：《利益表达、资源动员与议程设置——对于"闹大"现象的描述性分析》，《公共管理学报》2012 年第 2 期。

② 孔繁斌：《政治动员的行动逻辑——一个概念模型及其应用》，《江苏行政学院学报》2006 年第 5 期。

③ 仝志辉：《农民选举参与中的精英动员》，《社会学研究》2002 年第 1 期。

④ 邓万春：《从能力到主体：社会动员研究的话语转向》，《理论导刊》2009 年第 1 期。

⑤ 李静萍：《如何动员社会力量支持农村社区建设》，《沧桑》2014 年第 4 期。

⑥ 许远旺、卢璐：《从政府主导到参与式发展：中国农村社区建设的路径选择》，《中州学刊》2011 年第 1 期。

意到动员主体而忽略体制与机制的创新，最终所建立起来的多元主体社会动员模式仍会面临着机制失效的风险。

以上现象的存在共同说明了当前农村社区建设的动员机制出了问题。因此，为推进农村社区建设的健康发展，迫切需要加强社会动员机制的研究。

第二节　研究问题与研究目标

前述可见，农村社区建设已变成一种全国行动，社区对农村而言的意义也越来越重要，社区将不再是一种基本的生活单位，反而变成了一个重要的社会单位，具有多重社会功能，它对农民而言将不仅仅是一种交往共同体，还是生活共同体、认同共同体、文化共同体与治理共同体。农村社区建设是要探索出一条实现城乡统筹的可行路径，切实让农村居民的生活"美丽祥和"，从这个意义上说，农村社区建设是增进农村居民获得感的重要一步。

要实现农村社区建设的以上目标，除了增进农村社区的生产水平、提升农村社区的服务功能、改善农村社区的生活环境外，还需要优化农村社区的治理结构、强化农村社区的文化认同。也就是说，农村社区的能力建设和结构建设要同步进行，为此就需要找到一个好的切入点，能共同反映农村社区的能力与结构建设状况。但是当前农村社区的能力建设与结构建设却存在着脱节现象，在农村社区的能力建设中，由于有了资源的投入，农村社区的基础设施很容易得到改善、公共服务能力很容易得到提升，但是社区结构的优化却比较缓慢，其中，涉及如何重构农村社区内部的权力资源、社区与村民的关系、社区与国家的关系，这都是一种社区利益的重新再分配。

针对此情况，非常有必要引入社会动员研究。因为社会动员既是社区的一种重要能力，又能反映农村社区的结构，动员涉及动员主体、客体、动员手段之间的关系。此外，动员还与社区参与密切相关。在社会动员研究领域，已经形成了三个较为成熟的理论范式，分别为资源动员学派、结构学派和文化学派。资源动员学派的理论者（如 Davies）把动员对象看作一个理性行动者，认为个体对一项集体行动的参与与否、运动参与与否、参与到何种程度，都取决于他在该行动中所获取的收益和付出的代价。[1] 结构学派的理论者（如 Hoffer）认为宏观社会结构的角度是影响社会动员效果的最重要变量。[2] 文化学派的理论者（如 Doug）则强调个体情绪、情感与文化实践的互构。[3] 三大理论学派分别从资源、结构和文化的角度讨论了社区动员能力的影响因素，可以帮助加强对农村社区动员和社区能力建设的理解。

鉴于在具体的农村社区建设实践中，国家通过加大社区资源的做法并没有带来社区动员能力的相应提升，因此如何提升农村社区的资源动员能力就成为一个非常现实的课题。而与此同时，资源动员效率不高的现实也昭示出既有的社会动员理论不足以解释农村社区动员能力不足的现状，需要加以完善。目前虽然有不少研究发现了乡村社会整体动员能力低下，如乡村的衰败与空心化[4]、乡村治理陷入困境[5]、基层政府在乡村遇到合法性危机[6]等，也有研究发现在农村社区建设中村民对公共事务的参与度低[7]，还有研究探讨乡村各类资源（如各

[1]　J. C. , Davies, "Toward a Theory of Revolution", *American Sociological Review*, Vol. 27, No. 2, 1962, p. 5.

[2]　Eric Hoffer, *The True Believer: Thoughts on the Nature of Mass Movements*, Harp Peren, 1961.

[3]　Mcadam D. , Mccarthy J. D. , Zald M. N. , etc. , *Comparative Perspectives on Social Movements*, Cambridge University Press, p. 1.

[4]　陈家喜、刘王裔：《我国农村空心化的生成形态与治理路径》，《中州学刊》2012年第 5 期。

[5]　杨华、王会：《重塑农村基层组织的治理责任——理解税费改革后乡村治理困境的一个框架》，《南京农业大学学报》2011 年第 2 期。

[6]　段欣：《城乡基层治理中地方政府合法性危机研究》，《山西农业大学学报》2014年第 5 期。

[7]　谢治菊：《村民社区认同与社区参与——基于江苏和贵州农村的实证研究》，《理论与改革》2012 年第 4 期。

类精英[①]、草根、乡族文化[②]）的动员效率以及我国传统动员方式（如资源动员[③]）对现代的借鉴意义；但是这些研究在分析单位上重乡村整体而轻农村社区倾向，在研究内容上也偏重于国家动员，对社会性力量的关注度不足，虽能看到乡村各种资源的动员价值，但缺少整合性分析框架。值得注意的是，农村社区建设和农村社会建设有着诸多不同。社区是一个有着自己特质的特定场域，其动员能力的建设必须围绕着社区动员特质来进行讨论。

由此，本书将研究焦点聚焦于农村社区建设中的动员机制，希望通过对社会动员机制的研究，发现当前农村社区建设社会动员机制的不足及其结构性原因，建构出一种高效的、有力的社会动员机制来促进农村社区建设的开展。为达到以上目标，本书将研究问题设定为：现阶段我国农村社区建设的社会动员机制的现状及其结构性原因到底是什么？为回答以上问题，本书将这一主问题拆解为以下问题：当前我国农村社区建设的社会动员主要模式存在着什么样的特征？这些特征存在哪些不足？影响当前农村社区建设社会动员模式的主要机制是什么？其动力机制和保障机制有何特征？不同的社会动员模式之间的运行机制存在着何种差别？现阶段我国为完善农村社区建设的社会动员机制，该采取何种措施？等等。

第三节 研究意义

（一）理论意义

社会动员是社会学研究的一个重要领域，它与一个社会的结构、

---

① 王德福、张雪霖：《社区动员中的精英替代及其弊端分析》，《城市问题》2017 年第 1 期。

② 甘满堂、张孝廷：《传统社区资源动员与农民有组织抗争——对东南沿海农村抗争性集体行动的一种解释框架》，《辽东学院学报》2010 年第 5 期。

③ 冯仕政、朱展仪：《集体行动、资源动员与社区建设——对社区建设研究中"解放视角"的反思》，《新视野》2017 年第 5 期。

性质密切相关，可以反映出一个社会的现代化程度。传统社会与现代社会的动员模式、机制是完全不同的。[1] 同时，社会动员也是国家的一种治理方式，国家对社会动员机制的运用反映了国家对社会的治理思路与治理界限。社会动员的效果反映出了国家、社会与农民的关系。在中国农村研究中，对于国家与农民的关系解释，以往大都采用国家与社会的二元分析框架，较为喜欢分析日常生活、社会仪式中的国家与农民的关系，这种分析容易忽略静态的日常生活中未曾显现出来的关系结构。而通过分析农村社区建设中的社会动员机制，对农村社区建设的过程进行观测，能够发现国家力量与社会力量的互动程序与结构，发现本土性文化、社区内的地方性知识与国家力量对社区变迁的具体影响，可以丰富常用于分析农村社区建设的"国家与社会二元分析框架"。因为在农村社区建设的场域内，农村社区不仅是一种结构性力量，也是一种行动力量，通过从结构和行动两方面来讨论社区内的社会动员状况，可以在资源、文化和结构之外审视农村社区动员能力的影响因素，进而在此基础上建构起我国有关社会动员与农村社区的中层理论，并能与国外的社会运动理论进行对照。

除社会动员理论外，本书所运用的理论视角还包括参与理论和治理理论。从社会学的视角看，参与理论主要有四种范式，分别为介入范式、角色范式、活动范式和资源范式。[2] 介入范式注重分析社会成员对社会活动、社会团结的介入程度，角色范式将社会参与看成是一个由正式的和非正式的社会角色所组成的多维建构，活动范式将社会参与看成个人和他人一起参加的活动，而资源范式倾向将社会参与看成是社会层面对个人资源的分享。治理则意味着一系列来自政府，但又不限于政府的社会公共机构和行动者，它明确肯定了在涉及集体行动的各个社会公共机构之间存在着权力依赖，其基本含义是指，在一

---

[1] 郑永廷：《论现代社会的社会动员》，《中山大学学报》2000 年第 2 期。
[2] 段世江、张辉：《老年人社会参与的概念和理论基础研究》，《河北大学成人教育学院学报》2008 年第 3 期。

个既定的范围内运用多元的权力与权威实现对特定事务的治理,以此更好地满足公众的需要。① 治理理论提倡多元主体治理,强调回应、互动、协作、公开、法治、多元等精神,这一理论在"政府"和"市场"二元观点中,加入了"社会"这一新的单元,突破了传统的二维世界,使治理模式的建构也更具有合理性。

此外,之前对于社会动员的研究多停留于宏观的思辨层面,建设性不够。学者们大都赞同现代社会需要新的社会动员方式,适度的社会动员对社会发展具有重要的促进作用,但是很少有学者关注社会动员背后的结构性原因。这种观点实质上是将社会动员的模式与社会结构对立起来,而未曾分析不同的社会动员模式与社会结构的关联,也未曾比较不同的社会动员模式产生不同效果的结构性原因到底是什么。因此,通过引入社会动员的机制研究视角能够将社会动员的研究引入更深的层面,厘清现有的动员机制在我国现阶段乡村的效度,甚至能在此基础上构建出适合我国现阶段国情的社会动员体系。

(二) 实践意义

第一,以动员视角和问题视角研究我国农村社区建设中社会动员机制方面存在的问题,在此基础上建构出新的社会动员模式与动员机制,可以直接帮助各级政府加以改进,并吸收更多的社会力量参与农村社区建设,避免"政府动而乡村不动"局面,使农村社区建设获取更多的资源,促进农村社区建设事业的可持续发展。同时,也有助于实现农村社区试点建设的目标。按照《关于深入推进农村社区建设试点工作的指导意见》可知,多元参与是下一阶段农村社区建设的重点目标之一,而新型的社会动员模式的建立将有助于吸纳社会力量和村民力量参与社区建设,并建构出和谐的国家与村民的关系。本书聚焦于农村社区社会动员能力的提升策略,着重研究其保障机制,既可

---

① 俞可平:《治理与善治》,社会科学文献出版社 2000 年版,第 58 页。

以极大地提升农村社区的动员能力，也会自然地带来社区的强参与，从根本上改变当前农村社区建设中政府角色过重的现状。同时，本书将建构出适合我国不同农村社区类型的实用而高效的动员体系，帮助各类农村社区结合自身区位优势，吸收更多力量参与社区建设，最终也会促进农村社区建设的体制创新，迎合社区治理创新的需要。

第二，将有助于帮助完善样本地区的农村社区建设方案，提升农村社区的动员能力和动员效率。在以往的社区动员能力研究中，政策和研究者均将视角聚焦于社区精英的培育、特殊群体（如青年、妇女）的赋能、社区资源的挖掘、社区资本的发育等方面，但是这些举措的见效机制慢，社区的能力提升也比较缓慢，且容易陷入内卷化困境。因此，全国各地的社区能力建设都面临着较大问题。本书选取江西省为样本调查地区，该省的农村社区建设起步较早，建设平台非常好。早在2001年该省在新农村建设的初期，就以村落社区为基本单位，开展农村社区建设，充分挖掘农村社区的"五老"资源进行社区建设，该模式在全国的影响也非常大。但之前对于江西省农村社区建设的总结均没有涉及社会动员机制方面，因而也就发现不了农村社区建设的动力系统。以社会动员作为研究内容，通过实证调查提炼出该省在社会动员方面的成熟做法，可以弥补以上缺陷，使其社区建设经验更具推广性，同时也为下一阶段该省农村社区建设的推进提供可借鉴经验。

第三，对政府部门的其他福利工作（如公共服务的提供）具有借鉴意义。本书的实践意义不仅仅限于农村社区，而是对整个农村的制度建设都具有重要意义。自党的十七大后，以民生为主的社会建设成为我国社会建设的主线。党的十八大后，我国确定了要建设适度普惠型福利制度。党的十九大则进一步提出要全面建成覆盖全民、城乡统筹、权责清晰、保障适度、可持续的多层次社会保障体系。在这一过程中，我国用于社会福利的资金不断加大。以社会福利事业费支出为例，2010年我国社会服务事业费支出为2697.5亿元，至2017年达到了 5932.7 亿元①，增幅超过一倍。广大农村地区也获得了较多的资金支持。但是，各种福利资金的分配很容易陷入路径依赖的境况。根据和谐社会的理念与要求，未来农村社区治理的重点在于给农村社区提供更多的公共服务与福利，通过进一步推动公共服务的均等化缩小城乡差距。因此，可以预见未来将有大量的资源投入到农村地区，而这些资源必须要有好的输送管道才能发挥其最大效率。在此种趋势背景下，本书的研究还将对未来大规模公共福利提供路径支持，提高各级行政部门对于乡村社区福利的供给效率。

---

① 《国家民政部 2017 年社会服务发展统计公报》，中华人民共和民政部网站，http://www.mca.gov.cn/article/sj/tjgb/2017/201708021607.pdf.，2018 年 8 月 2 日。

第二章 相关研究综述与研究设计

第一节 相关研究综述

（一）关于社会动员的理论研究进展

动员一词最初来源于军事领域，主要指为战争做的准备。社会学界对社会动员的研究，最初是服务于战争的需要。例如，马克鲁尔（J. Mark. Ruhl）早在 1982 年就研究了拉丁美洲的社会动员、军队传统与"公民—军队"之间的关系。[①] 史罗瓦迪（Shaul Vardi）研究了 1948 年阿拉伯与以色列战争中的社会动员，将焦点聚焦于战争中的公民动员方面，发现以色列的公民社会在动员个体参与军队服务的过程中扮演着积极且核心的角色，并成为以色列军队胜利的重要影响因子。[②] 后来，国外学术界更加侧重从社会运动的角度来研究社会动员，并逐渐形成了三大研究范式，分别为资源动员理论、新社会运动和文化学派。资源动员理论（resource mobilization）兴起于 20 世纪 70 年代，是社会动员研究的第一代理论。该理论认为动员的成败关键在于资源

---

① J. Mark Ruhl, "Social Mobilization, Military Tradition and Current Patterns of Civil-Military Relations in Latin America: Testing Putnam's Major Conclusions", *The Western Political Quarterly*, Vol. 35, No. 4, December 1982, pp. 574 – 586.

② Shaul Vardi, *Social Mobilization in the Arab-Israeli War of* 1948 *on the Israeli Home Front*, Routledge, 2013, pp. 1 – 10.

总量的大小及与组织化程度①，资源动员理论者把动员对象看作一个理性行动者，认为个体对一项集体行动的参与与否、运动参与与否、参与到何种程度，都取决于他在该行动中所获取的收益和付出的代价。② 对于何种资源能够进行社会动员的研究，主要涉及动员的要素问题。受资源动员理论的影响，学者们非常注重"资源"这一变量对农村社区建设社会动员的影响。通常而言，资源分为物质资源、精神资源、人力资源等。在物质资源动员方面，学者们偏重对"项目"这种资源的动员状况进行研究。例如，曾礼华认为"项目"这一特定物质资源可以使政府、村庄、市场关系被重构，改善动员机制。③吕振江以农业开发土地治理项目为例，发现通过项目动员可增强群众在农业开发中的主体意识，让其积极参与到农业开发中来。④ 新社会运动理论是在反对马克思主义的基础上发展起来的，它认为宏观社会结构的角度是影响社会动员效果的最重要变量，因此它侧重从社区结构的改善和社区多元认同的形成方面来提升动员能力。⑤ 例如，弗兰西斯（Francis L. F. ）认为现代社会的计划与社会结构的改变使得网络动员和社会组织动员成为动员的主要方式，二者之间存在着差别，但是网络动员不会排斥社会组织动员。通过对中国香港两个环境保护的案例分析发现，网络动员与社会组织动员之间存在着糅合现象，相

---

① 石大建、李向平：《资源动员理论及其研究维度》，《广西师范大学学报》2009 年第 6 期。

② 参见戴维斯、蒂芬 M. 恩格尔、皮查多等人的论述。Davies, James C. , "Toward a Theory of Revolution", *American Sociological Review*, Vol. 27, No. 1, February 1962, pp. 5 – 19. Stephen M. Engel, *The Unfinished Revolution*: *Social Movement Theory and the Gay Lesbian Movements*, Cambridge University Press, 2001, p. 175. Nelson A. Pichardo, "Resource Mobilization: An Analysis of Conflicting Theoretical Variations", *The Sociological Quarterly*, Vol. 29, No. 1, March 1988, pp. 97 – 110.

③ 曾礼华：《分层设计：中国惠民项目动员过程的社会学分析——以一项农村饮水工程为例》，硕士学位论文，西南大学，2015 年。

④ 吕振江：《浅谈土地治理项目前期农村群众发动动员工作》，《农业开发与装备》2009 年第 9 期。

⑤ Hoffer, Eric, *The True Believer*: *Thoughts on the Nature of Mass Movements*, New York: Harper Perennial Modern Classics, 2002.

互影响最终导致集体行动的产生。① 乔尔（Joel Beini）和韦雷尔
（Vairel）研究了中东和北非的社会运动、动员与争执，发现非正式的
网络对动员具有重要影响，是动员的黏合剂。这个非正式的网络嵌入
在地方性的社会权力结构中。② 文化学派强调个体情绪、情感与文化
实践的互构，该学派看重象征符号体系建构与操控过程及其对个体的
参与行为产生的影响，因此其中社会建构论在该学派中占据主要地
位，该学派认为，要提升社区的社会动员能力，需要社区成员在社区
情感方面建构出有一致性的认同。③ 例如，日本学者千野拓政研究了
亚洲青年文化的变化对社会动员的影响，认为"动员—被动员"的关
系变化带来了更多的可能性，共通的心理和共通的文化圈对动员具有
积极效应。④

　　从 20 世纪 80 年代末开始，国内学者就开始关注社会运动，并对
国外的社会动员理论进行了相应的发展。1984 年，文正林对南斯拉
夫学者 L. 米特罗维奇（L. Mitrovic）博士的《社会运动社会学》进行
了评析。之后，国外学者⑤的一些有关社会运动中的动员分析也陆续
被翻译进来。2003 年，冯仕政对资源动员学派、新社会运动理论进
行了介绍和比较，认为二者在理论兴趣、基本假设和由此带来的相关

---

① Lee, Francis L. F., "Internet, citizen self-mobilisation, and social movement organisati-
ons in environmental collective action campaigns: two Hong Kong cases", *Environmental Polotics*,
Vol. 24, No. 2, 2015, pp. 308 – 325.

② Joel Beinin, Frederic Vairel, *Social Movement, Mobilization, and Contestation in the Mid-
dle East and North Africa*, California: Stanford University Press, 2011, pp. 20 – 21.

③ 参见里斯、米迦勒·A. 麦克唐奈、达文波特、汉克、米勒等人的论述。Morrs, Al-
don D. and Carol McClurg Mueller, *Frontiers in Social Movements Theory*, Yale: Yale University
Press, 1992. Michael A. McDonnell, "Popular Mobilization and Political Culture in Revolutionary
Virginia: The Failure of the Minutemen and the Revolution from Below", *The Journal of American
History*, Vol. 85, No. 3, December 1998, pp. 946 – 981. Christian Davenport, Hank Johnston,
Carol Mueller, *Repression and Mobilization*, Minnesota: University of Minnesota Press, 2005.

④ ［日］千野拓政：《从青年亚文化看文化动员模式的变化》，《中国图书评论》2015
年第 1 期。

⑤ 戴侃：《对先进资本主义国家新社会运动的各种看法》，《国外社会科学》1985 年
第 2 期；姜晓辉：《新社会运动：一种超政治的挑战》，《国外社会科学》1987 年第 9 期。

问题设定方面存在着较大差别。因此，要实现两个理论之间的整合还有很长的路要走。① 之后，刘能从政治的维度为西方社会动员理论的发展建立了一个时空分析框架，认为政治进程模型、古典理论和社会建构论/文化理论对当代中国相关现象的解释力更强一些。② 王瑾则仔细比较了三者的理论关注点、基本假设等方面的不同，认为资源动员更加关注"如何"的问题，但忽略了社会结构的影响。③

由于资源动员学派脱胎于理性选择理论，在当前的语境下，资源动员理论得到了学者们的较大关注与赞同，在我国农村社区建设中具有广泛的市场，例如，石大建和李向平认为，资源动员在研究方向上形成了资源动员、成员动员和框架动员三个研究维度，展示出较强的理论综合能力，是研究集体抗争事件的重要视角。④ 杨福忠认为，社会动员能力的大小取决于组织者满足被动员者实际利益的程度，它决定了组织者与被动员者之间所处的关系状态。而农村社会动员能力的减弱，源于制度供给能力的不足。⑤ 而周娟则通过分析厦门 PX 事件，为资源动员理论加入了"后物质主义"的因素，发现传统文化与制度因素（政策法规缺位）对动员具有重要影响。⑥ 李向平与石大建讨论了儒教重建运动中合法性资源的积累效果，认为公共权力的介入有利于儒教合法性资源的积累与资源的整合，使之能再次植根于当代中国人的信仰深处。⑦

---

① 冯仕政：《西方社会运动研究：现状与范式》，《国外社会科学》2003 年第 5 期。

② 刘能：《社会运动理论：范式变迁及其与当代中国社会研究现场的相关度》，《江苏行政学院学报》2009 年第 4 期。

③ 王瑾：《西方社会运动研究理论述评》，《国外社会科学》2006 年第 2 期。

④ 石大建、李向平：《资源动员理论及其研究维度》，《广西师范大学学报》2009 年第 6 期。

⑤ 杨福忠：《从社会动员能力看当前国家同农民的关系》，《黑龙江社会科学》2001 年第 3 期。

⑥ 周娟：《环保运动参与：资源动员论与后物质主义价值观》，《中国人口·资源与环境》2010 年第 10 期。

⑦ 李向平、石大建：《儒道重建：合法性资源的动员模式》，《儒教研究》2009 年第 6 期。

此外，还有一些学者利用中国的经验材料发展了新社会运动和文化学派理论。在新社会运动方面，学者们较为关注变化了的社会结构对社会动员的影响，他们从网络社会与公民社会的角度关注社会动员，认为公民社会中的参与特征有利于社会动员的开展。在网络社会方面，学者们研究了虚拟动员机制①、互联网社会动员②、微博社会动员③等媒介社会动员的模式与效率等，认为互联网社会动员反映着我国转型时期的矛盾与社会问题，具有双刃剑的作用，在现实生活中具有双重效应。互联网创造了一种更加便捷和有效的通道，打破了主流媒体报道框架，容易改变既有的动员结构。④ 近年来，随着我国的社会组织与慈善事业的不断发展，公民社会得到了发育，因此许多学者研究了志愿者、公益组织等公民社会的因子对社会动员的影响。例如，王苗、慈勤英研究了体制外公益组织的动员特征，认为它呈现出"准社会化动员"的动员，这是源于这种动员是体制外公益组织适应"后总体性社会"的产物，其精髓是"倚靠体制，面向社会"，其特点是借用体制因素、以社会资源为目标、采用社会化手段和社会取向。⑤ 龙永红也认为，现代慈善组织何以可能、以何动员、如何动员的动员结构方面具有特殊性，三者分别对应的是动员的机会结构、公信力与动员技术，其中公信力对动员的影响最大。⑥ 蒋柳萍认为，志愿者的存在使现代社会的动员效率大大增加，能有效促进公民的参与，通过分析世博会的动员，她认为，大量的志愿者组织有利于促使动员形式的多

---

① 陈先红、张凌：《草根组织的虚拟动员机构："中国艾滋病病毒携带者联盟"新浪微博个案研究》，《国家新闻界》2015年第4期。

② 陈华：《互联网社会动员的初步研究》，博士学位论文，中共中央党校，2008年。

③ 董磊：《微博打拐的虚拟社会动员及社会管理研究》，硕士学位论文，哈尔滨工业大学，2013年。

④ 任孟山：《政治机会结构、动员结构和框架过程——当代互联网与社会运动的一个分析框架及案例考察》，《中国青年政治学院学报》2011年第6期。

⑤ 王苗、慈勤英：《"倚靠体制、面向社会"：体制外公益组织"准社会化动员"的个案研究》，《甘肃社会科学》2013年第4期。

⑥ 龙永红：《现代慈善组织的资源动员——一个分析框架》，《学习与实践》2012年第11期。

样化、动员对象的广泛性、动员程序的规范化和动员经验的制度化。①

在文化学派方面，学者们也分析了当前的文化情境、怨恨的再解释、个体情感、符号等对社会动员的影响。② 例如，夏瑛认为文化情境中的边缘价值对社会动员的效果与动员的阶段划分明显，在动员初期，边缘价值对社会动员效果不显著，到动员的第二阶段，社会领袖对动员框架进行策略性调整后，将其与主流价值靠拢，之后边缘价值才会带到动员框架内。经过动员发展后，边缘机制价值会在文化情境中被制度化。③ 刘能通过对都市地区集体行动发生的可能性分析发现，行动者对怨恨的再解释会与动员结构发生密切关系。④ 因此，他综合了一个新的理论解释框架用以分析都市的集体行动，认为各个社会群体的利益表达与需求保卫是社会动员的一个重要内容。谢金林研究情感在抗争动员中的角色，发生情感在网络政治抗争动员过程中发挥着决定性的作用。⑤ 张莉宝从精神符号的角度研究了雷锋精神符号对青年社会动员影响，认为二者具有内在一致性。⑥

以上研究有效地丰富和扩充了资源动员、新社会运动和文化学派的理论观点，为其理论分析框架添加了中国经验，同时也有利于将社会动员引向规范分析。

（二）关于党在农村革命与建设中的社会动员经验总结

对农民进行动员是我党的一贯重心。在"二大"时期，党就明确

① 蒋柳萍：《从世博会志愿者组织看社会动员——兼论公共管理中的公民参与》，《前沿》2010 年第 21 期。
② 见周明、刘春荣、程春英、谢金林等人的研究。周明、曾向红：《埃及社会运动中的机会结构、水平网络与架构共鸣》，《社会学研究》2011 年第 6 期。程春英：《从政治呼号到法律逻辑——对中国工人抗争政治的话语分析》，《开放时代》2012 年第 11 期。
③ 夏瑛：《从边缘到主流——集体行动框架与文化情境》，《社会》2014 年第 1 期。
④ 刘能：《怨恨解释、动员结构和理性选择——有关中国都市地区集体行动发生可能性的分析》，《开放时代》2004 年第 4 期。
⑤ 谢金林：《情感与网络抗争动员——基于湖北"石首事件"的个案分析》，《公共管理学报》2012 年第 1 期。
⑥ 张莉宝：《精神伦理符号与社会动员》，《求索》2013 年第 11 期。

表示动员农民参与革命的重要性，提出"大量的贫困农民能和工人握手革命，那时可以保证中国革命的成功"①。党的"四大"通过了《对农民运动之决议案》，之后，瞿秋白、邓中夏、澎湃、毛泽东等对农民运动都有过深刻论述。在革命与社会主义建设时期，发动农民参与成为中国共产党取得一个又一个胜利的法宝，这也吸引了很多学者对党的社会动员经验进行研究。1937 年，就有有识之士对此进行了总结与检讨。② 20 世纪 50 年代后开始，不少国外学者就开始总结中国共产党的动员模式，较有影响力的成果有罗斯陶（W. W. Rostow）的《中共之展望》（1954）、萧作楔（Tso Liang Hsiao）的《中国共产主义运动中的权力关系》（1961）、霍亨兹（Roy Hofheinz Jr. ）的《中共成功的生态学：农村影响力模式》（1969）、薛登（Mark Selden）的《延安方式》（1974）。在此基础上，克思明对党在农村动员的经验方式进行了深入研究，他建立了一个文化与动员机制的分析框架，涉及动员者、被动员者、既存文化（情境、习惯、信念）与目标文化的关系。他发现，在动员中，统一战线是弹性，武装斗争是力量，党的建设是组织，以弹性为原则、以力量为基础，以组织为枢纽是党动员的根本关键所在。③ 这一特征可以从抗战中党的农村动员策略的转变得以体现。最后他得出：动员有先后的次序；动员者的权威合法性应能为被动员者接受认可，否则得不到其支持与合作；被动员者在可能范围内的需求满足是其参与的重要变量。

国内对党的农村动员方式的总结与反思一直存在。学者们大都赞同的观点是，全民动员、全党动员是党对农村进行动员的常用手法和基本思路。在党的动员经验总结上，政治动员被许多学者认为是一种非常重要的动员方式。例如，王旭宽研究了我党在井冈山斗争时期的

---

① 时光等选编：《"二大"和"三大"——中国共产党第二、三次代表大会资料选编》，中国社会科学出版社 1985 年版，第 104 页。

② 时事新报社评：《社会动员的检讨》，《津浦铁路日刊》1937 年 8 月 12 日第 1928 期。

③ 克思明：《论中共之农村动员——武装、革命与政权（1937—1949）》，台北辅仁大学出版社 1988 年版，第 250 页。

政治动员与参与，认为中国共产党历来重视政治动员。井冈山时期的政治动员方式主要包括政治宣传、理论引导、红色歌谣传唱和政治教育，这些方法为农民参与革命起到了很好的促进效果。① 这给当下的现实以重要启示，要得到农民的参与，就必须激发农民的参与热情，满足农民的参与意愿，顺应和保护农民的权益，善于政治动员和理论引导，同时要注重相关的参与制度建设。候松涛研究了抗美援朝时的社会动员，通过分析当时的宣传动员与诉苦动员，认为它体现出了一种革命性的动员模式的特点，它有三个特征：动员形式与动员方法脱离其原有的本质特点和风格而成为面向人民大众的"动员武器"；战役式集中突击运作，网络式运作机制；全民式大动员。② 乔晶仔细分析了"农业学大寨"运动中的政治动员主体、客体、手段及政治动员特点，分析该运动中政治动员机制在"农业学大寨"运动中发挥的功能与效应，通过一系列分析论述了执政党如何运用政治动员达到"集中力量办大事"的目的。③ 在政治动员中，不少学者认为，"树典型"是我党农村工作的一种成功动员方法。例如，臧爱绒认为，"树典型"这种方法在我国的经济建设中有过积极的意义，但在计划经济时代容易导致经济建设的发展动力不足。④

同时，还有不少学者从文化学派的角度来研究党的动员经验。例如，彭正德认为认同聚合在阶级动员中扮演着重要角色，他说，"党在乡村的动员方式主要是阶级动员，其成功点在于在阶级动员的过程中，党通过诉苦等方式有效的建构起了农民对革命的认同，认同的聚

① 王旭宽：《政治动员与政治参与——以井冈山斗争时期为例》，中央编译出版社，2012年版。
② 候松涛：《全能政治：抗美援朝运动中的社会动员》，中央文献出版社2012年版。
③ 乔晶：《重构农村："农业学大寨"运动中的政治动员》，硕士学位论文，华东师范大学，2010年。
④ 臧爱绒：《试论经济建设中的"树立典型"——一种动员和组织机制的分析》，《延安大学学报》2014年第6期。

合有效地促进了农民的参与"①。安云初和吴家庆注意到了农民观念的转化、现代意识的萌芽对大革命的参与作用。他们认为党在这一时期将唤醒农民作为重要的革命目标与革命策略，自觉承担起动员农民的重任。经过革命思想与先进观念洗礼的农民，逐渐摆脱了传统社会意识的束缚，民主思想、科学精神、民族主义等现代意识开始萌芽。②美国学者邹谠认为，中国共产党的社会动员过程是一个建构"共意"的过程，是一个强有力的新型政治主导力量凭借一套强有力的现代意识来实现最大限度的社会动员。③ 还有学者将文化理论与资源动员理论进行结合，例如，李德满对党在解放区土改运动的动员进行了分析，发现土改运动通过思想改造和组织重构，在乡村建立了统一的意识形态，并在此基础上筑就了新的乡村政权。这种乡村政权具有强大的动员能力，能够高效地进行资源汲取，从而为解放战争的胜利及其后的现代化建设提供了坚实的后盾。④

此外，还有一些学者关注到了社会动员与社会结构的关系。徐进认为，大革命失败后党的动员方法进行了改变，阶级革命经常与地缘亲缘多种因素相互缠绕。⑤ 罗衍军以1939—1956年的郓城县为考察中心，通过分析普通民众在社会变迁的大背景下的思想和行为嬗变，将革命运行视为革命政权对民众进行动员整合及民众对政权的因应等多重互动过程⑥，揭示了革命运行与乡村社会秩序的独特关联。刘一皋将农民动员与我国近代以来的社会变迁结合起来，认为以家庭小农经

---

① 彭正德：《阶级动员与认同聚合：党在乡村社会的一种政策动员模式——以湖南省醴陵县为中心的考察》，《湖南师范大学学报》2011年第6期。

② 安云初、吴家庆：《国民革命时期农村动员与农民现代意识的启蒙》，《求索》2007年第7期。

③ ［美］邹谠：《中国革命再阐释》，牛津大学出版社2002年版。

④ 李德满：《文化权力、乡村政权与资源动员——解放区土改运动的在认识》，《中共浙江省委党校学报》2008年第4期。

⑤ 徐进：《党、革命动员和地域社会：论中共河北党组织（1928—1934）》，《史学月刊》2007年第12期。

⑥ 罗衍军：《革命与秩序：以山东省郓城县乡村社会为中心（1939—1956）》，中国社会科学出版社2013年版。

营为主从事商品生产的特点，决定了华北农民生产具有较大的弹性，为农民动员提供了一个充分的空间，同时，社会变迁中的权利分配与人际关系的变化奠定了准军事动员的特征。[①] 王奇生发现，广东的社会动员与其乡村权力交织在一起。在广东农村，中国共产党很难撇开宗族豪绅地主去直接动员农民……豪绅地主有意利用外来政治组织力量为自身的目标服务。外来政党也不得不利用豪绅地主之间的竞争与冲突，以及豪绅地主在当地农民中的权威和影响力来达成动员农民的目标。广东乡村社会的械斗本来很常见，当中国共产党的组织力量介入后，传统的械斗转化为新的农民运动，至少以新的农民运动和革命的名义进行。[②]

（三）关于当前农村社会动员的主要模式研究

改革开放以来，我国的社会随着经济的发展也在急剧地发生变化。因此，传统的政治动员方法用于农村建设已经有所缺陷，吴忠民、杨福忠等学者就认为当前国家对农民的社会动员能力弱化了。[③] 为此一些地方纷纷进行动员改革，学者们根据各地的情况，纷纷总结了当前政府的动员方法，形成了行政动员、精英动员、双向型动员、压力型动员、"政府—市场"式动员、草根行动动员、结构规约型动员等分析概念和动员模式。

行政动员方面，徐勇详细地分析了行政动员的特征、任务与命令。他认为，现代国家的建构是行政下乡的过程，国家通过行政体系将国家意志传递到乡村，从而将分散的乡村社会整合到国家体系。刚

---

① 刘一皋：《农民动员与社会变迁——华北事变前后之农村社会分析》，载《20 世纪中国社会史与社会变迁学术研讨会论文集》（内部资料），1997 年。

② 王奇生：《革命的底层动员：中共早期农民运动的动员参与机制》，载徐秀丽、王先明《中国近代乡村的危机与重建：革命、改良及其他》，社会科学文献出版社 2013 年版。

③ 对于国家动员能力弱化问题，还有学者提出，在某些具体的实践条件下国家仍然能够发挥较强的动员能力。见孙立平、晋军、郭于华、马明杰等学者的相关研究。孙立平、晋军、何江穗：《以社会化的方式重组社会资源——对"希望工程"资源动员过程的研究》，《中国扶贫论文精粹》（内部资料），2001 年 10 月。

开始下派"工作队"的方法对于行政渗透有着重要意义；现在随着农村治理体制由"公社制"和村民自治制的转变，"行政下乡"将具有新的形式与机制。①

　　与行政动员不同，精英动员主要是利用农村中的精英分子来实现动员。游世会发现在农村选举中，存在着精英动员的现象。竞选精英通过强化社会关系形成精英动员同盟，并通过动员中间人的社会关系进行全面的动员工作。动员工作分别按照承诺、请客、送礼和送钱等程序进行。一方面，村委会选举的完成得益于精英通过精英动员而进行的推动；另一方面，精英也在动员过程中间接操纵了农村基层的村委会选举。② 董文琪通过对"屈原乡村图书馆"的筹建过程、运作特点及现实困境的全面考察，分析了现阶段乡村志愿服务中精英动员的特征，发现当前乡村文化建设中的志愿服务多依靠村庄外部的精英，以"化缘"或"输血"方式提供。这些外部精英的奉献精神与其掌握的丰富的社会资本虽可在短期内推动乡村文化类公共产品的供给，但因缺乏长效的资源动员机制和村民参与激励机制而易出现志愿失灵的现象。要想真正化解这一问题，需要建立动员的"多中心"主体。③ 曹英则研究了草根的精英动员，认为农村"草根精英"在群体性事件过程中产生于农村地区的组织者、指挥者、领导者，其基本特征是：与参与者和乡民一般处于平等关系，产生方式公开、直接，影响力多为"单一型"。在农村群体性事件中，"草根精英"的主要功能有：招募、整合参与者，提炼、发布核心信息，筹集、管理资源，策划、决策事件进程。④ 沈彦君研究了精英在农村公共物品供给中

　　① 徐勇：《"行政下乡"：动员、任务与命令——现代国家向乡土社会渗透的行政机制》，《华中师范大学学报》2007 年第 5 期。
　　② 游世会：《村委会选举中的精英动员程序》，《中国校外教育》2015 年第 3 期。
　　③ 董文琪：《乡村文化建设中的精英动员与志愿失灵——以"屈原乡村图书馆"为例》，《中国非营利评论》2011 年第 1 期。
　　④ 曹英：《农村群体性事件中"草根精英"的生成、组织与动员机制》，《中国人民公安大学学报》2013 年第 1 期。

的动员特征，她紧紧围绕新平村村民争取修建新平大桥的过程，详细叙述了村民们在该村精英的引导下，为争取大桥的建成而积极采取的各种行动，刻画了精英动员的静态过程。① 郭旭杰与揭琳则研究了后税费时代的精英动员，提出在农村的公共物品供给中应以精英动员为手段，对各供给主体加以整合和优化以实现农村供给物品的有效供给。② 尹旦萍则提醒大家注意地方精英在农村集体事件中所发挥的动员角色。③ 草根行动动员源于应星的发现，他引入结构主义视角，认为草根行动者往往是因其文化、经历、见识和谋略而在当地具有一定的文化资本和社会资本，从而担当了社会动员的主体角色。④

芦恒、陈仲阳根据吉林省扶余市农民志愿者参与农村治理的经验，提出了"双向型动员"治理模式，它具有动员主体多元性、动员手段多样性的特征，其动员手段包括参与式动员、竞争式动员和内化动员三种，同时，动员应注意"官民"的沟通。⑤

赵全军通过对改革后中国农村义务教育供给制度研究，提出了压力型动员的概念，认为我国的社会动员呈现出压力型动员的特征。改革后我国的行政体制仍是一个压力型的体制，行政权力在我国农村公共物品的治理中仍占据着支配性的地位，其不仅是我国不同层级政府间事权和财权范围划分的依据，而且也是支配地方政府以及其他社会主体行动的主导力量，通过行政方式来进行。⑥ 罗兴佐则对一起农村

① 沈彦君：《农村公共物品供给中的精英动员——以新平村建桥为例》，硕士学位论文，西南政法大学，2009 年。

② 郭旭杰、揭琳：《后税费时代农村公共物品研究——农村公共物品供给中的精英动员》，《科教导刊》2010 年第 2 期。

③ 尹旦萍：《农村群体性事件应对中的社会动员策略——以"石首事件"后期的成功处置为例》，《福建行政学院学报》2011 年第 3 期。

④ 应星：《草根动员与农民群体利益的表达机制——四个个案的比较研究》，《社会学研究》2007 年第 3 期。

⑤ 芦恒、陈仲阳：《"双向动员型"农村治理新模式探析——以吉林省扶余市为例》，《改革与开放》2015 年第 6 期。

⑥ 赵全军：《社会转型与压力型社会动员——改革后中国农村义务教育供给制度研究》，上海人民出版社 2009 年版。

群体事件进行分析，发现熟人社会的动员呈现出"有动员、无组织"的特点，其原因在于人情网络、地方性伦理和村社舆论构成熟人社会的基本结构和内涵，人情网络使人们的情感爆发和聚众具有循环反应的特点，地方性伦理促使人们形成集体认同，而村社舆论则能够有效克服人们的"搭便车"心理，三者互动共同形塑动员的特征。[①]

许婷与郑言达提出了"政府＋市场"式动员概念，将政府与市场两个动员主体结合起来。[②] 文小勇、袁卫华与石颖也提出，应该由"单位化动员"过渡到"市场化动员"[③]。

此外，刘燕舞研究了农民的"结构规约型动员"，认为结构规约型动员的机制就是：草根行动者在动员民众的时候必须尽可能地以利益代言人的角色进行，正是草根行动者的这种特性，潜在地决定了集体行动的随时消解成为可能。[④]

（四）关于农村社区建设场域内的社会动员研究

自农村社区建设实验工作开展以来，学术界围绕着农村社区建设进行了深入研究，有的学者侧重于总结农村社区建设中的模式，如"中心＋村落"模式[⑤]、"2＋3＋N"模式[⑥]、"两型社区"模式[⑦]、"多村一社区"模式[⑧]等；有的学者侧重从社会结构以及理论构造层

① 罗兴佐：《有动员无组织：熟人社会中的集体行动——对一起农村群体事件的分析》，《江苏行政学院学报》2013 年第 5 期。

② 许婷、郑言达：《"政府＋市场"式动员与农村市场化经营——农村市场化经营动员的个案研究》，《商情》2008 年第 2 期。

③ 文小勇、袁卫华、石颖：《"单位化"动员到"市场化组织"调控——农村思想政治工作模式的转》，《社会主义研究》2004 年第 3 期。

④ 刘燕舞：《结构规约型动员——农民集体行动动员机制的一个解释框架》，《长春市委党校学报》2009 年第 6 期。

⑤ 肖伍祥：《"中心＋村落"：农村社区建设的一种模式》，《社会工作》2009 年第 7 期。

⑥ 周雨、崔小兵：《"永川模式"成为全国第三种农村社区建设模式》，《重庆日报》2007 年 10 月 15 日。

⑦ 袁方成：《"两型"社区：农村社区建设的创新模式》，《探索》2010 年第 2 期。

⑧ 张慕昌：《"多村一社区"农村社区建设模式给潍坊带来了什么》，《中国社会报》2009 年 10 月 23 日。

面对农村社区建设进行分析与思考，主要是为农村社区建设进行定位①；还有的学者持反思性视角，侧重发现当前农村社区建设中存在的问题，并提出改进对策②。通过这些研究，学者们注意到农民的参与率不高，村民的参与意识比较被动，行政性宣传动员现象较多。③为最大限度地调动社会资源参与农村社区建设，学者们纷纷将研究焦点聚于农村社区建设中的社会动员，但是这类成果还不是很丰富。

　　具体而言，目前的研究涉及农村社区建设场域内社会动员的特征分析以及农村社区建设该采取何种动员机制。在动员特征的描述上，最初，陈玉生在《新农村建设中的社会动员》一文中通过探讨新农村社区建设中的特征与功能，认为新农村建设中的社会动员主要是精英动员，精英动员往往容易忽略草根成员的真实意愿，从而脱离实际和违背群众意愿。④关兴也提出，在农村社区建设中，要关注如何实现农民的有效参与，如何发挥他们的积极性和创造性，以实现国家整合，重构国家政治体制的合法性。他认为，政治动员作为国家整合的重要手段，在新农村建设中发挥着至关重要的作用，同时他还分析了新农村建设中政治动员的运行机制与功能，仔细描述了新农村建设中政治动员前的准备、政策下乡、动员的经过以及动员主体、客体、目标、方式、结果等动员要素，认真分析了政治动员机制在新农村建设中发挥的作用与功能。⑤刘俊浩研究了农村社区农田水利建设组织动员机制，详细比较了国家动员与社会动员两种机制在动员主体、行动、效率方面的差别，他发现国家动员机制的高效率不具有必然性，

---

　　① 项继权：《农村社区建设：社会融合与治理转型》，《社会主义研究》2008 年第 4 期。

　　② 梁丹：《新型农村社区建设中的农民利益补偿问题及对策研究》，《学习论坛》2013 年第 2 期。

　　③ 陈婉雪：《新型农村村民的社区社会参与——以武汉市 X 社区为例》，硕士学位论文，华中师范大学，2011 年。

　　④ 陈玉生：《新农村建设中的社会动员》，《甘肃理论学刊》2006 年第 5 期。

　　⑤ 关兴：《新农村建设中的政治动员——以皖北 T 县为个案》，硕士学位论文，华中师范大学，2008 年。

而社会动员机制尚需培育，国家动员与社会动员机制尚不协调。社会动员机制存在着动员的困境，要提高社会动员机制的发展水平，需提高对农民组织化重要性的认识，以制度创新促进农村社会组织发展，加强农村精英队伍建设，完善现有社会组织形式和运行机制。①

在新型的社会动员模式建构上，大部分学者都重视农民的参与以及社会力量的引入等方面。例如，许远旺和卢璐提出，农村社区建设的社会动员应从政府主导到参与式发展。在农村社区建设中，政府扮演了积极能动者和行动主体的角色，起到了动员、组织、引导、规划和推动的重要作用，但也存在一定的限度。未来农村社区建设应走参与式社区发展战略之路，在发挥政府主导作用的同时，尊重农民在家园建设中的主体地位，实现政府理性与农民理性的有机衔接与良性互动。② 此外，还有不少学者认为农村社区建设应在主体上进行补充，不能仅仅是政府，而应引入社会力量进行动员③。例如，赵孟营认为在新农村建设中应该要有理性的社会动员，只有依靠政府和农村草根组织以外的社会组织的介入，才能真正得以实现。④ 郭焕龙也提出应逐步形成党和政府主导、单位和社区及社会组织协同、广大群众积极投入的新型社会动员机制。⑤

虽然直接针对农村社区建设的动员研究较少，但是在新动员及制度的建构上，其他学者的一些建议也非常值得借鉴。例如，邓万春认为，中国农村的改革实际上是一次动员式改革，它既不同于以群众运动为代表的组织化动员，也不同于市场转型背景下的准组织化动员。该动员式改革采取了物质刺激和精神鼓励相结合的形式，并有两个显

---

① 刘俊浩：《农村社区农田水利建设组织动员机制研究》，中国农业出版社 2006 年版。

② 许远旺、卢璐：《从政府主导到参与式发展：中国农村社区建设的路径选择》，《中州学刊》2011 年第 1 期。

③ 许宝财：《动员社会力量建设新农村》，《中国老区建设》2006 年第 11 期。

④ 赵孟营：《非政府组织与社会主义新农村建设的基层动员》，《宁夏社会科学》2007 年第 2 期。

⑤ 郭焕龙：《话说社会动员机制》，《前线》2009 年第 3 期。

著的特点：改革过程中动员与制度建设相互作用；国家不能完全控制动员的影响。① 在动员式改革背景下，下一阶段中国的社会动员经历了从能力到主体的转向，下一阶段的社会动员机制创新，应更关注动员主体的创新。龙太江认为，社会动员的创新应从政治动员为主的"对社会动员"模式走向以社会自主动员为主的"由社会动员"模式。② 范斌与赵欣认为，社区动员应实现结构、组织与话语的三维整合，仅仅关注主体的动员是不够的，例如社区动员的主体居委会容易因循行政动员的路径，动员效果受限；社区自组织开始呈现"授权式动员"的特征，但是自身制度建设的完整性和组织合法性地位制度化不足而成为发展的瓶颈。③

（五）对既有研究的评析

通过以上文献述评可知，关于社会动员的研究是一个较为新颖的主题。随着社会矛盾的增加，社会力量的发育，对于社会动员的研究已不仅仅是政治学的研究内容，而变成了社会学的一个重要研究主题，受到越来越多学者的关注。目前的研究趋势在于运用中国经验对西方的社会动员理论进行丰富、补充与完善，并指导中国社会动员的改革。在研究内容上，学者们不仅描述了当前中国社会动员的主要特征，也仔细分析了社会动员与我国社会结构的变迁之间的关联；不仅注意到了资源动员理论的效果，也较为关注文化学派以及政治动员理论在中国农村社会动员中的分析价值；不仅对我党历史上的动员方法感兴趣，而且对我国社会动员的改革与建设投入了较多的研究力量。这些成果都对农村社区建设中的社会动员研究具有非常好的借鉴意义。

---

① 邓万春：《动员式改革：中国农村改革理论与经验的再探讨》，《社会》2008 年第 5 期。

② 龙太江：《从"对社会动员"到"由社会动员"》，《政治与法律》2005 年第 2 期。

③ 范斌、赵欣：《结构、组织与话语：社区动员的三维整合》，《学术界》2012 年第 5 期。

但是，既有的研究也存在着以下几方面的不足：

第一，研究农村的社会动员多，但在农村社区建设场域内讨论社会动员的成果少，多为经验性研究，无法结合理论回应"农村社区的社区性"对社会动员的影响。实际上，农村与农村社区是两个不同的概念。农村社区是一个具有特定地域、人群、社区文化的生活单位。它固然属于大农村的一部分，但不同的农村社区有着不同的社区性。根据民政部的思路，未来需要形成三类农村社区的建设模式，分别为城乡接合部农村社区、集镇型农村社区和传统型农村社区，很明显三类社区的特质不一样，相应的社会动员模式也应不同。现有研究还难以回答三类社区该分别适用何种社会动员方法与机制的问题。虽然社会动员理论已形成了三大研究范式，但在我国农村社区建设场域内，大部分研究是经验研究，理论研究成果非常欠缺，缺少与社会动员的资源动员理论、文化学派和结构学派的对话。虽然有一些研究成果具有理论取向，但主要用于指导提出相应的对策建议，很少对既有动员理论进行补充或者拓展的。研究成果的经验取向限制了既有研究的深度，无法在对"如何有效地对农民进行动员"这一老问题的回答方面建构起成熟的解决思路。

第二，侧重将社会动员作为一个变量进行分析，而忽略对社会动员本身的研究、对社会动员机制的分析。社会动员这一词语产生于西方的军事学，该概念被引入社会学界后，西方所形成的三大理论都是将社会动员作为一个因变量，研究资源、文化符号、价值观、社会资本等对动员的各种影响。在这种研究倾向的影响下，我国目前关于社会动员的研究要么倾向于将社会动员作为一个因变量，研究其他变量对动员效果的影响；要么是将社会动员当作一个自变量，研究在某种动员模式对社会治理的效果。但是，很少有研究去分析社会动员本身的内涵与外延，更少了学者去研究社会动员的机制。我国虽然发现了社会动员具有不同的模式，如资源动员、政治动员、精英动员，却很少有学者关注到每种动员自身的动力机制和保障机制。因此，在农村社区建设中，学者们所提出的对策更倾向于改变社会动员模式，如引入新的动员主体，而很少有学者从机制的角度入手，通过完善机制而非改变动员模式来完善动员的效果。这种思维实际上是把不同的动员机制对立起来。而实际上，不同的动员机制之间存在着整合的空间。由于缺少机制的研究，因而也就缺少不同动员模式的适应性分析。

第三，缺少对农村社区建设中社会动员的深度描述研究，使学界未能清楚把握当前农村社区建设的社会动员现状。虽然已有不少研究成果揭示了当前我国社会的主要动员模式，但是在农村社区建设的动员场域内，还鲜有研究去深度描述社会动员的特征。从 2007 年我国启动农村社区建设的实验建设以来，我国的社会结构已经发生了很大的改变，特别是在政府职能改变方面，基层政府于村民自治的关系也发生了相应的变迁。在十八届三中全会后，我国正在致力于全面深化改革，社会力量得到了较大的发展，治理理念成为政府改革的重点。2017 年，《中共中央国务院关于加强和完善城乡社区治理的意见》明确提出要完善城乡社区治理体制，努力把城乡社区建设成为和谐有序、绿色文明、创新包容、共建共享的幸福家园。随着社区治理的不断深入，国家与市场、社会在社区中的合作治理关系也在逐渐建立起来。在此背景下，有理由相信，传统的政治动员和行政动员方式已经在逐渐减少。农村社区建设中的动员模式肯定也会发生相应的改革，如果继续套用原来的动员模式进行分析，很容易得出错误的结论。这就非常需要对当前农村社区建设的动员模式进行深度描述，全面揭示当前社会动员的特征，探寻其背后的机制。

第四，在对策方面过于重视主体创新的效果，而忽略了机制创新的价值。由于治理理念的兴起以及公民社会的发育，学者们对完善农村社区建设中的社会动员机制的建议，基本上都集中在动员主体上。表现为：在研究方面，学者们大都认为社会动员的话语分析已经由能力过渡到了主体。但是，学界却未对造成这种研究话语转变的结构性原因做深层的分析，更没有从社会结构的角度来看待这一问题。在对策方面，相应的建议也是认为应培育多元主体的动员模式。这种观点本身没有问题，但是如果仅仅从关注动员主体的角度来完善目前的社会动员机制，很容易忽略机制创新的问题。当今的中国社会仍处于转型时期，体制与机制还没有完全定型，很多时候问题的存在是体制与机制的不完善所引起的。如果仅仅注意到动员主体而忽略体制与机制的创新，最终所建立起来的多元主体社会动员模式仍会面临着机制失效的危险。

以上研究问题的存在恰恰为本书留下了充足的研究空间。本书将研究焦点放在农村社区建设中的机制分析上，放在了解各种动员模式的机制上。

第二节　研究设计

（一）主要概念界定

1. 农村社区

农村，不同于城市、城镇，是从事农业生产的农民聚居地、以从事农业生产为主的劳动者聚居的地方。相对于城市的称谓，农业区，有集镇、村落，以农业产业（自然经济和第一产业）为主，包括各种农场（包括畜牧和水产养殖场）、林场（林业生产区）、园艺和蔬菜生产等。跟人口集中的城镇相比较，农村地区人口呈散落居住。在进入工业化社会之前，社会中大部分的人口居住在农村。以从事农业生产为主的农业人口居住的地区，是同城市相对应的区域，具有特定的自然景观和社会经济条件，因而也叫乡村。

社区是若干社会群体或社会组织聚集在某一个领域里所形成的一个生活上相互关联的大集体，是社会有机体最基本的内容，是宏观社会的缩影，是具有某种互动关系的和共同文化维系力的，在一定领域内相互关联的人群形成的共同体及其活动区域。尽管社会学家对社区下的定义各不相同，在构成社区的基本要素上的认识还是基本一致的，普遍认为一个社区应该包括一定数量的人口、一定范围的地域、一定规模的设施、一定特征的文化、一定类型的组织，社区就是这样一个"聚居在一定地域范围内的人们所组成的社会生活共同体"。其特点是：有一定的地理区域；有一定数量的人口；居民之间有共同的意识和利益，有着较密切的社会交往。

社区是国家治理体系的基本单元，是国家贯彻政策措施、提供公共服务和实现社会改革的"最后一环节"①。但是纵观学术界，目前对于社区的界定，存在着两种看法，一种是功能主义；另一种是地域主义。社区也是由有着共同目标和共同利害关系的人组成的社会团体，地域主义的社区概念将社区看成是在一个地区内共同生活的有组织的人群。本书对社区的定义采用 2000 年 11 月中共中央办公厅、国务院办公厅转发的《民政部关于在全国推进城市社区建设的意见》对社区做的定义，将社区看成是居住在一定地域范围内人们社会生活的共同体。

而农村社区是由居住在农村的一定数量和质量的人口所组成的相对完整的区域社会共同体。农村社区是人类社会最早出现的社区，形成于原始农业的产生时期。区别于城市社区，构成农村社区的基本要素是：广阔的地域，居民聚居程度不高，并主要从事农业；结成具有一定特征的社会群体、社会组织；以村或镇为居民活动的中心；同一农村社区的居民有大体相同的生活方式、价值观和行为规范，有一定的认同意识。虽然目前农村社区尚在不断完善之中，但是其带动性与凝聚作用是不可忽视的。农村社区建设是指，在村党支部和村委会的领导下，在农村建立社区组织，开展社区公益事业服务，发展社区卫生，繁荣社区文体活动，美化社区环境，调解社区邻里纠纷，倡导社区互助精神，树立社区良好社会风气，建立良好的人际关系，把农村建设成为管理民主、治安良好、环境优美、文明祥和的新农村。

---

① 李润国、姜庆志、李国锋：《治理现代化视野下的农村社区治理创新研究》，《宏观经济研究》2015 年第 6 期。

在以上社区定义的基础上，本书将农村社区定义为由一定的人群、一定的地域、一定的生产和生活设施和社区成员的认同感等要素构成的社会实体。该概念既注重社区的功能（即共同情感），又注重社区的地域，给社区确定了一定的范围。在社区的社会动员中，需要运用好社区的地域带动与感情共鸣，更好地带动参与。

2. 社会动员

"社会"是一个舶来概念，现代通常意义上的"社会"一词来自于日本，对于西文"society"一词，近代学者严复曾译为"群"，日本学者则译为"社会"，值洋务运动，时兴师夷，大量学者通过转译日文翻译著作来学习西方。"社会"一词在日常生活中的使用率非常频繁，"社会"即是由人与环境形成的关系总和。人类的生产、消费娱乐、政治、教育等，都属于社会活动范畴。社会指在特定环境下共同生活的人群，能够长久维持的、彼此不能够离开的、相依为命的一种不容易改变的结构，由人与环境形成的关系总和即谓之社会。"社会"和"会社"的意思差不多，后者在汉语中，本意指人与人之间互相联系而结成的组织，如结社、集会等。"社"指的就是"团体"，"会"指的就是"用来聚集的地区"，合并就是"在一个地方所聚集成的一个团体"。以上释义的外延均较为宽泛，然而，若将"社会"置于"社会动员"这一偏正结构中进行理解，"动员"本身的外延就可以进一步缩小。

"动员"一词最早起源于普鲁士（德语为 Mobilmoahung），之后传入法国（法语为 mobilisation），后英国人将其翻译为"mobilization"。论其本意，乃集合（assembling）、装备（equipping）及准备出师作战之意，这一概念于 1903 年传至中国，我国学者也因而袭之。[①] 从原始意义来看，"动员"最初是作为军语来使用的，具有军事和战争意义。[②] 后来，军事学家普遍将动员看作是为应付战争或其他紧急

---

① 张羽：《战争动员发展史》，军事科学出版社 2004 年版，第 5 页。
② 邹奕、杜洋：《"社会动员"概念的规范分析》，《天津行政学院学报》2013 年第 5 期。

状态而集中、组织和适用人力、物力及资源的准备过程。① 在军事上，动员分为社会政治动员、舆论动员、心理动员、财政动员、运输动员和卫勤动员等方式。

在传入中国以后，"动员"概念经历了长时间的演化，已不完全局限于军事和战争的语义场。中华人民共和国成立以后，中国共产党在不同时期开展了规模不等的政治动员，这个意义上的"动员"与军事和战争就不存在直接联系，其政治色彩较浓。有学者对"动员"的字面含义进行了拆分式的解读："'动'就是发动、控制、支配与运用；'员'就是人力、物力以及一切能量代表之单元。"若将二者合起来理解，"动员"就是发动、控制、支配和运用人力、物力以及一切能量代表之单元。《现代汉语大词典》将"动员"一词界定如下：A. 军事术语，把国家的武装力量由和平状态转入战时状态，以及把所有的经济部门（工业、农业、运输业等）转入供应战争需要的工作。中文中"动员"一词由日语"どういん"音译而来。B. 发动人参加某项活动。C. 泛指发动、运用。而综观目前我国其他权威的汉语词典，关于"动员"的界定相差无几。不难看出，在汉语中，"动员"既可以用作动词，也可以用作名词。当用作动词时，"动员"意指发动某一群体加入某种活动；当用作名词时，"动员"意指平战转换过程，即从和平状态到战争状态的变化过程。

从现有文献看，最早使用社会动员（Social Mobilization）这一概念的学者为多伊奇（Karl W. Deutsch），他将社会动员看成是一个人口集团的实质部分，舍弃传统而接受现代生活方式的全盘过程，其中包括许多变迁过程。② 曼海姆（K. Mannheim）认为动员有先后两个顺序：旧情境、习惯及信念的危机或解组；诱导可动员的人口以组织相

---

① ［美］P. 爱德华：《国防部总动员计划》，波拉提等译，军事科学出版社2007年版，第4页。

② Karl W. Deutsch, *Social Mobilization and Political Development*, In Jason L. Finkle and Richard W. Gable, *Poltical Development and Social Change*, New York：John Wiley & Sons, Inc.，1966，p. 205.

当稳定的团体，并灌输一定的价值观念。① 克思明将社会动员看成是一定范围内经由特定者权威之主导，为了达成某一目标，由一种情况改变为另一种情况的过程或手段。② 《辞海》将社会动员定义为发动人们参加某项活动。③ 郑永廷将社会动员看成是人们在某些经常的、持久的社会因素影响下，其态度、价值观与期望值变化发展的过程。④ 龙太江将动员看成一种工作方法，一般指为了实现特定目标而进行的宣传、好战、发动和组织工作。⑤ 吴忠民将社会动员定义为有目的地引导社会成员积极参与重大社会活动的过程。⑥

综合以上定义可知，虽然学界对社会动员的定义不一，但是这些定义大都强调动员的方法（如发动、组织、引导等）和动员的结果（情感诞生，如忠诚度、价值观改变）。在以上定义基础上，本书将社会动员定义为：主体（包括政府和社会组织）采取一定的方法，有目的地引导客体参与主体所期望的某项活动的过程。在概念的内涵要素上，一个完整的社会动员包括动员主体（动员者）、动员客体、动员目标、动员手段、动员机制。

3. 机制

"机制"一词最早源于希腊文，原指机器的构造和工作原理。把机制的本义引申到不同的领域，就产生了不同的机制。如引申到生物领域，就产生了生物机制；引申到社会领域，就产生了社会机制。理解机制这个概念，最主要的是要把握两点：一是事物各个部分的存在是机制存在的前提，因为事物有各个部分的存在，就有一个如何协调各个部分之间的关系问题；二是协调各个部分之间的关系一定是一种

① 转引自克思明《论中共之农村动员——武装、革命与政权（1937—1949）》，台北辅仁大学出版社 1988 年版，第 17 页。

② 同上。

③ 《辞海》，上海人民出版社 1999 年版，第 1350 页。

④ 郑永廷：《论现代社会的社会动员》，《大学学报》2000 年第 2 期。

⑤ 龙太江：《从"对社会动员"到"由社会动员"》，《华中科技大学学报》2005 年第 2 期。

⑥ 吴忠民：《重新发现社会动员》，《理论前沿》2003 年第 21 期。

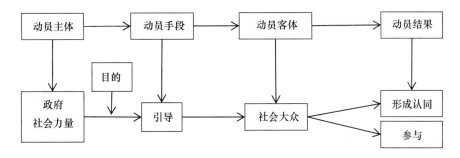

图 2.1　社会动员要素关系图

具体的运行方式，机制是以一定的运作方式把事物的各个部分联系起来，使它们协调运行而发挥作用的。机制的建立，一靠体制，二靠制度。

在汉语中，机制泛指一个系统中，各元素之间的相互作用的过程和功能。通常指制度机制，机制是从属于制度的，机制通过制度系统内部组成要素按照一定方式的相互作用实现其特定的功能。制度机制的运行规则都是人为设定的，具有强烈的社会性，如竞争机制、市场机制、激励机制等，机制位于社会的微观层面，侧重于社会的运行。机制是在各种有效方式、方法的基础上总结和提炼的，而方式、方法往往只是做事的一种形式和思路。机制一定是经过实践检验有效的方式方法，并进行一定的加工，使之系统化、理论化，这样才能有效地指导实践。而单纯的工作方式和方法则因人而异，并不要求上升到理论高度。

机制在社会学中的内涵可以表述为"在正视事物各个部分的存在的前提下，协调各个部分之间关系以更好地发挥作用的具体运行方式"。赵鼎新曾区分过机制与定律的区别，他认为机制是理想条件下才能成立的"法则"①，而定律是广适性的机制。本书对机制的定义沿用赵鼎新的上述定义，将机制看成是理想的法则，它具有稳定性的

---

① 赵鼎新：《社会科学研究的困境：从与自然科学的区别谈起》，《社会学评论》2005年第4期。

特征。具体而言，社会动员机制包括运行机制、动力机制和保障机制三部分，其中保障机制有两个目的，一是预防社会动员的风险，减少负功能；二是创新社会动员条件。

4. 参与

参与在政治社会学研究中通常指公众参与，德国学者汉斯－吕迪格·迪内尔（Hans Rudiger Dinell）将公众参与定义为公民在议会以外在地方、地区、国家乃至超国家层面决策中的政治参与，它涉及的是直接民主和协商民主的形式[1]；还有一些学者将参与扩大、志愿行动也纳入公众参与中；有些社会学家将参与定义为让人们有能力去影响和参加到哪些影响他们生活的决策和行为[2]，例如，海勒（Heller K. ）、普赖斯（Price R. H. ）、莱因哈特（Reinhartz S. ）等人将社会参与定义为社会成员参加那些会对他们造成影响的机构、项目以及环境的决策的过程[3]，用以反应一个人的生活状态和社会生活质量。

《现代汉语词典》（2005 年第五版）将"参与"解释为："参加（事务的计划、讨论、处理），参与其事"，即"加入某种组织或某种活动"，是指以第二或第三方的身份加入、融入某件事之中，我们在日常生活中所用的"参与"多为此意。"参与"一词在英文当中是"participate"，指"个人的思想和感情都投入到一种鼓励个人为团队的目标做出贡献、分担责任的团队环境之中"。

社会参与常常指社会公众的参与，准确讲应是公众参与，意味着在政府决策过程及决策执行落实过程中，社会公众的参与程序、方式、内容、程度及各种矛盾冲突的调处方式方法。在现代化的宏观背景中，社会参与具有三个方面的内涵，即社会参与以较强的参与动机

---

① 汉斯－吕迪格·迪内尔：《德国公众参与与程序综述》，载刘平，鲁道夫·特劳普－梅茨《地方决策中的公众参与：中国和德国》，上海社会科学出版社 2009 年版，第8 页。

② 蔡定剑：《公众参与——风险社会的制度建设》，法律出版社 2009 年版，第 8 页。

③ Heller, K. , Price, R. H. , Reinhartz, S. , Riger, S. , Wandersman, A. , & D'Aunno T. A. , *Psychology and community change*：*Challenges of the future*, Dorsey Press, 1984.

为前提，以较广的参与主体为基础，以较全的参与网络为保障。应从
政策环境、运行环境、社会环境方面加强社会参与的制度环境建设。
要发挥好民政在社会建设中的骨干作用，需要依托"三项事业"，扩
大社会参与面；依托"两个平台"，提升社会参与度；依托"两支队
伍"，增强社会参与力。在扩大社会参与的过程中，要重点处理好社
会参与和社会自治之间、社会参与和社会互助之间以及社会参与和社
会动员之间的关系。① 本书侧重从社会动员来定义参与，将参与看成
是被动员的对象引向动员主体的引导，加入或顺应动员主体所期望的
某些计划并进行行动的行为。从该定义可知，本书更注重将参与看成
是社会动员的结果以及对社会动员的响应。

（二）分析框架

1. 研究的理论视角

本书所用到的理论视角主要为社会动员理论、参与理论和治理
理论。

（1）社会动员理论

所谓社会动员，是指人们在社会持久的、主要的因素影响下，使
其态度、期望与价值取向等不断发生变化的过程。就其一般意义来
说，社会动员也可以被称为社会影响，但社会动员比社会影响更集
中、更有力。社会动员的内容与方式、强度与效果，是随着社会的发
展而不断变化的。在现代化条件下，社会动员出现了一系列新情况，
呈现出许多新特点，研究、探讨现代社会条件下社会动员的内容与方
式、作用与特点，对于驾驭全局，进行思想和行为的正确引导，具有
重要的理论意义和实践意义。

目前，社会动员的主要理论范式有资源动员理论、新社会运动理
论、文化学派。资源动员学派侧重动员中的资源运用状况，认为个体

---

① 柳拯、刘东升：《社会参与：中国社会建设的基础力量》，《广东工业大学学报》
（社会科学版）2013 年第 2 期。

对一项集体行动的参与状况取决于他在该行动中所获取的收益和付出的代价。要提高农村社区的动员能力应从资源角度做文章，主要有两条路径，一是提升社区资源的绝对数量；二是提升资源的组织化程度。新社会运动者注重从宏观社会结构的角度来看待社会动员结构，关注社会结构与社区资本对动员能力的影响。文化学派强调动员中的意义建构过程对动员效果的影响，要提升社区的社会动员能力，需要社区成员在社区情感方面建构出一致性的认同。综合三个理论学派可知，社会动员的影响变量主要包括社会动员中的资源、社会结构、社会动员中符号的建构与运用，这三个理论构成了本书的重要理论视角。

（2）参与理论

社会参与是指对社会各个方面，如经济、政治、文化、社会工作等活动的意识参与和行为参与。参与性是一个非常广泛的概念，代表性的论述有这样几种："对社区发展来说，参与性是包括社区参与决策过程，项目实施、分享发展项目的利益和受益者参与项目评估，参与性涉及加强资源控制的有效组织，并对那些不能满足这种要求的社会状况进行调整，需要调整的社会状况包括现存的部分群体和运动。"社区参与性是一个行动过程，通过这一过程，受益者或受益团体影响发展项目的方向和进程，包括增加与收入有关的福利、个人成长、自力更生，或者其他他们认为有价值的方面。

从社会学的视角看，参与理论主要有四种范式，分别为介入范式、角色范式、活动范式和资源范式①。介入范式注重分析社会成员对社会活动、社会团结的介入程度；角色范式将社会参与看成是一个由正式的和非正式的社会角色所组成的多维建构；活动范式将社会参与看成个人和他人一起参加的活动；资源范式倾向将社会参与看成是社会层面对个人资源的分享。此外，社会学家还发现，社会参与与个

---

① 段世江、张辉：《老年人社会参与的概念和理论基础研究》，《河北大学成人教育学院学报》2008 年第 3 期。

体的心理特征之间有关联。例如，史密斯（Smith D. H.）认为社会参与与个体的自尊和一系列的心理特质相关①，社会参与会带来积极的感觉（如幸福）与认知。

赫希曼（Hirschman）教授在《转变参与——私人利益与公共利益》一书中曾对社会成员公共参与行为的影响因素有过研究，他引入"失望"概念解释了社会成员在"私人—公共—私人"事务的参与方面呈现出循环的特征。② 因此，"失望"使公民在私人事务和公共事务的参与情况呈现出循环特征，而要提高农村村民在农村社区中的参与，必须要使社会动员机制能消除村民的失望，使之能形成满足感。

因此，综合以上参与范式可知，参与既与失望的消除有关，也与参与的角色、行动的介入渠道等密切相关。

（3）治理理论

治理理论兴起于上 20 世纪 90 年代，主要是针对 20 世纪 80 年代和 90 年代西方国家普遍存在的政府失效、市场失灵等问题而提出的，其主要目的在于回应公共关注理论和新自由主义理论对公共事务管理的影响，以调整政府和市场、社会的关系。治理理论的兴起，是各国政府对经济、政治以及意识形态变化所作出的理论和实践上的回应。治理理论可以弥补国家和市场在调控和协调过程中出现的某些不足，但治理也不是万能的，它也内在地存在着许多局限。

较早使用治理这一概念的是罗西瑙（Rosinau），用以区别统治一词。他将治理定义为一系列活动领域里的管理机制，它们虽未得到正式授权，却能有效发挥作用。③ 库伊曼（Jan Kooiman）建立了"社会—政治"治理分析框架，认为治理可被视为互动的总体，公私行为

---

① Smith, D. H., "The Importance of Formal Voluntary Organizations for Society", *Sociology and Social Research*, No. 50, July 1996, pp. 483 – 495.

② ［美］艾伯特·O. 赫希曼：《转变参与——私人利益与公共行动》，李增刚译，上海人民出版社 2008 年版。

③ ［美］美詹姆斯·N. 罗西瑙：《没有政府的治理》，张胜军等译，江西人民出版社 2001 年版。

体都参与到了其中，其目的是解决社会问题或者创造社会机会。① 目前关于治理的权威定义来自全球治理委员会（Commission on Global Governance，1995），该委员会将治理定义为个人和制度、公共和私营部门管理其共同事务的各种方法的综合。它是一个持续的过程，在其中，冲突或多元利益能够相互调适并能采取合作行动，它包括正式和非正式的制度安排。因此，治理意味着一系列来自政府，但又不限于政府的社会公共机构和行动者，它明确肯定了在涉及集体行动的各个社会公共机构之间存在着权力依赖，其基本含义是指，在一个既定的范围内运用多元的权力与权威实现对特定事务的治理，以此更好地满足公众的需要。②

以奥斯特罗姆为代表的制度分析学派提出了多中心治理理论，具体地说，单中心意味着政府作为唯一的主体对社会公共事务进行排他性管理；多中心意味着在社会公共事务的管理过程中，并非只有政府一个主体，而是存在着包括中央政府单位、地方政府单位、政府派生实体、非政府组织、私人机构以及公民个人在内的许多决策中心，它们在一定的规则约束下，以多种形式共同行使主体性权力。这种主体多元、方式多样的公共事务管理体制就是多中心体制。多中心治理理论提倡的这种多元主体治理，强调回应、互动、协作、公开、法治、多元等精神，这一理论在"政府"和"市场"的二元观点中，加入了"社会"这一新的单元，突破了传统二维世界，使治理模式的建构也更具有合理性。以上观点（尤其是主体的多元、合作）对社会动员具有重要的指导意义。

2. 分析框架

作为一个社会学的术语，社会动员具有不同的定义。从现有文献看，最早使用社会动员（Social Mobilization）这一概念的学者为多伊奇（Karl W. Deutsch），他将社会动员看成是一个人口集团的实质部

---

① Jan Kooiman，*Governing as Governance*，London：SAGE Publications Ltd.，2003.

② 俞可平：《治理与善治》，社会科学文献出版社2000年版，第71页。

分，舍弃传统而接受现代生活方式的全盘过程，其中包括了许多变迁。[1] 国内方面，学者龙太江将动员看成一种工作方法，一般指为了实现特定目标而进行的宣传、好战、发动和组织工作。[2] 吴忠民将社会动员定义为有目的地引导社会成员积极参与重大社会活动的过程。[3] 本书将社会动员定义为：主体（包括政府和社会组织）采取一定的方法，有目的地引导客体参与主体所期望的某项活动的过程。在概念的内涵要素上，一个完整的社会动员包括动员主体（动员者）、动员客体、动员目标、动员手段、动员机制等。

依据机制、社会动员和参与的定义，本书将社会动员中的机制分解成动力机制、运行机制和保障机制三部分。动力机制为社会动员的发动提供动力，它聚焦于回答社会动员为什么发动的这一问题；运行机制聚焦于社会动员的具体动员过程中的关系以及方法；保障机制聚焦于回答社会动员的条件。由于社会动员的发动主要是政府与社会力量按照自己的目标进行的，因此可以认为社会动员的目的是进行社会动员的动力，如果政府与社会力量的动员目的消除，那么他们也就相应的没有进行社会动员的动力。运行机制主要分析政府与社会力量在对村民进行引导时，其引导行为呈现出何种特征，要经过何种程序。保障机制主要分析社会动员时，预防动员风险的方法，促进村民的意识改变，以及参与所进行的条件创造。在社会动员理论、参与理论与治理理论的指导下，本书建立了相应的分析框架以研究农村社区建设中的社会动员机制。

（三）研究内容与研究历程

依据研究问题和研究目的，本书的研究内容有四个重点，一是分

---

[1] Karl W. Deutsch, *Social Mobilization and Political Development*, In Jason L. Finkle and Richard W. Gable, *Poltical Development and Social Change*, New York: John Wiley & Sons, Inc., 1966, p. 205.

[2] 龙太江：《从"对社会动员"到"由社会动员"——危机管理中的动员问题》，《政治与法律》2005 年第 2 期。

[3] 吴忠民：《重新发现社会动员》，《理论前沿》2003 年第 21 期。

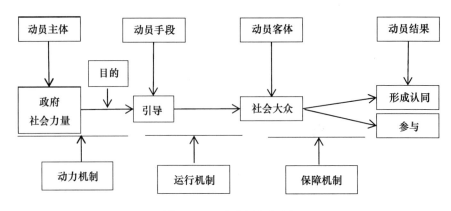

图 2.2   研究分析框架图

析当前农村建设中各种社会动员方法的机制，包括运行机制、动力机制和保障机制，分析每一种机制的基本假设、运行特点、动力以及保障；二是对每一种动员机制的效果展开评估，对效果的评估主要是通过对村民参与农村社区健康的状况来衡量；三是研究形成这种社会动员机制的结构性原因；四是在研究国内外社区建设以往经验的基础上提出一种新型的社会动员模式，并提出相应的对策。

　　本书研究课题从 2010 年开始，具体研究的过程可分为三大阶段。研究前期阶段主要任务是查阅国内外相关研究文献，梳理国内外学术界关于社会动员与社区建设方面的理论研究成果并进行研究设计，确定研究内容，选取样本，编制调查问卷以及访谈问卷。研究中期主要开展实地调研，通过访谈样本区域内负责农村社区建设的各类人士，获取样本区域内农村社区建设的具体做法，并对这些措施进行内容分析以及功能评估；同时利用编制好的调查问卷收集农村社区建设中各类主体的满意度与参与意愿，并将此与其参与行为进行对比。在这一阶段，课题组选取了 JX 省的四个县区进行了实地调查和问卷调查，共实地调查了 9 个村，回收有效问卷 700 份，对 42 位村民、6 位乡镇基层干部和 8 位村干部进行了深度访谈。研究后期主要是对数据进行整理分析。

（四）研究方法

本书主要运用文献法、实地研究法和问卷法三种方法。

文献法主要用于收集与本选题有关的专著、文献、各类政策等相关研究，掌握农村社区的研究建设以及社会动员的研究前沿，为本书做好理论铺垫。此外，本书还充分利用文献法分析国家各部委、JX省和样本区域内各区县有关农村社区建设的文件。

实地研究法主要用于对样本地区的 9 个村庄展开实地调查，课题组运用参与式访谈、结构式访谈等方法收集乡村基层干部、村民在农村社区建设中的动员角色以及行为特征，其中尤其注重收集村庄进行农村社区建设时的全部过程及其结果方面的资料。此外，在实地研究中，课题组还重点运用结构式访谈法对农村社区建设中社会动员方式差异性或具有创造性的村组负责人进行访谈，然后对访谈结果进行编码、总结分析。

问卷法主要用于收集村民在农村社区建设中的参与意愿与参与行为资料。被访者的抽样主要采取便利抽样和配额抽样相结合的原则进行，由经过培训的访问员对被访者进行问答填写。

第三章　农村社区建设中的
社会动员现况

第一节　我国农村社区建设的目标和主要模式

我国一直重视农村的发展，不断以村庄为载体进行建设。在统筹城乡发展、推动社会主义新农村建设的背景下，我国社区建设的目标和主要模式与以往相比都有一些不同。各地也纷纷结合自身的特点进行了农村社区化建设的有益探索，形成了具有地方性特色的社区模式。

（一）我国农村社区的建设目标

农村社区建设的缘起是为了探索社会主义新农村建设和深化村民自治的有效途径。2006 年，《民政部关于做好农村社区建设试点工作推进社会主义新农村建设的通知》指出，开展农村社区建设是新形势下深化和完善村民自治的一项重要课题；通知要求各地积极促进农村社区建设健康有序地发展，为建设社会主义新农村服务。后来，随着各地新型农村社区建设的开展，农村社区建设的目标有了新的内涵。有学者指出，新型农村社区是以政府部门规划为指导，通过多个村庄的集聚和整合，集中开展社区聚落建设，以完善的基础设施为基础，构建有一定规模及产业支撑、管理科学民主的新型农村社区聚落形态。① 至 2015 年，中共中央办公厅、国务院办公厅印发了《关于深入推进农村社区建设试点工作的指导意见》，农村社区建设的目标有了进一步的明晰，具体有以下目标。

一是统筹城乡一体化发展，实现社会公平。2015 年，中共中央办公厅和国务院办公厅联合印发了《关于深入推进农村社区建设试点工作的指导意见》，提出将基本公共服务项目往社区延伸，促进城乡基本公共服务实现均等化。农村社区建设是我国实现城乡一体化的重要突破口。在尊重农民意愿、保护农村居民利益的前提下，推进农村社区城市化进程，实现城乡公共服务均等化，促进公共资源向农村社区流动，让农村社区居民享受改革发展成果。

二是构建共治共建共享新格局。从强调共治共建的政策环境来看，这一目标强调共建就是整合政府、社会组织和农村社区居民的力量，建立多元化的治理体系，实现有效积累和价值承载，支持农村社区治理模式的全面共建。构建共享的格局，在社区建设中，更突出以社区居民利益为核心，在社区内形成良好的资源配置，实现建设成果共享，从而保证社区居民利益的最优化和最大化。分享并不局限于物质分享，而是要实现"公共利益、公共价值观和公共精神的分享"。有必要在资源共建的资源优势基础上形成相对稳定的社会结构关系，以促进更完善的社会治理。

三是提升社区的治理水平。首先应提高农村社区居民的主体意识和参与水平，注重使农民真正参与到社区事务中。其次要提高农村社区服务的供给能力，创新农村社区公共服务供给的模式和主体。最后应加强社区文化的建设能力，培育社区精神，增强农村居民的认同感、归属感和荣誉感。

四是构建生态功能与生产生活功能协调发展的人居环境，农村社

---

① 孙涛：《新型农村社区建设中的问题及对策研究——以山东省青岛市为例》，《青岛职业技术学院学报》2017 年第 1 期。

区不仅是农民生活的地方，也是生产发展的集散地。创造一个清洁、舒适、文明的生活环境是广大农村居民的强烈愿望，也是农村社区建设的迫切而现实的目标。我们要从集镇化的长期趋势和村镇布局的长期变化出发，充分考虑社区的文化、区域和民族特点，着眼于方便群众生产和生活，制定科学合理的社区建设规划，统筹安排和建设农村社区居民的种植、养殖、加工事业等场所和设施。从而促进农村社区经济的持续增长，与社会事业同步发展，为农村社区经济发展创造有利的环境条件。

（二）我国农村社区建设的主要模式

中国农村幅员辽阔，地区间的经济社会发展水平参差不齐，社会发展格局和治理模式也不尽相同，因此农村社区建设的方式和内涵也呈现出多元化趋势。在不同地区，农村社区的建设、组织和动员模式都有很大差别。例如，按照社区建设区域空间设置的不同，可以将社区分为以乡镇为基础、以建制村为基础和以自然村落为基础的三种不同类型。

经过多年的探索，现阶段农村社区民主自治的治理结构已经逐渐成形，基层民主选举也已普及，但由于各地区实际情况有所不同，因而政府与社区之间的权能配置具体方式也具有本地特色。按照政府与社区间的权利关系的不同将农村社区划分为三类，即行政主导型、多元主体互动合作型和村民自治型，这三类社区各有自己的特点以及优势，其动员方式各有不同。

1. 行政主导型社区

行政主导型社区的特点是政府行政权力对社区有较强的控制和影响力，社区事务主要由政府部门推动，从组织到最后出资、政策推动都是政府为主导。这种模式由上至下逐级构建，政府将社区建设成果作为绩效考核的指标，要求各级政府强制性完成社区构建。这种社区构建模式有自己的优势，首先因为农村市场机制相对城市而言还不够发达，对企业资本以及人才的吸引能力较弱，采用行政主导型社区建设模式，以政府为主导，通过指标分配，能够更好地进行人才以及资本的配备，建设良好社区发展基础。但这种方式也存在局限性，一方面，强制性的执行手段过于僵化，层层递进的任务执行模式导致政府以及农民构建社区的积极性不强；另一方面，行政主导型社区构建的时效性较差，在政府政策的指导下，社区可以获得较快的发展，但是一项政策的制定、落实往往需要花费大量的时间。

山东临沂是我国目前行政主导型社区建设较为成功的农村社区，该社区在进行农村社区建设的过程中将改革重点放在区级单位上，以农村社区为基础成立指导委员会作为领导机构，该机构负责农村社区治理及建设的统筹规划。领导委员会下设办公室以及指导中心，办公室负责协调社区构建过程中出现的纠纷问题，指导中心主要负责整个推进过程中监督与服务工作。之后又成立了7个专门的指导单位，分别负责农村社区建设中服务、治安、环境、教育、文体、再就业以及医疗卫生七方面的工作。通过行政主导，社区一级抓一级，层层递进，保障社区建设工作稳步推进。山东临沂农村社区建设的过程采用行政动员的方式，在社区建设的过程中，区级领导都由政府指派，办公室、指导中心以及7个行政部门80%以上由政府指派，20%为村民自治。①

这一类型的社区往往采取行政动员的模式进行治理，尽管《村民自治法》规定，村委会是村民的自治组织，而非政府的下派机构，但由于村委会承担了大量的政府下派职能，在村民眼中，它更像政府的下派机构，甚至有时候，这种权力具有"横暴性"特征，会对村民不遵从权力的行为进行惩戒。行政动员往往是一种单向的自上而下的动员，政府处于动员的顶层，而村民处于被动动员的地位。村民只能按照上级的意愿和要求行动。社会动员的主体对象关系是不平等的，

①　中华人民共和国民政部，http://www.mca.gov.cn/article/xw/dfdt/200807/20080715018725.shtml.，2008 年 7 月 15 日。

就动员程度而言，几乎没有任何动员的反馈过程。动员方式的设置主要是由动员主体完成的，不考虑动员对象的意见。①

2. 多元主体互动合作型社区

我国早期的社会建设采取非均衡的发展模式，加上户籍制度对人员流动的限制，城乡二元化和差异性日渐增大。但随着农业现代化的发展、城市扩张和新型集镇化建设的推进，城乡结构逐渐由分离走向统一，合作型社区正是这一过渡阶段的产物。该类型社区主要有以下三个特点：一是处于城郊接合地带，经济结构较为多元；二是村委会的主要职能由组织生产变为提供公共服务；三是村民和社区的关系变得较为松散，如果社区的服务能力不够，很快就会失去存在感。②

相对而言，合作型社区属于三种主要社区模式中较为复杂的一种，其复杂性主要体现在社区成员身份的复杂，社区内大部分居民都来自外地，各种职业以及各种身份混杂，导致合作型社区的治理难度增大，很多问题一直无法得到有效解决。同时，鉴于合作型社区成员身份的复杂性，社区居民的利益诉求呈现出多元化态势，难以进行统一治理。但是这类社区的建设也有优点，一方面类似于城郊接合部的存在是每个地区都必然会存在的一种社区形式，如果不对其进行治理，会对整个地区的治安以及稳定性都造成较大的影响；另一方面进行多元主体互动合作型社区模式建设，能够最大限度地解决人口居住问题，为社会底层劳动者提供更加舒适的生活环境。

合作型社区主要以浙江海盐县为例，该县在农村社区建设过程中非常重视社会组织的培育，在工作形式上采用"1 + 6 + N"的社会组织孵化机制，在县内各农村社区搭建社会组织孵化培育平台，提供六大便捷服务（孵化培育、能力建设、资源共享、成果展示、政策咨询、项目指导）以培育社区组织，参与社区事务。目前，海盐县的社

---

① 此内容出自本课题已公开出版或发表的阶段性研究成果。袁小平、潘明东：《农村社区建设中的社会动员机制研究》，《农村经济》2017 年第 4 期。

② 曲颂：《农村社区管理模式的分析与评价》，《中国农业科学院》2012 年。

会组织非常活跃，有 281 家登记注册的社会组织，备案的则有 1000 多家。在社区引领下，发挥隔壁邻舍理事会、乡贤群议会、民风评议会自治组织作用，形成一套自治组织提议，村"两委"商议，村民代表大会表决，自治组织执行的管理机制，联动社区、社区社会组织、共建单位、社区居民，实现村民自治 + 社区共治。在经济建设上以"共创共享、振兴乡村"为目标，村"两委"、村中能人、合作社、农业企业（农场）四方共同组成致富共同体，村"两委"支持协调，合作社提供信息和技术，企业（农场）提供资金、市场提供就业岗位，村中能人协调调动，通过四方互动，得到了反哺资金和村民认可，企业和农场得到了发展。社区建设主要采用项目动员和能人动员的方式，因为浙江较为发达，所以社区建设之中充分利用地形优势，开展各种贸易、加工项目，通过项目带动居民社区发展。

合作型社区地处城乡发展的交界处，村庄发展是关键，在这种社区模式下，影响社区居民功能发挥的因素是多元的，除了基层政府的动员外，社区精英的能力和地位是社区动员的核心动力，社区居民的认同和参与是社区动员的内在动力。动员手段往往依托于个人价值观、认同感的体现，具有灵活性、回应性的特征。[1] 在混合治理型的农村社区中，往往需要培养有权威的人来担任组织者角色，农村能人作为农村建设和发展的顶梁柱，在乡村经济发展中，能够通过自身权力的运用和村庄资源的整合，帮助村庄实现经济稳健发展；在村庄公共事务治理方面，能人会通过一系列的动员模式，平稳和调适乡村中多元主体的利益。因此，农村能人主政乡村社区治理，成为集镇化进程中农村社区发展的重要推动因素。能人动员的必要条件是乡村精英与村民在日常生活中建构起来的特殊信任，这种信任滋生了二者之间

---

① 黎飞燕：《城镇化进程中农村能人动员式治理研究》，硕士学位论文，华中师范大学，2014 年。

嵌入乡村社会结构的关系模式。①

3. 村民自治型

村民自治型社区管理模式中政府与其他社会力量不直接介入，或是低度介入，社区对外交流和对内管理都由社区自己负责，自治型社区要求有一套完善的、运行良好的自治体系。随着城市化进程的不断推进，我国开始以社会为单位进行社区构建与发展。村民自治型社区构建能够针对目前社会市场经济落后问题进行有效改善，积极发动社区内部人群进行社区构建，且自主性较强，加上政府辅助，村民自治型社区能够得到最快速度的发展。村民自治与农村社区有着密切的关系，一方面，农村社区是农民在长期相互依存的生产和互动基础上形成的相互信任的平台，具有共同的规范的社区，即认识社会，为村民自治提供了良好的发展平台；另一方面，村民自治是农村社区的社会治理基础，能够为农村社区建设提供有效地内部支持，培育自我管理和自我服务能力。②

村民自治型社区以沈阳市春和社区为代表，春和社区在建设过程中具有明显的沈阳特色，社区事务实现完全村民自治。该社区由 5 个村委会以及 2700 名村民组成，村民自发成立了社区成员代表大会，作为本社区建设中的最高权力机构，大会对于建设过程中的所有大事都有处理权。代表大会下属的管理委员会，同样是由社区自发选举产生，主要在社区建设的过程中担任"管家"的角色，负责处理居民内部问题。春和社区在整个改革中，将重点放在社会性组织层面，政府担任"导演"的角色，强调公众参与。春和社区的建设主要采取自组织动员的方式，首先由村民选取代表大会人选，再由代表大会选取有能力的村民进入委员会，共同进行社区建设。

---

① 魏智慧：《乡土性与现代性：集镇社区动员机制的可行性分析》，《社会科学战线》2016 年第 8 期。
② 何平：《农村社区建设与村民自治的共生、共建与联动》，《青岛农业大学学报》（社会科学版）2011 年第 3 期。

在这种模式下，由于村民内部团结能力较强，往往采取自组织动员的模式。这种动员的运行机制是以社区内部组织为动员主体的，强调村内平等合作的方式，具有很强的动员目的。当自组织的利益和需要与社区建设的目标相互一致时，自组织就会主动开展社会动员。动员的发起者之间往往存在着特定的关系，如血缘关系等。但是这种动员本身也存在一定限制，农民本身知识水平较低，政策执行力较差，在社会动员的过程中，公共事务推进以及政策实施都会受到一定影响。

以上三种社区治理模式都有不同的经济社会背景和动员组织模式（详见表3.1）。我国的农村社区是在政府主导下建设和发展的，政府实际在每一类型的社区治理中都发挥着重要的作用，但培育社区自治力量并发挥社会组织的主体作用是其社区治理的主要任务。实现这一目标需要发展社区居民的民主意识，加强社区的主体建设，扩大社区各层次参与渠道，保障村民自治权利的实现；同时也需完善社区自治组织体系和机制建设，推进社区自治持续发展。

表 3.1　　　　　　　　　我国社区模式管理对比表

	行政主导型社区	多元主体互动合作型社区	村民自治型社区
政府与社区关系	紧密结合	部分结合	大部分分离
社区管理权利主体	政府社区管理部门	社区组织、社会组织及政府管理部门	社区自组织
社区居民参与意识	较弱	较强	极强
管理机制	政府引导、社区组织广泛参与	政府支持、社区居民参与共同管理	政府主导
动员方式	自组织动员为主	项目动员、能人动员为主	行政动员为主

第二节　江西省农村社区建设的现况

（一）江西省农村社区建设的缘起与进程

江西省的农村社区建设脱胎于 20 世纪初开始的村落社区建设。村落社区建设的起源既源于江西省主要领导的重视，也源于该省的省情。江西省是一个农业大省，经济欠发达，农村人口占全省人口的 80%。由于经济欠发达，大部分的农民劳动力会去广东、江浙一带务工，农村呈现出一片衰败状态。2001 年 5 月，江西省民政厅从省里获得了一项新的任务：探索农村社区建设。该年 10 月，省主要领导在全省社区建设工作暨社区建设学习观摩培训班上进一步提出："农村社区建设是个新课题，需要认真研究和探索，要树立农村新风尚，努力将江西省的农村建设成富强、民主、文明的社会主义新农村。"[①]

依据省委的部署，江西省民政厅选取了宁都、永丰、都昌等 10 个县开展村落社区建设的试点。根据试点经验，2003 年初，江西省民政厅确定把农村社区建设的工作重点放在自然村落上，确定以"一会五站"为载体的农村村落社区建设的新思路，并决定在九江、吉安、景德镇、赣州、宜春、上饶 6 个县区市的 100 个自然村开展村落社区建设的试点。通过试点，初步建立了"党委政府领导、民政部门指导、村级组织牵头、志愿者协会主办、社会力量支持、村民广泛参与"的村落社区建设的运行新机制。2004 年 2 月，发布了《农村村落社区星级评定实施意见》，通过评比来促进村落社区建设。同年 4 月，江西省委办公厅、省政府办公厅转发《省民政厅关于切实做好全省农村村落社区建设工作的意见》，要求在全省范围内推进村落社区建设。在省委省政府的高度重视下，江西省的村落社区建设得以迅速

---

① 《中国民政》编辑部：《新农村建设的基础工程——江西村落社区建设的经验与启示》，《中国民政》2006 年第 6 期。

开展，全省96个县5398个农村村落开展了社区建设。10月25—27日，江西省在九江都昌召开了全省农村村落社区建设理论研讨暨现场经验交流会，邀请中外专家对村落社区建设进行总结。村落社区建设由此成为全国农村社区建设的第一块试验田。2005年1月25日，江西省民政厅发布《关于进一步做好农村村落社区建设工作的通知》，要求各地按照全省农村村落社区建设会议提出的"方向要明确，政策要清楚，态度要坚决，工作要扎实，步子要稳妥"的要求，积极推进农村村落社区建设。

在村落社区建设的基础上，2006年1月，江西省发布了《中共江西省委、江西省人民政府关于推进社会主义新农村建设的实施意见》，提出要通过10—15年的不懈努力，使广大农村逐步达到"五新一好"目标。2007年，在全国启动了农村社区建设实验工作后，江西省踊跃参加，2008年，江西省农村社区建设实验县将根据《全国农村社区建设实验县（市、区）工作实施方案》（民函〔2007〕79号）的通知要求，摸清农村社区村民的需要，因地制宜，注重实效，发现和挖掘自身优势，有计划、有步骤地开展试点工作。试验区将主要就推动农村社区管理体制和工作机制创新，制定农村社区发展规划，探索农村社区建设的主要内容，推进公共服务向农村延伸，开展农村社区互助服务，组织农村社区建设宣传和培训进行农村社区社会工作人才队伍建设政策研究，积极推进农村社会工作发展等方面开展工作。全省共有16个县区入选了全国农村社区建设实验县（市、区）名单（共296个），分别为南昌市青山湖区、都昌县、湖口县、彭泽县、浮梁县、婺源县、广丰县、永丰县、于都县、大余县、萍乡市安源区、湘东区、莲花县、万载县、上高县、崇仁县。2007年以来，江西省逐步形成了"中心＋村落""一村一社区""一村几社区""几村一社区"的多种农村社区设置模式，建立农村社区综合服务中心2440个、社区居民活动中心16344个、社区图书阅览室14554个、社区卫生所12175个、社区警务室3993个、农资超市5788个，基本形成了覆盖社区全体成员的农村社区公共服务设施网络。① 2009 年 3 月 25—27 日，为进一步动员、部署、推动农村社区建设，江西省在赣州于都县召开了江西省农村社区建设现场会，会议要求，在 2009 年，每个实验县（区）必须有三分之一以上的村开展试点工作，以形成一定的实验规模，提高实验工作的整体效果。2009 年 8 月，江西省调整了社区建设领导小组，将省社区建设工作领导小组调整为省城乡社区建设工作领导小组，并增加省委农工部、省交通运输厅、省农业厅、省林业厅、省水利厅、省国土资源厅、省扶贫移民办、省供销社为领导小组成员单位。②

　　2010 年，江西省全省推进了农村社区建设，全省所有辖有农村的县（市、区）至少要打造 1 个"精品农村社区"，16 个已被评为"全国农村社区建设实验县（区）"的县（市、区）则须打造 2 个以上"精品农村社区"，着力打造 100 个精品农村社区，以提升农村社区功能，构建管理有序、服务完善、文明祥和的农村社会生活共同体，截至 2018 年 1 月，全省共打造"精品农村社区"132 个。在创新精品农村社区的过程中，江西省又提出要创新和谐社区，并建立了全省和谐社区建设示范单位联系制度。③ 江西创建"精品农村社区"主要选择村"两委"班子战斗力强、民主制度健全、有一定经济基础、社会治安好、民风淳朴的村开展。邀请专家和实际工作者对县、乡农村社区工作者和创建村"两委"干部进行培训，提高开展农村社区建设的能力。在创建活动中，各地注重突出区域特色、传统特色，精心培育不同类型、不同建设模式的农村社区，不搞"一刀切"，并从实际出发，充分考虑当地经济社会发展水平和农民承受能

---

① 杨建智、刘沅浩：《"精品农村社区"成全国品牌今年所有辖有农村的县（市、区）至少打造 1 个"精品农村社区"》，《江西日报》2011 年 3 月 28 日第 A01 版。

② 江西省政府：关于将省社区建设工作领导小组调整为省城乡社区建设工作领导小组的通知（赣府厅字〔2009〕166 号）。

③ 江西省民政厅：《关于建立全省和谐社区建设示范单位联系制度的通知》（赣民字〔2010〕52 号）。

力，有效整合资金、资源、资产，避免重复建设。政府尊重农村社区居民的主体地位，保障他们的知情权、参与权、表达权、监督权，积极支持引导农村居民参与社区规划、建设、管理，使这一活动真正成为广大农村居民的民生工程和民心工程。此外，江西省还将农村社区建设纳入新型城镇化建设中，提出要在交通便利、基础设施条件较好的中心村建设农村社区服务中心，综合配置科教文卫、治安、就业、社会保障等服务设施，逐步推进城乡公共服务均等化。[①] 该年度，都昌县通过民政部"全国农村社区建设实验全覆盖"示范单位评估组评估，成为江西省首家"全国农村社区建设实验全覆盖"示范县。至 2011 年 2 月，江西省农村社区服务中心（站、点）的服务功能将进一步覆盖至 20% 以上的建制村，20% 的乡镇将建立社区综合服务中心。到"十二五"末，农村社区服务中心（站、点）的服务功能将覆盖全省 60% 以上的建制村，使 70% 的乡镇建立社区综合服务中心。

2012 年 5 月，江西省颁布了《关于印发江西省民政事业发展"十二五"规划的通知》，其中一个很重要的方面就是要继续进行农村社区建设。《通知》强调，"十二五"期间要推广使用《村民自治与农村社区建设管理信息系统》，提高村民自治信息化管理水平，同时要创建 10 个全国农村社区建设实验全覆盖示范县（市、区），创建 1000 个全省精品农村社区。[②] 2014 年，江西省颁布了《2014 年度江西省新农村建设工作方案》，将农村社区建设与新农村建设结合起来，提出要发展新型社区的工作目标。2015 年，江西省提出要创新 100 个精品农村社区，同时将精品农村社区的创建与中心村建设、城乡统筹发展、扶贫移民等工作紧密结合起来，形成农村社区建设的合

---

① 中共江西省委，江西省人民政府：《关于加快推进新型城镇化的若干意见》（赣发〔2010〕7 号）。

② 江西省民政厅，江西省发展和改革委员会：《关于印发江西省民政事业发展"十二五"规划的通知》（赣民发〔2012〕14 号）。

力。2016 年，为进一步发挥农村社区建设典型引路和辐射带动作用，按照《民政部关于开展全国农村社区建设示范创建活动的通知》（民函〔2016〕245 号）要求，经各地自愿申报，江西省邀请全国城乡社区建设专家委员会成员，对省内 13 个全国农村社区建设示范单位进行评估与检验，促进农村社区建设的进一步发展。2017 年，深入推进新农村建设，全面改善农村生产生活条件，着重解决"最后一公里"问题，改变了农村脏乱差状况，为农民建设美丽宜居乡村。2018 年，江西省高质量推进 2 万余个村庄整治建设，65% 的村组开展了新农村村庄整治建设。① 通过推进农村环境整治工作，江西省境内不少古村落旧貌换新颜，从"养在深闺人未识"的民间遗珠变成掀开面纱惊人艳的"世外桃源"。

（二）江西省农村社区建设的主要做法

1. 以村落为载体

江西省的农村社区建设，一直将自然村落为主要载体，将其作为农村社区建设的基本单位，这与其他地方推行的模式不太一样。在中国的北方地区（如山东省），普遍将农村社区建设的重点放在行政村角度，所探索出来的模式也是"一村多社区"模式。这种工作思路一直是沿用传统的村落社区建设思路。

实际上，江西省的农村社区基础，刚开始并不是放在村落层面，而是定位在乡、村、自然村三级，搭建了"一级政府、两级管理、三个层次"的农村社区建设模式。通过一年多的实践，发现这种模式在乡镇一级开展农村社区建设，所辖范围较大、社区建设的成本高，且不利于群众参与；以村委会为范围开展社区建设，同样由一个村委会管辖多个自然村，社区建设的成本也较高，组织的社区活动和开展的社区服务都较少，村民参与面不广，难以把村民参与的积极性充分调

---

① 中国新闻网：《江西 2 万余个村庄整治建设古村落旧貌换新颜》，http：//www. chinanews. com/gn/2019/01－16/8730997. shtml.，2019 年 1 月 16 日。

动起来。为了使农村社区建设工作深入持久地开展下去，江西省后来进行广泛论证，最终将农村社区定位在自然村或以中心自然村带周边小村落为范围的村落社区模式。

自2007年开始，农村社区建设实验工作启动以来，江西省仍一直将村落作为主要载体，只是加强了中心村的建设任务。例如，在《2014年度江西省新农村建设工作方案》中，也没有放弃村落的地位，而是要求做好几者的兼顾工作，该方案提出，抓好全省新农村点建设，按照"培育中心村、整治保留村、撤并萎缩村、保护特色村"的要求，以镇村联动、村落连片、基础村庄"三位一体"分类推进。2010年后，江西省主要通过建立精品农村社区来推动农村社区建设，在已评的精品农村社区中，有不少就是村落社区。例如，在2015年九江命名的14个"全省精品农村社区"中，七里湖街道五丰村五桂园村就是村落社区。

2. 以公共服务为抓手，注重满足村民的需求

公共服务建设一直是农村社区建设的重点，在中央文件中经常得到强调，江西省的农村社区建设也始终将服务的建设放在首位。早在村落社区建设时代，各村的志愿者协会下面都要设立"五站"：村落社区社会互助救助站、村落社区卫生环境监督站、村落社区民间纠纷调解站、村落社区文体活动联络站、村落社区公益事业服务站。

在2009年的全省农村社区建设实验工作现场会提出，省相关领导强调要大力推进公共服务向农村延伸，拓展服务项目，改进服务手段，积极组织和引导教育、卫生、文化、体育、科技、法律、社会治安、社会福利、社会保障等公共服务进入农村，缩小城乡公共服务差距，促进城乡基本公共服务均等化。从2010年开始，江西省在全省推行农村社区建设，通过打造100个精品农村社区来带动农村社区建设工作的开展，而精品农村社区的评选重要指标之一就是农村社区的服务体系状况。文件规定：精品农村社区将全面落实以社会救助、社

会福利、社会治安、医疗卫生、计划生育、文教体育为主要内容的政府公共服务，普遍开展群众性的志愿服务和互助服务活动，兴建农资供销、农产品经营、农村金融、农业科技类社区服务网点、文化体育平台、社区医疗卫生网点，从而初步构筑起满足农村居民的基本公共服务、志愿服务和互助服务、社区专业服务和商业服务相衔接与配套的农村社区服务体系。同时，文件还提出要建立完善社区服务站，夯实社区管理服务平台，逐步形成以综合服务设施为主体、专项服务设施为配套、服务站点为补充的社区服务设施网络，社区服务设施辐射半径一般不超过2—3公里，农村居民步行不超过20分钟。公共服务体系的建设有利于满足村民的各类需求，缩小村民与市民的差距。同时，该省的民政事业"十二五"规划也规定，"十二五"末要建立4500个农村社区居家养老（日间照料）服务中心，覆盖15%的农村社区。抓好村庄整治、环境美化、乡风文明、和谐平安，到2020年实现由"物的新农村"向"人的新农村"迈进，缺什么，补什么——一般自然村重点完善了"七改三网"等农村基础设施建设；中心村在此基础上配套综合服务平台、卫生室、便民超市、农家书屋、文体活动场所、小学、幼儿园、金融网点、公交站点等综合公共服务设施。

2014年精准扶贫提出之后，农村的主要任务是脱贫攻坚。为认真落实党中央精准扶贫精准脱贫决策部署，深入学习贯彻习近平总书记扶贫思想和对江西工作的重要要求，近年来，江西省委省政府始终把脱贫攻坚作为重大政治任务和第一民生工程，全面提升脱贫攻坚的精准性和有效性，同时将农村社区建设与精准扶贫政策进行了衔接、整合，并取得了显著成效。江西有贫困县106个，"十三五"贫困村2900个，深度贫困村269个；经过脱贫攻坚、建档立卡，贫困户从2013年年末的346万人减少到2017年年末的87.54万人，贫困发生率由9.21%降至2.37%，1690个贫困村退出；在中央对2017年省级党委和政府扶贫开发工作成效的考核中，江西取得第一档次，位居全国第二名的好成绩。① 江西各地还加大了对扶贫机构和基层队伍的建设力度，配强工作力量，完善扶贫工作网络。截至 2018 年，江西省共设扶贫工作站 1551 个，扶贫专干 5180 人，扶贫工作室 17230 个，实现了全覆盖。②

调查显示，全省一般自然村点，新建或改造办公议事、文体休闲、医疗卫生、教育培训、社会治安等设施 15442 个，建设村级信息服务站 5736 个；中心村兴建小学 678 所、幼儿园 682 所、卫生室 733 个、农家书屋 705 个、文化广播站 613 个、文体活动场所 748 处、便民超市 751 个、金融服务网点 550 处、公共服务场所 620 个，提升了农村基本公共服务均等化水平。③ 通过大力实施道路硬化、水利基础设施、农村危房改造、扶贫乡土建设、村级公共服务中心、农村生活污水处理等 7 大类项目建设，积极推进贫困地区基础设施建设，切实加强了道路、水利、电力、商贸等建设，全年完成 4.95 万户贫困农户危旧房改造；对自然条件严酷、生态生存环境恶劣、发展条件严重欠缺的农村贫困地区进行扶贫搬迁 9.6 万人，脱贫攻坚基础设施建设成效显著。④ "以前从镇上到村里的路很差，都是土路，特别是下雨天，上山下山都不方便，出行难下脚，晴天像我们这没小轿车的人家，骑车出去也是一身灰；现在方便多了啊，水泥路铺到家门口，骑车也方便了，不用走路了"，村民 A 接受访谈时激动地说道。"要致富先修路，水泥路的建成，不仅仅方便群众的出行，更为当地农民发展产业带来极大的便利，像我们这山上本来就出行不方便，农忙的时

　　① 万瑜、李嘉媛：《强化五大支撑江西省脱贫攻坚工作取得显著成效》，《人民周刊网》，http：//www.peoplenews.com.cn/html/2018/jizhezaixian_ 0723/4239.html.，2018 年 7 月 23 日。

　　② 中国新闻网：《江西脱贫攻坚阶段性成效显著多样扶贫方式齐上阵》，《中国新闻网》，http：//www.chinanews.com/gn/2017/08－05/8296791.shtml.，2017 年 8 月 5 日。

　　③ 宋海峰：《连线成片建设美好家园——我省打造"整洁美丽、和谐宜居"新农村》，《江西日报》2017 年 2 月 19 日第 A02 版。

　　④ 陈斌华：《山区贫困村脱贫工作持续发力滴水穿石》，《江西日报》2017 年 6 月 7 日第 A01 版。

候，运点东西都是愁的哟，现在基本上不用愁了，这都是政府做得好啊，以后肯定会更好"，村民 B 说。路不通、路不好，优势资源就无法转换成助力脱贫攻坚的助推器。

除此之外，江西省还以农村社区为单位，着力开展产业扶贫提质增效行动，就业扶贫拓展扩面行动，扶贫搬迁后续提效行动，生态扶贫示范促进行动，教育扶贫精准对接行动，健康扶贫巩固提升行动，危房改造稳固安居行动，保障扶贫兜底覆盖行动，基础设施全面改善行动，深度贫困村着力攻坚行动。其中，产业扶贫将推行"选准一项主导产业、打造一个龙头、设立一笔扶持资金、建立一套利益联结机制、培育一套服务体系"的"五个一"模式，强化产业扶贫带贫益贫组织合作和利益联结机制，统筹推进产业扶贫精准到户到人；扶贫搬迁将实施好 2018 年 2.3 万贫困人口搬迁安置项目，确保完成"十三五"全省易地扶贫搬迁任务；在生态扶贫中，流域生态补偿资金对贫困县的补助比例提高到 30% 以上，每年安排贫困县天然林管护补助资金不低于 1.2 亿元，新增生态护林员重点向贫困县倾斜安排；保障扶贫将持续加大农村低保资金投入，到 2020 年全省农村低保标准高于同期全国扶贫标准 40%，对农村贫困群众临时救助标准按照不低于 5% 的比例上浮。这些扶贫举措大都是以村庄和农村社区为载体实施的，随着以上措施的不断实施，江西省的农村社区建设得到了进一步的推进，农村社区的面貌在有形和无形两个方面都得到了提升。

3. 重视投入，为农村社区建设提供经费保障

江西省的农村社区建设非常注重投入。在 2012 年前，全省累计用于农村社区建设的资金近 100 亿。仅 2012 年，江西省用于农村社区建设的资金就约 25.9 亿元①，用于 8000 个自然村开展新农村建设。2013 年起，江西省加大了农村社区建设的投入，计划连续 3 年，每年统筹整合 50 亿资金，集中力量重点支持原中央苏区和特困片区县，

---

① 刘昌伟：《今年 25.9 亿元财政资金助力新农村建设》，《江西日报》2012 年 3 月 29 日第 A01 版。

以及高速公路沿线的 5000 个省级村点进行新农村建设。2014 年，江西省用于农村社区建设的资金达到 51 亿，其中财政专项资金 15 亿，省、市、县三级财政按 5∶2∶3 比例安排，每个省级村点 30 万元。集成省直有关单位下达的涉农项目资金 18.5 亿元，平均每个省级村点 35 万元以上。此外，农民自愿投资投劳 7.5 亿元，平均每个省级村点 15 万元，由乡镇政府负责落实到位。企业和社会捐赠 10 亿元，平均每个省级村点 20 万元，由省新村办、省扶贫和移民办组织设区市、县新村办、扶贫和移民办落实到位。同时，各地还纷纷加大市县自建村点建设，确保每个自建村点市县财政支持资金达到 20 万元，尽可能加大集成资金投入①，资金的大规模投入极大地促进了农村社区建设的发展。

精准扶贫实施后，江西省整合了涉农资金，用于农村社区的各类建设。为落实财政扶贫资金稳定增长机制，确保政府投入力度与脱贫攻坚任务相适应，江西省加强财政涉农扶贫资金统筹整合力度，强化监管。江西省扩大财政涉农资金实施范围，从国家级贫困县扩大到贫困县和苏区县，由 24 个增加到 58 个。截至 2018 年，江西已安排财政扶贫专项资金 28.45 亿元，增长比例达 63.2%。② 从 2017 年起，省级财政将连续四年每年投入 30 亿元专项资金，市县财政将安排专项投入，全省每年完成 2 万个村组的新农村建设，用四年的时间，基本实现新农村建设全覆盖。据悉，从 2017 年开始，江西省计划用 4 年时间整合资金 360 亿元，集中力量建设 1158 万亩高标准农田，为发展扶贫产业提供基础保障。③ "我们争取了 500 多万元资金，大干

---

① 江西省财政厅：《关于印发江西省农村文化建设管理专项资金管理暂行办法的通知》（赣财教〔2013〕117 号）。

② 江西省扶贫办和移民办：《全省脱贫攻坚整改工作进展良好》，《江西省人民政府网》，http://www.jiangxi.gov.cn/art/2017/6/21/art _ 5210 _ 301247.html.，2017 年 6 月 29 日。

③ 宋海峰、廖建：《360 亿元建设新一轮高标准农田》，《江西日报》2018 年 12 月 6 日第 A02 版。

了3个多月，建设了1000多亩高标准农田"，去年脱贫的某村第一书记介绍。

2017年，江西省农村低保标准为月均305元（3660元/年），农村特困人员分散供养标准达到月均320元（3840元/年），均已超过国家贫困标准；发放资助金87.18亿元，实现了从学前教育到研究生教育全覆盖的学生资助体系，惠及各级各类贫困生751.52万人；先后投入近220亿元，实施了"农村义务教育薄弱学校改造""农村义务教育学校标准化建设"等项目。① 2016年，全省教育扶贫工程向纵深推进、向精准发力。同年，江西省教育厅、江西省财政厅、江西省发展和改革委员会颁布了《关于开展农村义务教育学生营养改善计划地方试点的通知》，规定从2016年12月15日开始实施营养改善计划地方试点，范围为农村义务教育阶段学校在册在读学生，按照实际在校天数，每生每天4元，每生每年不高于800元的补助标准。2017年，上饶一市已实施营养改善计划学校1687所，已实施营养改善计划学生292921人，累计支出资金176748544.00元②，约110万名农村中小学生每人每天都能享受4元营养膳食补助，让农家孩子无须自己准备，便可在学校吃上热菜热饭。与此同时，江西省鼓励贫困县创建就业扶贫车间引导就业、鼓励企业吸纳贫困家庭劳动力就业，2016年，全省安排近10万贫困人口实现家门口就近就业，贫困县建档立卡贫困户7000人就地转为生态护林员。对居住在深山、库区和地质灾害、地方病多发等生存环境恶劣，就地难以实现脱贫的农村贫困人口实施搬迁移民扶贫。

4. 注重社区结构的改变与社区资源的挖掘利用

江西省的农村社区建设在村落社区建设时代就非常注重对社区自

---

① 中国新闻网：《江西脱贫攻坚阶段性成效显著多样扶贫方式齐上阵》，《中国新闻网》，http://www.chinanews.com/gn/2017/08-05/8296791.shtml.，2017年8月5日。

② 上饶市政府网：《2017年农村义务教育学生营养改善计划实施信息》，《上饶市政府网》，http://www.zgsr.gov.cn/doc/2018/11/29/318012.shtml.，2018年11月29日。

身资源的挖掘。首先，针对农村青壮年大都外出打工、农村缺乏劳动力的现实，江西省在村落社区建设中创造性地提出要充分利用"五老资源"（生活在农村的老党员、老干部、老模范、老教师、老复退军人），充分发挥他们主持公道、热心公益事业的传统，由村民通过民主推选的方式，将热心为村民服务的"五老"、无职党员和农村致富能人推选出来，成立村落社区志愿者协会，组织开展各种活动①，发挥党员志愿者等群体的作用，先后培育了义务宣传队、义务环保队、义务巡防队、义务执法队、义务调解队、农民帮忙团等社会组织20余个，引导他们参与社区管理和自治，增强居民对社区的认同感和归属感；建强能人队伍，成立能人协会，把辖区内60多名致富好手、技能高手、创业能手请进来，定期组织研讨和培训活动，传授致富技能。

其次，在农村社区建设中大力培育新型职业农民，全面建立职业农民制度，完善教育培训、规范管理、政策扶持"三位一体"的培训制度，构建"专门机构＋多方资源＋市场主体"的新型职业农民培育体系。

最后，江西省在安排农村社区建设的场所时，也非常注重内部资源的挖掘，将农村闲置房产（比如宗族的祖堂、外出人员的房子等），改建成村落社区活动中心，内设志愿者协会办公室、村民学校、图书阅览室、文体活动室等，为村民议事和业余活动提供场所，降低了村落社区建设的成本。这种内源性建设思路非常容易引导社区的结构发展改变，走上可持续发展之路，但由于过分重视社区内部资源的挖掘，也容易相对忽略外部力量的介入。

近几年来，根据当地特有的地理与人文环境，借助精准扶贫，大力抓"党建＋产业扶贫"引领群众精准脱贫，实现社区建设。产业

---

① 江西省民政厅：《以农村村落社区建设为载体扎实推进社会主义新农村建设》，《中国农村村民自治信息网》，http://cmzz.mca.gov.cn/article/tbgz/qggzhy/cwgkyjzw/201201/20120100073203.shtml.，2012年1月。

发展是脱贫攻坚的基础和关键，没有产业支撑的脱贫致富，是无源之水、无本之木，是不可持续的。如 H 县新一届县委、县政府主要领导牢固树立"精准扶贫靠产业"的工作理念，撸起袖子抓"党建＋产业扶贫"，引领群众精准脱贫。该县按照"一村一品、一乡一业"等产业结构模式，因地制宜，引导贫困户发展葛根、油茶、葡萄、水蜜桃、果蔬、中草药、水稻良种和蔬菜、肉鹅、茶叶以及竹果林为载体的庭院经济和特色产业，让扶贫真正由"输血"向"造血"转变。该县聘请高水平的专业设计团队，对全县秀美乡村进行总体规划，并根据全县贫困村和非贫困村情况进行因村施策，打造特色鲜明的村庄美景，按照15%景点型、15%亮点型和70%普惠型的比例，根据各村自然禀赋，分级建设"秀美乡村、幸福家园"，并以连片、连线发展的理念，逐步推进"秀美乡村、幸福家园"建设全覆盖。

（三）样本点农村社区建设的现况

1. 样本市农村社区建设的基本情况

本书选取江西省的 N 市、J 市、JA 市和 S 市作为实地调研的样本点。之所以选择这四个地区，是因为这四地的农村社区建设在江西省处于前列。

N 市作为江西省的省会，在农村社区建设方面一直非常积极。2008 年，在全国首批农村社区建设实验区中，N 市的 Q 区就被入选。2010 年，作为全国农村社区建设实验区之一的 Q 区在大力推进农村社区建设工作中，重点加强农村社区的基础设施、文化教育、社会保障等方面的建设力度，进一步提升了农村社区的服务功能。2011 年，该区顺利通过了民政部的评估验收，成为全省首批"全国农村社区建设实验全覆盖示范县（区）"。此外，该区的两个农村社区还被省民政厅评为全省精品农村社区。2012 年，全省农村社区建设经验交流现场会在 N 市召开，充分肯定了该市的建设经验。在具体的举措方面，该市的 N 县出台了《推进城乡一体化发展建设农村新社区试点实施方案》，明确了23个农村新社区建设点，确定了农村新社区的规划管理、土地利用、拆迁补偿安置、户籍管理、财政支持、税费优惠及社会保障和就业等政策。2018年，N市有好几个社区获得"第三批全省农村社区建设试点示范社区"称号，分别是D区贤士湖管理处公园村社区、东湖区贤士湖管理处长巷村社区、东湖区扬子洲镇前洲村社区、青云谱区青云谱镇城南村社区、青云谱区青云谱镇前万村社区、青云谱区青云谱镇三店村社区。①

J市是江西省村落社区建设的试点市之一，农村社区建设一直在全省处于前列。早在2003年村落社区建设时，该市就开展城乡社区互动试验，通过城乡社区优势互补以实现和谐共进。该市浔阳区、庐山区的部分城市社区和都昌县的部分农村村落社区，按照"在举措上落实互动、在优势上寻找互补、在效果上追求互赢"的总体思路，积极探索了城乡社区建设互动的新路子，在社区管理经验、文化教育、劳动就业、扶贫帮困和经营社区等方面，开展了广泛的合作与交流。②从2010年起，J市又在农村社区建设中，探索建立"中心＋村落"的发展模式（以村委会行政区划范围为单元，建立以村"两委"成员为主体的村级社区服务中心，以农村自然村或中心自然村带周边零星小自然村为范围开展村落社区建设），出台了《农村社区规范化建设指导意见》，积极争创精品农村社区，2014年又有14个农村社区获得"全省精品农村社区"称号。截至2016年，J市精品农村社区总数达到103个，总量位居江西省第一。此外，该市还积极统筹推进城乡社区建设，认真落实《关于深入推进农村社区建设的实施意见》，扎实开展"精品农村社区"品牌项目创建活动，按照高起点、高标准打造，每年争创一个示范性精品社区。2015年，沙河开发区

---

① 南昌新闻网：《南昌6社区获评第三批全省农村社区建设试点示范社区》，《南昌新闻网》，http://www.ncnews.com.cn/xwzx/ncxw/bwzg_rd/201810/t20181030_1348145.html.，2018年10月30日。

② 王明美：《江西村落社区建设：欠发达地区农村社区建设的成功探索》，《江苏行政学院学报》2008年第3期。

泉塘社区被省民政厅授予"全省精品农村社区",仅该市的一个县就创建了 5 个"全省精品农村社区"。2016 年,市财政局会同市民政局下达中心城区社区建设市级补助资金 160 万元和社区工作人员工资提标市级补助资金 142.29 万元,合计 302.29 万元用于改善社区办公条件,提高社区工作人员待遇,增强社区工作对优秀人才的吸引力。近年来,市财政加大支出结构的调整力度,将有限财力向基层倾斜,向社会事业倾斜,大幅改善社区基本办公条件,大力提高工作人员待遇水平,不断增强社区工作对优秀人才的吸引力。

JA 市的农村社区建设也处于全省前列,该市的 Y 县最早在全省开始试点建设村落社区。在社区建设方面,该市的"吉州经验"被民政部所肯定,被国家民政部列为向全国重点推荐的八个社区创建模式之一。吉州区下辖 6 个街道、36 个社区,社区居民 22.5 万余人。该区从群众期盼解决的难点问题入手,围绕"让群众的收入更多、幸福指数更高、安全感更强"的创新社会治理目标,其模式以"新面貌、新服务、新风尚、新机制"为内容,创建"人文社区、温馨家园",并取得了良好成效。[①] 吉州区社区建设模式被国家民政部列为向全国重点推荐的八个社区创建模式之一,吉州区长塘镇长岭社区主动适应统筹城乡发展新形势,以"党建 + 农村社区建设"试点为抓手,充分发挥党组织领导核心和党员示范带头作用,引领农村社区向城市社区"进化",让"村民"变成"居民"。

S 市位于江西省的东北部,截至 2017 年年底,全市共投入资金183.91 亿元,在 12793 个村点开展秀美社区建设,受益群众 102.81万户、385.7 万人。共完成改路 3.16 万公里,改水 101.5 万户,改厕 98.69 万户,电力、广电、电信网络进村率基本实现全覆盖,广大农民的生产生活条件得到较大的改善。2016 年以来,S 市以城乡环卫

---

① 中国江西网—江南都市报:《吉州区社区建设经验走向全国》,《中国江西网—江南都市报》,http://jndsb. jxnews. com. cn/system/2014/04/21/013052550. shtml. ,2014 年 4 月21 日。

一体化为方向，在农村清洁工程和环境卫生环境整治工作基础上，大力开展农村生活垃圾治理工作。2017 年以来，S 市注重发展特色产业。目前，全市共创建现代农业示范园区 12 个，"东西南北中"产业进展顺利，全市有 3A 级以上乡村旅游点 112 家，电商扶贫村 324 个，旅游扶贫村 190 个，村级光伏电站 98 个。①

H 县隶属江西省 S 市，位于江西省东北部，地处闽、浙、皖、赣四省要冲。辖区面积 655 平方公里，总人口 21 万，辖 11 个乡镇（街道、场、办），全年农村居民人均纯收入 4902 元，扣除价格上涨因素，比 2011 年实际增长 12.1%；农村居民恩格尔系数为 47.2%，比 2011 年下降 4.1 个百分点。H 县在岗职工年平均工资 30646 元，同比增长 25.5%。2013 年以来，H 县大力实施"城乡靓县"战略，科学推进新农村聚居点建设，实现农村社区化、产业化。同时，H 县突出乡村地域特点，力促传统农业、新兴产业、特色加工业齐头并进，将葛源镇、新篁办事处等地打造成红色旅游城镇；龙门乡、青板乡等地打造成高效农业城镇，岑阳镇、兴安街道办等地打造成商贸中心城镇。2015 年，H 县采取多种措施，整合资源，以村级组织办公、活动场所、村集体用房和闲置房等为依托，建立、完善社区服务站，夯实社区管理服务平台。社区服务站设有村级议事、办事的公共服务平台，同时设有图书阅览室、文体活动娱乐室、居家养老服务设施。②"精品农村社区"为农村社区居民提供便捷的生产生活服务，还将进一步健全劳动就业、社会救助、社会福利、社区养老、社会治安、医疗卫生、计划生育、文教体育等政府公共服务，积极发展和丰富养老助残、托幼等个性化公共服务，实现社区公共服务全覆盖。为提升公共服务供给水平，H 县建立健全社区志愿者注册登记、服务记录、回

---

① 王调翁、黄靓：《我市投入 183 亿元改善农村基础设施建设》，《上饶晚报》2018 年 11 月 1 日第 A02 版。

② 叶若林、孔臻：《变"楼的社区"为"人的社区"横峰打造精品农村社区》，《上饶日报》2015 年 7 月 10 日第 01 版。

馈激励机制，大力推进社区志愿服务，引导农村社区居民踊跃加入社区志愿服务行列，广泛开展邻里互助等社区志愿服务活动。H县还重视发展农村社区商业便民服务，着力改善与农村社区居民生产生活密切相关的农资供销、农产品经营、农村金融、农业科技服务、家政服务、物流配送服务等农村社区服务网点，满足农村居民对社区服务的需求。H县充分整合中央福利彩票公益金资助农村幸福院建设、农村居民居家养老服务建设项目、农村公墓建设项目等资源，开展精品农村社区创建工作。2017年，H县大力开展"秀美乡村、幸福家园"创建活动，加大对农村基础设施与公共服务设施的建设，力创最美乡村最美人民的农村社区建设。H县作为样本地，在农村社区建设中一直响应政府的号召，紧跟政府的脚步，全力支持与推进新农村社区建设工作，并取得相应的成效。

"群众往哪里走，我们就往哪里去；群众喜欢去的地方，我们就把那里的环境搞好。"良好的农村人居环境，是乡风美丽的基础。"君子之过，如日月之食；过也，人皆见之；更也，人皆仰之……"如今走进H县11个乡镇（街道、场办）已创建成功的秀美乡村里，一幅幅挂在墙上的"微家训"如春风拂来，令人精神振奋，为打赢脱贫攻坚这场硬仗，该县紧紧抓住项目建设不放松，快速推动经济社会发展；为扛起脱贫攻坚的政治责任，该县秉承"笑脸最珍贵、人心最温暖、支持最重要"的理念，坚持以"秀美乡村"为重要平台，全域落实乡村振兴战略，以"1＋N个"产业为抓手，以"13个中心村和100个自然村"为重点，以培育"1000家新型农业经营体"为支撑，以实现2.6万人脱贫、提升22万人生活品质为工作目标，实现沿线连片打造、产村融合发展，全面启动以"个十百千"工程为核心的"秀美乡村、幸福家园"创建活动，按照"整洁美丽、和谐宜居"的目标要求，以"山清水秀、村容整洁、民风淳朴、留住乡愁"为建设标准，几年来，该县已精心打造了"崇山花海、好客王家、善塘人家、丫石山寨、重石李家、青板周村、火车小镇、荷塘月色、知青练家、吴家村、亭子上、百花洲、苏家塘、大源坞、乌石头"等105个特色主题秀美乡村，该县把"秀美乡村"创建与全域旅游、精准扶贫相结合，通过让农业强起来、让农村美起来、让农民富起来，让文化生活靓起来、让乡风民风好起来，绘就了一幅幅"幸福新H"的美丽画卷。至2018年为止，该县首期113个和2017年创建的393个秀美乡村已基本建成，以及今年扎实完成的61个村的秀美乡村建设，确保2018年上半年实现秀美乡村"七改三网"建设扫一遍，既全面改善农村生产生活条件，又积极汇聚乡贤风采，引领乡风文明，并有效创造"H经验"，打响一张靓丽的"H名片"，荣获"全省新农村建设工作先进县"。

2. 样本市县农村社区建设的最新举措

精准扶贫实施以后，脱贫攻坚成为各级政府的重要战略，也成为当前农村工作的中心工作。各样本市县积极围绕着脱贫攻坚，将农村社区建设与精准扶贫进行了紧密的结合。

为贯彻落实与精准扶贫相结合地推进社会主义新农村社区建设，N市严格按照省委省政府、市委市政府的部署要求，与精准扶贫、精准脱贫工作相结合，充分发挥党委政府的引导作用、人民群众的主体作用、社会力量的支持作用，撸起袖子加油干，把省级的贫困村建设成社会主义新农村示范村，让更多的群众受益、让贫困的群众致富。如果说"看得见山、望得见水、记得住乡愁"是新农村建设的"大理想"，那么脱贫致富、挖掘特色、打造属于自己的"名片"，就是N市自然村各自的"小目标"。夏日早晨的暖阳普照大地，青山路街道文化广场上村民正在健身，公园大榕树下村民正从容地聊天下棋，荷花池栈道上村民正三五成群散着步聊着家常……文化广场、公园、栈道亭阁无疑为村民休闲娱乐提供了更大的场地……"借新农村社区建设的东风，才有了现在下汉村的新变化"，正在公园下棋的村民ZFY笑呵呵地说。如今，N市所有贫困户均已落实医保政策、通生活用电、通广播电视信号、饮用上安全水、网络信号全覆盖。同时，N市自然村已全面实现电力、通信全覆盖，镇通行政村的乡道100%硬底化，89%的自然村实现了村巷道路硬底化，98%的自然村建成垃圾收集点。借力精准扶贫东风，N市因地制宜，科学布局、大力度投入、硬措施推进，以突出抓好规划、抓好示范、抓好整治三项工作，充分发挥党委政府引导、农民群众主体、社会力量支持三大作用，做到与发展特色产业、与精神文明建设、与精准扶贫工作三个结合，集中打造了一批特色鲜明的美丽新农村，通过步步为营达成小目标，实现大理想渐行渐近，一个"环境美、产业美、精神美、生态美"的新农村正在形成。

党的十八大以来，我国持续推进扶贫的理念创新、模式创新和机制创新，深化精准扶贫、精准脱贫，实现从"输血式"的生活救济型扶贫向提升贫困地区内生动力的"造血式"开发型扶贫转变，从"大水漫灌式"的全面扶贫到"滴灌式"的精准扶贫转变，开创了扶贫开发的新战略、新模式和新路径。近年来，J市扶贫开发工作在"精"字上下狠功夫，在"准"字上做足文章，走出了富有J市特色的精准扶贫新路子。尤其是近3年来，J市共解决了15万农村贫困人口的温饱问题，贫困人口由2012年的45.34万人下降到现在的30.33万人。仅2014年，全市就顺利完成减贫任务6.24万人；贫困发生率由12.18%下降到8.2%，重点贫困县修水、都昌两县农民人均纯收入增长幅度达到15.8%，高于全省平均增长水平5个百分点。J市居住在深山区、库区、地质灾害区的困难群众有将近20万人。[①] 由于地处偏僻、交通不便等各种因素，要就地解决他们的贫困问题改善生存环境、提高生活质量，难度极大、成本极高。如何实现这部分贫困群众脱贫致富成为摆在扶贫攻坚过程中跨不过去的一道坎。为此，J市不断开拓思路，创造性地提出整体移民搬迁进县城，进工业园，进集镇，进中心村，用改革的办法统筹住房、就业、发展、户籍、教育、

---

① 马达、水木、邵猷芬：《精准扶贫九江在发力》，《老区建设》2015年第21期。

医疗和保障问题，解决边远困难群众的长远生计的新路子，得到了广大贫困群众的积极拥护。

如果说"输血"扶贫只能解决贫困群众一时之急，那么培育支柱产业的发展才是实现贫困群众摆脱贫穷走向富裕的根本，才能为精准脱贫提供根本支撑。JA 市紧紧围绕省定贫困村，把产业发展放在助推精准扶贫的首要位置，探索建立"＋扶贫"模式，大力扶持发展种植基地、乡村旅游等特色产业，按照"一村一品""点面联片"的思路，积极调整产业结构，实现了由低效农业向特色农业、高效农业的转变，由"输血"扶贫向"造血"扶贫的转变，有力地促进了农民增收，让群众走上了脱贫致富的路子。同时，JA 市推进村级公园建设，通过整合帮扶单位资金 100 万元，在村委会旁建设中心公园，目前已建成灯光篮球场、小广场、环公园绿道、全民健身路径、宣传长廊、铺设绿化等设施；在小学旁建设科普公园，目前已完成环山路、登山步级、光伏发电站、公园标志石等设施，这两个公园的建成，为群众提供了休闲娱乐的好去处。"去年底刚建好篮球场，我村就举行迎春杯篮球赛，好一派热闹的场面，中秋节前又举办广场舞中秋晚会，生活越过越精彩了"，村支部书记、村委会主任 LBG 高兴地说。

（四）样本点社区与精准扶贫、新农村结合程度

做好脱贫攻坚工作是当前一项重要政治任务和"第一民生工程"。H 县是方志敏精神的首创地和"清贫精神"的发源地，是革命老区，也是国家级贫困县。近年来，H 县把推进文化扶贫作为实施精准扶贫的重要内容来抓，在打好脱贫攻坚战、建设秀美乡村上进行了有益探索。实现精准脱贫与推进秀美乡村建设是互相推进发展的，样本地在进行精准扶贫的同时加强了地区的文化与基础设施、公共服务的建设，推进了秀美乡村的进行，而秀美乡村建设同时也能够提升村集体的意识与经济。无论是精准扶贫还是秀美乡村建设，在宏观层面上都

推进了农村社区建设的进行，三者互相关联，互相推进。H 县重点打造了一批基础设施好、公共服务好、生态环境好、产业发展好、乡风民俗好、社区治理好的"六好"秀美乡村，实现了生态效益、经济效益和社会效益的多赢发展。创新整治模式，在全县设置农村"垃圾兑换银行"，通过"零存整取""累计积分"等方式，鼓励村民用家庭生活垃圾兑换商品，增强村民环保意识。截至 2018 年，H 县建设 13 个村级综合文化服务中心示范点，67 个村（社区）建起文化活动中心和农家书屋①，互帮互助、诚信守诺等传统美德日渐形成。在 H 县调研的三个村庄中分别选取了传统型、城乡接合部和城镇型三个类型的村落进行社区建设调查，分别是 CT 村、GY 村和 WJ 村，这三个村落在当地的历史或最新发展上都具有代表意义。

CT 村位于 H 县岑阳镇西北部，距镇政府 4 公里，东靠龙门畈乡，南临铺前村，西近青板乡，北接姜家村，属多山丘陵，地处怀玉山脉磨盘山麓，北高南低，总面积 9.6 平方公里。耕地 3202.2 亩，旱地 2708 亩，林地 6707 亩，小型山塘 50 余座，小二型水库 1 座。有 20 个村小组，809 户、3077 人，党员 64 人，建档立卡贫困户 99 户、328 人。属省级"十三五"贫困村，经几年帮扶发展，已经成为"先进村"，也是远近闻名的产业特色村，先后获评全县"优秀基层党组织"、省级生态村、省级"一村一品"示范村，全国乡村旅游重点帮扶村等。村民人均年收入由 2014 年的 3900 元发展到 2017 年年底的 9400 元，赶超全县平均水平，在实现精准扶贫的同时，推进了农村社区的建设。

GY 村位于 H 县北部山区境内，是 GY 镇政府所在地。全村境地属高中丘复合地带，地势东南高，西北低，人口居住稠密，现有总户数 1613 户，总人口 6112 人，耕地面积 4432 亩（其中水田面积 3652 亩，旱地面积 780 亩），19 个村民小组，14 个自然村，一个党总支，

---

① 戈竹武、叶晓枫：《江西横峰县：倡导乡村文明新风》，《人民日报》2017 年 9 月 24 日第 11 版。

下设四个党支部（排楼党支部、GY 党支部、西园党支部、考坑党支部），共有党员 126 人。第二次国内战争时期，方志敏、邵式平、黄道等老一辈无产阶级革命家曾在这里领导过叱咤风云的革命斗争。1931 年 2 月，以方志敏为首的赣东北革命委员会，从弋阳迁来葛源，在此成立赣东北特区苏维埃政府。同年 11 月，改为赣东北省苏维埃政府。次年 12 月，改赣东北省为闽浙赣省，为中国革命写下了光辉的一页。现有众多保存完好的革命旧址，其中"红军第五分校"为国家重点保护单位。GY 村的饮食也很有特色，热情好客的人民在长期的生产和生活过程中探索出一条富有家乡特色的菜肴，如葛粉蒸肉、豆腐等。逢年过节，当地百姓还会做许多各式各样的风味小吃和点心，如清明果、芋头糖、油子果等等。而最让人津津乐道的莫过于当地的豆腐了，因制作技艺传统高超，加上葛源的水质优良，GY 的豆腐纯白鲜嫩，被誉为一绝，旅游经济发展带动了村集体建设。

WJ 村，位于 H 县兴安大道北面，又称"人民公园"，是 H 县知名的参观地点，WJ 村有今日的发展，主要依靠棚户改造。县委、县政府结合秀美乡村建设，对选择一次性货币补偿的，房屋征收补偿款免征个人所得税；对购房成交价中相当于货币补偿款的部分免征契税。提前签约奖励不足 5 万元的，按 5 万元奖励；购新房，政府给予 300 元/㎡奖励；购二手房，给予 200 元/㎡奖励。此外，该县坚持让利于民，引导群众算好经济账、家庭账、健康账，打消群众的担忧和疑虑，实现"要我棚改"向"我要棚改"的转变，搬离棚户、住进新房，是老百姓的迫切愿望。H 县把棚户区改造作为一项重要的民生工程和发展工程，不断创新工作方法，积极争取国家棚改扶持资金，加大政策扶持力度，稳步推进棚户区改造。棚改工作得到了群众的真心拥护，实现了三个"最"：所用时间最短、签约率最高、动用干部最少。越来越多的棚改户实现了"安居梦"，幸福指数节节攀升，将人民公园打造成了集民俗文化区、传统村落文化展示区、来龙山森林农耕休闲区、村落风水文化保护区、新乡村居住区等五大主题板块的综合性公园。"去年，秀美乡村建设提升了全村的居住环境，村民的精神文化生活也不能掉队。今年，我们决定从建设村史馆入手，让村民们在新家园里互帮互助"，该县 XA 街道主任 TWF 说。在村史馆内，笔者看到祖训、家训、乡贤名人、村规民约等被制作成精美的图片；优秀村民不仅上墙公布还配上了先进事迹。

第三节　农村社区建设中的社会动员现况

（一）农村社区建设中社会动员的具体方法

本章分别选取了 N 市、J 市、JA 市、S 市各选择一个县区进行实地研究，共实地走访了 12 个村委会，其中有一半以上的行政村为全省精品社区。这 12 个村在农村社区建设中多管齐下、多项并举，在农村社区建设中采用的动员方法主要由以下几种。

1. 行政动员

行政动员是我党进行社会动员时经常采用的一种方法，这种动员方法的主要特点是社会动员依附于政府的行政体制，得到政府的政策支持与帮扶，通常由政府主导以行政指令或委派的形式强制实行，该模式突出的特点是具有强制性、时效性和单向性。例如，XJ 村是一个传统的自然村，在 21 世纪初，该村外出务工人员逐年增加，村内从事农业生产的人数不断下降，且主要是中老年人。随着环境保护的日益迫切，为了将保护植被和农业生产结合起来，自 1999 年起，国家开始推行退耕还林政策，伴随着国家退耕还林政策的深入，该村于 2010 年前后进行了林权改革。该村农村社区建设在开展过程中，主要是以政府要求 A 村种植油茶为契机，在不破坏耕地的基础上，在地里种植油茶，完成县里提出的"一村一品"的目标，县里对完成油茶种植的任务给予少量补贴。以此为契机，再对村里的社会服务进行升级。根据前任村长的描述，该村在社区建设之初是在村公告栏发了一个通知，将乡里的意思传递给村民，要求大家在自家的林地上种植油茶，并强调谁要不种植油茶导致完不成任务，就对谁家罚款。

LSJ（XJ村书记，56岁）：我们这搞农村社区建设都是领导说了算。当时我们村搞林权改革，把一些山林卖了，村里有70万的收入。有一天乡领导叫我们村班子谈话，说想在我们村开展农村社区建设的试点，乡里给予一定的补助，要我们回去商量下。不到一个星期，我们还没商量呢，乡镇府和县民政局就来我们村开会，叫了一些在村没出去干活的村民传达了下农村社区建设的精神，就启动了这么一个建设。说实话，我也对农村社区建设的精神掌握不清，刚开始只以为是修路。后来乡里要求我们搞一村一品，要我们种油茶。老百姓不愿意，很反感，有些人想种杉树。工作开展不下去，乡里那阵子三番两次来开会，要求我们必须做好工作。我们班子每个人都领了任务，专攻重点分子。

XJ村的这种状况在N市青山湖区的BL村也存在。该村在农村社区建设的启动之初，都是政府（主要是基层政府）强力下压。

MZR（BL村主任，49岁）：我们做工作主要靠命令。我们村靠近市里，现在老百姓不好做工作，你苦口婆心地跟他说没用，要他做什么就是要钱，没钱不做。……农村社区建设启动那会，我们也是往下级压任务，每年社区都要有变化。村里决定修建个小广场，再对路面重新进行硬化，拆除一些沿路的违规建筑。这些工作有些涉及了村民的利益，开了一次会，总是在那吵，不同意。我们就联合村民办和村里的两套班子，强行去拆除，这才达到了目的。你要跟他讲道理，估计到今年都还没启动。没办法，农民嘛有点短视，你跟他说那么多都是没用……有时候他们怕我们有点权力的……我们当时就威胁他说，你要不拆，以后你来村里办什么事我们都不同意，你家要再建房子我们就不盖章。

2. 项目动员

项目动员，指的是通过项目带动，村民自愿参与的动员模式，而项目的推动可能是政府，也可能是外来企业，其初衷源于经济效益而非社会效益，当然，它同行政动员最大的不同之处在于村民是自愿参与，村民可以根据自身以及项目实际状况有选择的决定是否参与。项目动员是资源动员的一种形式，在农村社区建设中，许多地方都将各个职能部门的项目整合进来，以此来进行社会动员。此外，江西省还将各个村评为省级点和市县自建村点，不同级别的点所获得的资源是不一样的。例如，W 县的 LJ 村和 Y 县的 LFQ 村，在农村社区建设初始动员就是采用项目形式。LJ 村位于永武高速中段，交通较为便利，由于近年来大量村民随潮进入城区生活，大量耕地遭到荒废。该村的农村社区建设的真正开始源于该村在修高速路过程中的拆迁。由于高速路征用了该村的 120 多亩地，LJ 村获得了 300 多万的补偿款，其中一部分分给了村民，村集体留了 120 万。在 2009 年，县里觉得该村具有一定的经济实力，就将该村纳入农村社区建设的县级建设点。由于该村许多农民失去土地，整天无所事事，县领导为该村引入一家木板加工厂。该村与工厂协议，由村集体给工厂提供模板晾晒场所，工厂负责对村里的道路进行美化，并雇佣该村 60 名劳动力进行模板晾晒。在考察中发现，该村居民的参与热情很高，村集体也觉得非常好做动员。LFQ 村是一个移民村，因修建新安江水库从浙江移民过来。该村在启动农村社区建设时，也有项目的功劳。由于该村历史较短，乡里于 2007 年选定该村进行社区建设。在村支书的带领下，该村以苗木为特色产业，迅速壮大了村集体，形成了强有力的领导班子和治理结构，村庄面貌迅速改变。

LSJ（LFQ 村书记，53 岁）：我这个书记不好当啊，我们都是移民过来的，来这边分到的地很少，一家一户平均只有 1.5 亩可以种水稻，只够吃。刚来的时候大家的心都很散。后来村里引进了苗木产业，我们开始大量种黄橘子。刚开始要大家出义务工去挖山，有些人没想通，也是不好动员，后来跟我们合作的那个老板来了几次，给大家保证，会按底价给我们收购后，大家的心安了，做事也好做了。不到两年大家就富了起来。之后我们就用这笔钱来开展社区建设，刷墙修路，你看现在大家都积极啊……这个积极是自觉的，他要不积极也行啊，到卖苗木的时候，村里有的是法子让他听话。

TZS（LJ 村主任，45 岁）：有项目当然好做动员了。以前叫他们做点事每次都叫不到人，早几年前村里没修水泥路，每年年底都要大家出工去拉煤渣铺到路面上，要不然一下雨全变成泥巴地，人家来拜年都来不了。现在有项目就有钱啊，有钱大家就都愿意来了。再说，来厂里做事又不忙，晒板子，找点副业，总比在家里强。

ZXJ（WJ 村干部，45 岁）：像我们村，因为棚户改革发展起来的，像以前我们村就像你看到的其他村一样，虽然说不上破破烂烂吧，但是也算不上好，但是你看我们村现在，是政府给我们投钱搞起来的，这个中央公园也算一个景点，像我们省里、县里的很多干部都来参观，我们有村史馆，这里有我们村的历史，别的村没有吧，这都是这个棚户改革给我们带来的，虽然不说大家对这个都满意，但是在整体上，我们村是比以前好太多了，把景点旅游搞起来了，也可以给村里的人提供一些工作岗位，创创收嘛。现在路也好了，出去也方便，去县城一会就到了，大家的生活质量提高不少。

3. 能人动员

能人动员也指精英动员，指的是由村内少数能人推动的动员活动。当前的农村虽然留在村里种地的壮年劳动力少，但是还有不少精英在农村。他们有一定的威望和见识，比较好开展群众工作。例如，在 Y 县的 ZJ 村，该村的支书就是典型的农村精英，他当过兵，开过长途卡车，很多战友在市里和县里任职。可以说，该村的农村社区建设，完全是他一个人撑起来的。ZJ 村是 Y 县恩江镇聂家村的一个自然村，地处聂家村东北角，全村有 60 户 206 人。过去的张家村是全镇最穷的自然村，经济落后，治安混乱，村里由于水引不过来，大部分田地是"望天收"，经常干旱，群众连温饱问题都很难解决。在该村书记的带领下，农村社区建设取得很大进展，2006 年该村获得全省新农村建设试点"整治建设先进自然村"。该年度拆除旧房 1100 平方米，村里修缮了下水道，家家户户都通了自来水和有线电，硬化了村中 9 条道路的路面，并建成了村里的休闲广场和小舞台。2009 年，村里又修建了社区大楼，内设便民服务室、计生服务室、农民文化书舍、矛盾纠纷解决室等，并办起了留守儿童托管学校。2009 年该村获得"县先进村落社区"称号，2010 年吉安市精神文明委员会授予该村"文明社区"称号，2011 年又获"省精品农村社区"称号，2013 年还获得"全省综合减灾示范社区"称号。

> ZSJ（ZJ 村支书，56 岁）：我可以负责任地说，我们村的社区建设有我很大的功劳。我是 1978 年当的兵。复员回老家后开了很多年的卡车，往返广东和浙江。当时看了浙江的农村建得那个好啊，我心里就难受。早几年前我把车卖了，安心在家做点生意，大家把我选上来，要我带着大家做点事。我就想，要是我们村能有浙江一半好我就知足了。可是一上台想干事是很难的，村里当时不仅没钱，还欠了外债呢。我就不服气，只好靠自己的老面子，去找老战友帮忙。这些战友也很帮我，在我的努力下，我们村入选了省里的农村建设点，获得了 20 多万的建设经费。但是也仅够路面硬化的……第二年，我有一个战友在宣传部，他又

把我们村弄到他们宣传部的点，给了我们不少经费，这样慢慢就能做事了。后来，在村里资金紧缺的情况下，我们努力争取到了县老年科技协会的支持，在老年协会的帮助下，成功引进投资资金 25 万元……这些年来，大家还是支持我的，有事我一说他们都来；有些矛盾一说他们也都会听，这让我感到很欣慰。所以我们村搞社区建设很快，不像隔壁的宋家村，修条路都修不起来。

Q 区的 FJA 村的社会动员也体现出非常鲜明的能力特征。该村在农村社区建设启动之初（2010 年）遭到了许多村民的反对，村里两套班子开了很多次会，跟不少反对者进行了沟通，由于涉及土地的调整，一直没有谈妥。后来，该村的村委会主任找到了该村大米加工厂的 J 厂长，通过他去给村里的反对者做工作。J 厂长在村里有一定的威望，由于村民的水稻基本都由 J 厂长收购，因此在很多问题上村民们都会给 J 厂长面子。

> J 厂长（FJA 村，53 岁）：主任跟我说了有人反对社区建设这事后，要我去给那几户叫得响的做做工作，我不是村里理事会的成员么，也该出出力。我也没做什么动员，只是跟他们聊了聊天，一起吃了顿饭，他们还是给我面子，最后没有去村里闹，领了点补偿款之后就没什么说的了，算是比较好的结果吧……我跟他们中的几户关系都还好，有点业务往来，平时也经常一起玩。
>
> H 县的 CT 村村民 CXL 介绍："像我们村里有那个莲蓬基地，马家柚基地，养殖基地三大基地，现在是基本上家家户户都参与了，但是刚开始是我们村里的村干部带起来的，他家现在也是种植大户，一年收入有十几万，他哥哥是我们村的书记，现在正在搞这个秀美乡村建设嘛，那个种植大户还给我们村捐了钱，修了许多马路，直通村里人门口，大家出门也都方便了，现在大家生活都挺好的，也得多亏他们，人好啊。"

4. 自组织动员

自组织动员，指的是由村庄内的特定组织所发起和带动的动员模式，这种组织发起者之间往往存在着特定的关系，如血缘或者地缘关系等。该动员模式强调村庄内部的平等合作，具有很强的目的性。例如，Y县的XXK村，该村是Y县有名的辣椒村，该县的"辣椒大王"曾继华就住在该村。该村是Y县较早的进行村落社区建设试点的村庄，通过试点，村落社区建设取得了不俗效果。但是，该村的农村社区建设的兴起却不是上级压下的产物，而是他们自发进行的。Q区的KT村也呈现出典型的自组织动员，该村有很多小手工厂，代工生产文化衫。农村社区建设也是由一些生产文化衫的企业提出来的，村里只是配合角色。

> ZZZ（XXK村小组长，51岁）：我们村进行农村社区建设是我们自己要求的。我们这家家户户种辣椒和蔬菜，你应该知道辣椒大王就在我们村。在曾老的指导下，我们村成立了好几个协会，有辣椒协会、瓜果协会等，一起种菜一起卖。种菜的人都很辛苦，一年到头没得休息，天天要运菜去县里卖。在新农村建设没开展前，我们这是泥巴路，一下雨就要打赤脚，车轮上全是泥巴，走都走不动。那时候我们看着别的村都修路，我们就说，为什么乡里不选我们村当示范点，不能因为我们离乡政府远一点就不选我们吧，再说我们村也不比别的村穷啊。有一天晚上，大家吃完饭在村前樟树乘凉，正好说起这个事，大家都不愿意，尤其是几个协会的会长，当天晚上就表态我们也要开展社区建设，要集资就集资，每家先集2000元。过了两天钱就收齐了（那时我还不是村组长），然后村组长和几个会长就去找之前在我们村蹲点的副乡长，要他帮我们选进乡里的点。副乡长说已经选完了，只能等明年。我们不同意，就没要乡里的钱，自己搞起来。修路加村前的大塘整治花了20多万吧。

KHY（KT 村文化衫生产协会会长，47 岁）：我们村的新农村建设还真和我们这几个会长有关系。当时我们也不知道有什么新农村建设，有次市里开会，把我们这些会长叫去，好像是做了一个评比，我们比旁边几个都差，很没面子。回来的时候我们几个凑在一起吃饭，期间才听别人说在搞新农村建设。我们几个就说，"要干"。然后我们就去摸下底，看看大家愿意不愿意。村长当时还有犹豫呢，说村里没那么多钱。我们说钱不够我们捐，最后我们也的确捐了不少。但是去摸底的时候，大家还是比较支持我们的，光我们这些生产文化衫的就占了三分之一多，你说这还能不好做工作啊。

由此可见，当前农村社区建设的社会动员方法具有多元性。当然在农村社区建设中，每种社会动员方法也都发挥着不同的作用，表现出了不同的效果。

（二）农村社区建设中社会动员的不足

从对 12 个村庄的实地调研发现，行政动员、项目动员、能人动员、自组织动员是当前农村社区建设中几种重要的社会动员类型。其中 12 个村庄中，实行行政动员的有 3 个村庄（W 县的 XJ 村，Q 区的 BL 村，H 县的 CT 村）；实行项目动员的 3 个村庄，分别为 W 县的 LJ 村、Y 县的 LFQ 村和 H 县的 WJ 村；实行能人动员的有 Q 区的 FJA 村、Y 县的 ZJ 村、H 县的 GY 村，共 3 个村；实行自组织动员的村庄有 3 个，分别为 W 县的 LJC 村、Q 区的 KT 村、Y 县的 XXK 村。

表 3.2　　　　　　　　不同村庄的社会动员类型比较

类型	J 市	N 市	JA 市	S 市
行政动员	XJ 村	BL 村		CT 村
项目动员	LJ 村		LFQ 村	WJ 村

类型	J 市	N 市	JA 市	S 市
能人动员		FJA 村	ZJ 村	GY 村
自组织动员	LJC 村	KT 村	XXK 村	

但是，综合 12 个村进行社会动员的主要方法及其过程可以发现，当前农村社区建设中的社会动员呈现如下不足。

1. 社会动员思路不清晰

虽然从文件上看，国家对村民在社区建设中的参与非常重视，但是不论是部委文件，还是省里的操作性文件，至今没有对如何动员村民参与社区建设进行详细规定，使得在农村社区建设的实际操作过程中，各地开展社会动员的思路不清晰。根据社会动员理论，社会动员有多重方法，是侧重资源动员还是侧重文化的建构，抑或是侧重社区结构的调整与社区关系网络的重整，需要各地有统一的认识。在江西省进行村落建设之初，政府对农村社区建设的动员结果不是很看重，对村民的参与也未进行过多的强调，只是要求群众志愿参与。2005 年 1 月，江西省民政厅发布的《关于进一步做好农村村落社区建设工作的通知》明确提出村民参与的原则是"群众自愿"，"搞不搞村落社区建设要自愿；村民是否参加要自愿，尤其是加入志愿者协会的会员要自愿；开展什么活动也要自愿，不搞强迫命令"。

从国家层面看，国家政策对社会动员的强调也不突出。在 2007 年民政部印发的《全国农村社区建设实验县（市、区）工作实施方案》中，政策较为强调宣传动员，方案要求"加强对农村社区建设的宣传活动，加大在报刊、广播、电视和互联网等新闻媒体的宣传力度，使村民了解农村社区建设对于自身利益的密切关系，积极参与农村社区建设的各项活动"。但是到了 2009 年民政部推行的农村社区建设全覆盖活动中，对社会动员的强调开始注重"资源动员"，将"以人为本"作为主要动员原则，"把满足农民群众需要作为全部工作的出发点和落脚点。在农村社区规划、建设、管理等各个环节都要听取农民意见、吸纳农民参与、支持农民当家作主"。至 2015 年，国家政策又开始注重组织动员。在 2015 年中共中央办公厅、国务院办公厅印发的《关于深入推进农村社区建设试点工作的指导意见》中，明确提出"农村社区建设坚持村党组织领导、村民委员会牵头，以村民自治为根本途径和有效手段，发动农村居民参与"。村委会以及与村民自治相关的居民代表会议等是农村社区最基层的组织，是村民的自我管理组织，通过村民自治来动员，具有典型的组织动员特征。

从资源参与到宣传动员再到资源动员，最后到组织动员，说明我国还未对农村社区建设中的社会动员形成较为清晰的思路。无论是资源动员还是组织动员，都具有各自不同的动员效果，各自的动员重心也不一。到底以哪种动员方式为主，需要在实践中强调。

2. 社会动员方法多元并存

虽然 12 个村的社会动员呈现出各自不同的特征，要么是以能人动员为主，要么是以行政动员为主，要么是项目动员，要么是自组织的动员。但是，仔细考察各村的社会动员运用状况就会发现，几乎每个村庄所运用的动员方法都呈现出多元混合的特征，即每个村庄的社会动员方法都是以一种动员方法为主，辅之以其他动员方法。例如，即使是精英动员方法，也不完全是依靠精英的魅力，其中还会经常用到行政动员和项目动员（资源的输送），正式组织（村两委权力和乡镇基层政府的权力）以及外部的资源仍会起重要作用。例如，Y 县的 ZZJ 村支书虽然在村里具有很强的人格魅力，村民们都佩服他的那种军人式的敢想敢干的气质。但是，这种动员能力也与其经济地位、所在职位有关系。他在之前曾办了一个轮砖厂，村里很多人盖新房子的砖都是从他的轮砖厂购买或者赊购，至今村里还有人欠其砖款。在 2009 年该村修改社区大楼时，村里的福利与别的村相比已有较大提升，例如该村每年春节会给 60 岁以上的老年人发放补贴，给每年考上大学的学生发放慰问金等。这些福利的供给又反过来会促进村民的社区参与。此外，村支书这个职位对他开展动员具有非常权威的帮助。他自己也感觉到："村党支部书记就是带领大家发家致富奔小康的，再过几年我不干这个书记了，大家说不定就不会记得我了。"

在几类社会动员中，行政动员仍然是一重要方法，无论是在精英动员、项目动员还是能人动员中，都无法脱逃农村社区两委会的身影。在自组织动员中，社区内的协会和合作社虽然扮演着重要角色，但是仍然要与农村社区两委会合作，配合两委会来开展工作。例如，Y县XXK村的几个协会会长在想推动社区建设时，也是先与村委会协商，在村委会的安排下，由村委会召开了村民会议，村委会先做了铺垫工作，然后再由协会来进行社会动员。在LFQ村的社会动员中，行政动员也是经常运用到的一种手段。LFQ村在进行产业建设时，为了说服大家种黄栀子，开了不少次会，还要求各个党员和村委会成员都去给村民做动员。该村书记也说："只说项目肯定很难做，村民们不一定懂，你跟他说如何如何赚钱，他一下子也不会觉得有什么，还是要靠班子的这些成员努力，后来还是村委会做了担保，大家才同意种的。"因此，多种社会动员方法的并存是当前社区建设的常态。

3. 社会动员能力弱，难以形成持续性的合力

对社会动员能力的关注，一直社会学界的一个研究重点。许多学者通过研究大都认为，当前中国的社会动员能力弱化或下降了[①]。有学者认为，"一些乡镇干部通过权力的非正式运作，虽然都动员农民实现了国家意志，但从实践过程来看，事实上目前农村中国家运用正式权力对农民的动员能力下降了"[②]。从理论上看，社会动员是主体是政府和社会组织。12个村庄中的社会动员多元化已经说明了当前

---

① 持这种观点的学者有吴忠民、孙立平、晋军、郭玉华等。详见邓万春《从能力到主体：社会动员研究的话语转向》，《理论导刊》2009年第1期。

② 杨福忠：《从社会动员能力看当前国家与农民的关系》，《黑龙江社会科学》2001第3期。

政府对村民的社会动员能力与以前相比已有弱化现象，政府不得不依靠能人精英、外界资源、社区内的各类组织来进行动员，促进村民参与。即便如此，12 个村庄的实地调研也发现，四种社会动员的能力都较弱。行政动员方面，基层政府和社区两委会的动员能力均不高，例如，在 XJ 村，村里发布通知要求大家种植油茶后，刚开始响应的村民非常少。两个星期后，村里见大家都没反应，又在村里出了通知，还用大喇叭在村里进行了动员，但村民的响应还是不积极。该村书记就说："我们村不好做工作，他们啊就跟牛一样，你要用鞭子在后面赶着，催他们一下他们就动一下，不催他们就不动。这件事村里都发了好几次通知，发一次通知种一点，发一次通知种一点。所以啊，基层工作很不好做。"

在能力动员、项目动员和自组织动员等方面，其动员主体都是社会力量而非基层政府。虽然在社区建设的初期都较高，三种动员方式都能引导一些农民参与进行，尤其是精英动员和自组织的动员，初期的动员效率都很高。例如，ZJ 村在修建社区大楼上，村支书一提出钱不够，许多人当场表示捐款，1 个多小时就收到捐款近 2 万元。但是，在发动村民进行第一波建设后，各种动员都会面临着难以持续的问题。而且随着农村社区建设的深入，村民的参与率也在逐渐降低。例如，在实行项目式动员的 LJ 和 LFQ 村，项目完成后，村民们对村庄公共事务的参与热情明显降低。后来 LJ 村想要建立村社区中心，赞同的村民就很少。因此，该村的会计说道："他们做事就是一股子劲，他们动员就热一下而已，不跟他们说就不会动，其实真心关心村集体发展的人不多，墙头草的人多，听别人说好就是好，别人一说差就不干，难以持续。所以我们村在 2011 年后基本上没做什么建设，还是老样子。""WJ 村是个很不团结、是非多的一个村"，32 岁的CXS 说道。在他眼中，村干部都是在利用这个职位赚钱，职能部门也是如此，他说："前几年开发商征地都是在骗老百姓的土地，给每户几千块钱，再以几十万转卖出去，我们的一幼都是有钱人才能去读。"

所以在他心中甫说农村社区建设，他认为村干部干过的实事可能就是"房子外面种的那些桂花树"了。他和他老婆都是个体工商户，家庭收入一般，生活得还算幸福，但一谈到农村建设似乎怨气挺重，尤其是土地方面，"我们种的这块地都是当时叫上一伙老人家去堵才留下来的。"稍微年轻的村民似乎早已"洞悉"干部群体的行为方式，这也是一典型的例子，征地问题颇受争议，让村民形成了一种抵触的情绪，而这一问题在"城中村"或是农村社区尤为明显。

因此，多种动员模式均表明，当前政府和社会组织的动员能力弱和不作为，是农村社区建设中不得不正视的现实。

4. 动员的结果停留于表象，难以促进村民的价值观以及社区结构的改变

从社区建设的角度来看，衡量社会动员的结果有两个指标，一个是促进村民参与；另一个是改变村民对社区的价值观，提升其社区认同感。按照新社会运动理论的要求，社会动员与社区的结构密切相关，要提升社会动员的结果，必须要使社区内部的结构发生改变。行政动员与新社会运动的区别就在于前者只看到权力的因素，是改良主义；而后者则更注重社区内部结构的影响。从实地调研的结果看，9个村的社会动员结果都停留于表象。虽然在刚开始时，都能动员一部分村民进行参与，说明动员具有改变村民行为的一部分功效。但这种改变只是部分的，有许多群体（主要是青年人）的参与率非常低。在调研中，许多村民都反映，年轻人普遍对社区参与不感兴趣，参与率不高。例如，ZJ村的村支书说道："年轻人的参与是差很多的，虽说我在村里有些面子，但也是那些老头子给的。现在的年轻人，谁的话也不听。村里做了这么多事，没见过几个年轻人来帮忙做的。即使来做了，也达不到要求。所以有事还不如直接找他们的老头子管用。"在WJ村还调查了一位年轻人，26岁，初为人父，父母也都健在，家庭经济状况良好，常年在上海等大城市奔波。他的状况属于村里年轻一代的常态，从懂事起就开始外出打工，到了适婚年龄回家结婚，再继续外出打工挣钱。这类人对农村社区建设几乎一点都不了解，因为鲜少回家，也从不参与，他们主要从家人口中了解一些村里的情况。当问及 WJ 村社会动员与社区建设方面问题时，他的态度大抵可以这样归纳：不满意、不熟悉、不知道。

动员的结果停留于表象，并没有实际落实到位。WJ 村的村民说，建造人民公园后，自家旁边的排水沟和粪池管道问题突出。多次反应，也没有解决。村民 WY 说道："当时在建人民公园时，就说要给我家旁边留条沟，下雨了水可以流，但是一直到人民公园建好后，这条沟都没有建，向干部反映，也没用。然后就是这个粪池管道的事，在人民公园后面也是应该修一个粪池管道，也一直都没有修，干部说在人民公园后面，平时也都看不到，就不用修了。"同村的村民 ZSY 认为："党制定的政策是好的，但具体到了基层实施则存在问题，村干部对村庄是有一定贡献，但是做事不够规范，平时开会也都到干部家里开。"

此外，更严重的是，经过了多年的建设，村民对社区的认同感并没有建立起来，这反映出村民对村庄的公共精神并不强。有一位村民说道："公共精神很重要啊，如果人人都有公共精神、都来关心社区就好了，像我们小时候邻里关系特别好，谁家腌了咸菜都会给别人家尝尝，愿意为别人奉献自己的一份力……时代不同了吧，现在村里人和人好像没有那么亲近了，都变得更自私了，谁都想着自己家的那点事儿。这几年村里各方面都变了样，但好像邻里邻外的，总会有那么点矛盾，跟以前比总是不得劲。"

按照社会动员理论，一个社区社会动员能力的提升必须要有社区的结构性变化。从实地调研的结果看，各种动员方法都存在着停留于表象问题，无法很深地改变社区居民的认同感。而且，各村的村民参与都是在村两委会、能人、社区组织等组织下进行，村民的参与没有改变社区内部既有的社会关系结构，因此，社区的社会动员仍停留于表象。

5. 社会动员欠制度化

社会动员的开展需要一定的条件，既需要有动员主体的努力，也需要一定的机会与物质条件，同时，社会动员还会有一定的风险。要使一个社区的社会动员能够持续下去，亟须制度化的保障机制，既要为社会动员创造动员的条件，也要能刺激动员主体愿意进行社会动员。在 12 个村所在地的实地调研发现，各村的社会动员都呈现出一个共性，即按照社区建设的需要才临时选择所需要用的社会动员方法，进行社会动员。没有根据对社会动员进行事先规划，更没有根据村里的关系特征选择特定的社会动员方法。由于缺乏制度化的保障机制，一方面，社会动员的主体很多时候不愿意进行社会动员，只要能用行政力量解决或者是在小圈子内解决的事，他们一般都不愿意告诉村民，这样就导致了社区建设的范围狭窄。对村民的调查发现，很确切知道农村社区建设的比例仅为 9%，大概知道的比例为 52.6%，不知道的比例达到 38.4%。村民对农村社区建设的认知度低是直接原因，因为很多村庄根本不对村民进行社区建设的宣传。BL 村的村主任说道："我们会挑一些主要的东西跟村民说，一般来说，需要村民马上做的我们会在村公告栏张贴出来。其他的也没有什么好说的，说了他们也听不懂，要他们做也不会很积极，还不如我们能做的就尽量做到，去麻烦村民干什么。"

另一方面，各村都没有给予进行社区动员的主体一定的刺激，不论是经济性刺激还是符号性刺激，各村都没有为给予动员的积极分子予以奖励。而且在社会动员的条件保障方面，各村都没有为其提供专门的场所和经费支持。很多村在农村社区建设开会时，都是在条件比较简陋的地方，如田间地头、大树底下或者村集体中的某一位成员的家里。ZZZ 村的村小组长曾表示："开个会连个坐的地方都没有，有事了大家就随便一坐，一点都不重视，村里又不是没钱，建一个大一点开会的地方就解决了现在的问题。"这些都反映出目前的社会动员欠缺制度化的支持。

GY 村有名村民为残疾人，家中有两个儿子，分别为 31 岁和 29 岁，至今都没有娶媳妇，多次参评贫困户都没有评上。该残疾村民说："村干部都是官官相护的，像我家旁边的一户人家是村干部的亲戚，他家盖房占了我家的地，但是就因为他家是村干部的亲戚，所以村干部都向着他家说话，甚至派人来打我们，评贫困户都不评我们。村内干活80元一天，但是因为之前和村干部吵了架，这个赚钱的机会也不给我了，说我是残疾人，干不了活。其他人什么事都没做，就在那晃晃，就可以赚80元。"总之，当前农村社区建设中的社会动员模式呈现出很大差别，也存在不少问题，这些问题如果不能得到解决，将影响到农村社区建设的村民参与积极性。

第四章　农村社区建设中社会动员的机制分析

第一节　各类社会动员的动力机制与保障机制分析

  不同的社会动员模型需要不同的保障机制相匹配，后续保障紧跟上是农村社区建设对社会动员的要求。对于行政动员模型来讲，强大的国家行政组织为动员的成功提供了有力保障，但要积极预防组织链条的刻板化对村民参与的影响。对于项目动员来讲，预防风险机制的建立和完善至关重要。对于能人动员来讲，自由、自主的生存和发展空间是必不可少的保障机制。对于自组织动员来讲，组织参与社区事务需要有一定的设施和制度空间，为此应给予自组织以相应的组织和制度保障。①

（一）行政动员的动力与保障机制

  行政动员效率的保障机制是组织隶属关系、权力的强制性作用、发达的政府组织体系和社会成员对权力的依附性。其特征极为明显，因为政府是社会动员的唯一主体，所以具备强制性，该方面优势在于能够进行更加统一且迅速的规划，保障社区建设质量以及效率，例如学者黄佳鹏认为，行政动员的动力来自于科层内部的行政压力，在这

---

  ① 此内容出自本课题已公开出版或发表的阶段性研究成果。袁小平、潘明东：《农村社区建设中的社会动员机制研究》，《农村经济》2017 年第 4 期。

种强压体制下，基层动员主体形成高度共识，乡村两级呈现出利益共享与风险共担的实践形态。基层干部的共识不仅来源于体制内的严格考核，还在于对动员工作属性的一致认同。① 但是，行政动员的缺点在于社区居民及指派人员缺少参与激情。因此，当政府的动员出现问题时，许多社会成员将被迫参与。在促进行政主导农村社区动员过程中，为发挥行政动员的效果、实现预期目标，在实际执行的过程中需要注意以下几个方面：

一是注重意识形态的构建，这是社会主义国家发展的特点之一。在进行社区模式构建以及人员动员的过程之中，也需要加强对马克思主义意识形态的构建，因此，在社区建设保障机制的构建中，需要坚持党和国家的战略方针，以共产主义意识形态为指引，坚持科学发展观。着力推进以改善民生为重点的农村社区建设，推进城乡基本公共服务均等化，提升基层社会自治能力，这是意识形态理念及价值指引的最终目标。党的意识形态及价值理念指引是农村社区建设不偏离社会主义道路的重要保障。

二是强化制度保障，在科学合理的构建保障制度过程中，为了保障资源的有效分配，政府会制定经济指标、社会政治指标等多种软硬指标来进行衡量，以判定指标为基础，根据指标完成情况进行经济、政治方面的奖惩。在农村社区建设过程中，为确保各项政策落到实处，提升社区建设工作的效率，政府也采用目标考核管理的方法来评估农村社区建设的绩效。在实践中，各级地方政府根据具体情况制定标准实施目标考核，督促下级政府完成上级政府下派的各项任务。

三是压力性的考评体制。政府主导型社区构建的核心就是我国的压力性考评体制，压力性考评体制是我国政府体制运作中的一种独特现象，这种体制要求下级政府必须有效完成上级下派的任务和指标。目前我国的社区构建存在两方面的阻碍，一是农村地区市场经济制度

① 黄佳鹏：《行政动员与社会动员：精准扶贫中的识别困境及其超越——基于豫南 X 村的实证考察》，《中国延安干部学院学报》2019 年第 12 期。

不完善，还处在初级阶段，对人才以及资金吸引力较弱；另一方面是农民的意识形态较为原始，对于共产主义以及社区构建理解比较初级。因此在计划经济体制向市场经济体制转轨的过程中，政府部门为了更好掌握信息，进行有效改革，就需要通过压力性考评体制来统一推进。在实施社区建设指标考核的过程中，上级针对下派任务和指标的完成情况往往采取"一票否决制"。在当前农村社区建设中，地方政府也主要采取"一票否决制"来督促下级政府完成农村社区建设布置的各项任务。如山东省枣庄市山亭区，在农村社区建设过程中，探索建立了"跟踪考察、一线问效"机制，将基层领导干部纳入考评体系，对当年完不成建设任务的，由区委组织部对党政主要负责人进行诫勉谈话，连续两年完不成建设任务的实行"一票否决"。可以说，"一票否决制"增强了各级班子和村干部抓好农村社区建设的责任感和主动性，促进了农村社区建设的进度，为确保政令畅通和农村社区建设的顺利开展起到了一定的鞭策作用。

上述保障机制的有效实施，能够有效提升行政动员动力，保障执行效果，通过思想、制度、考评三个维度对动员效果进行监督，能够全方位保障工作质量，将更多的精力投入到社区治理之中。但是其劣势也同样明显，其中最为明显的就是保障制度较为僵化，个别具备"垄断性"的制度导致工作者在进行社区建设时需要背负较大的压力，很多时候得不偿失，导致社区建设难以有效落实。

（二）项目动员的动力与保障机制

从项目动员实施的动力来看，动员主体之所以愿意为动员对象提供资源，更多源于项目本身对动员主体的价值。很明显，推动项目动员的动力是项目的成本与利益的差额，如成本与利益差别大，项目能够得以维持，那么动员主体的动力就非常强。目前所执行的动员制度本质上以收益为驱动，大部分都是由企业为主导，通过项目带动居民参与，最终实现共同服务。项目动员除了对利益进行筹集分配外，还意指对组织项目运行中所需的其他资源的动员。在利用社会关系网络获取资源利益方面，"社会关系网络是资源流通的重要路径"是相对被普遍接受的认识。将既有的关系网络利用到项目动员行动中，能取得较明显的动员效果，即在动员策略上注重对社会关系网络的利用。通过社会关系网络产生"熟人圈子"，所得资源响应会随之增大。[1]社会资本也是可以通过适当有目的的行动来整合取得的，它是镶嵌在社会关系网络之中的资源。[2] 目前关于项目动员的保障机制还未全面完善，对于企业以及村民之间利益协调、村民之间合理的利益分配还没有做出明确的规划。

因此，从项目动员的运行过程中可以看出项目动员才能实现合理的保障，必须将相关的制度保障建立在资源的获取和分配上。资源的稀缺性是项目吸引动员目标的先决条件，但如果村民无法获得稀缺资源，那么再好的项目都没有用。调动对象获得的资源与项目资源的配置有关，一般来说，项目的市场分配往往会导致不公平分配和马太效应。因此，项目动员的保障机制是建立公平分配制度，确保项目资源供给的公平性，防范不公平的风险。

（三）能人动员的动力与保障机制

能人动员的核心是乡村精英的人格魅力与能力，能人即"动员精英"，指能干的或在某方面才能出众的人。就农村而言，社会精英即村中的能人，其比普通村民拥有更多的知识、经验、声望或关系资源，是村内影响力比较大的成员。中国传统上是个能人治理的社会，常见的能人治理类型是乡土社会中的长老统治。[3] 在集镇化进程加快的今天，能人的能力体现在多个方面，无论是集体经济精英，还是村

① 张岳琢：《社会动员与地方 NPO 的品牌建构》，硕士学位论文，西北大学，2007 年。
② ［美］林南：《社会资本》，张磊译，上海出版社 2005 年版，第 28 页。
③ 罗家德、孙瑜等：《自组织运作过程中的能人现象》，《中国社会科学》2013 年第10 期。

庄公共事务管理，能人都要能够运用灵活合理的手段对村民进行动员，实现对村庄进行多方利益的制衡。能人动员目前主要集中在北方地区，该动员模式保障机制的特点主要体现在以下几个方面：

一是人情社会的情感依托，农村社会的文化核心是重伦理，讲人情，在基于地缘和血缘亲情的社会，个体之间的人情具有一定价值。这种操作具有其温和性，方便平衡乡村社会各方面的利益。能人以情理作为动员手段，容易实现其目标。

二是熟悉村民的需求导向，农村村民对于农村社区的组织和建设是基于实用主义进行的，这种实用就是以农民的需求为导向，能人作为乡村的一部分，熟悉村民的需求，能够理解其行为逻辑，以需求来指导农民的实践。

三是利益共同体，农村经济发展与村民利益息息相关，能人作为村中利益共同体的一员，在出现利益博弈时，有魄力和理由让其他村民信服，满足其他社区居民的利益诉求，获得动员的成功。

通过对上述制度的分析，发现该保障机制的随意性较大，其优势体现在以人情社会的情感为依托进行治理，能够保障社区治理过程更加流畅，而且能人对于社区情况更了解，有助于社区建设取得良好效果。但也正是因为该保障机制的随意性较大，它更多依赖个人的主观意愿进行保障，难以实现稳定发展。

（四）自组织动员的动力与保障机制

乡村自组织动员的动力来自于两个方面，一是农民产生了实现自我权益的强烈意识，在社区发展过程中，村民对于自身权益的维护与争取意识越来越强烈；二是在农村社会中形成了社区共同体的机制与能力，社区中具有较好的形成组织的条件，并且形成了具有影响力与说服力的自组织。罗家德、孙瑜等认为，"不同于西方的正式规则作用，中国的自组织过程是在社会关系特质下进行的，具有较强的政治精英色彩"①。因此，自组织动员的动力主要来自社区内自组织的组织利益与组织需要。

当自组织的利益和需要与社区建设的目标一致时，自组织就会积极开展社会动员。由此可见，社区建设中自组织动员的开展，必须是自组织的组织需要和利益以及社区的整体利益相一致或重叠，这是自组织动员开展的必要条件。这种一致性必须得到组织成员的认同，只有组织成员在情感上认同了该目标，组织成员才会采取合作行为。所以，自组织动员的保障机制之一就是要建立起相应的宣传劝导体系，消除组织成员目标理解障碍，激发组织成员的归属热情。此外，自组织动员的效果也依赖于自组织与村集体的关系平衡以及自组织嵌入村庄关系结构的程度，如果自组织得不到村集体的支持，其动员效果就会很低。

第二节　各类社会动员的运行机制分析

机制是理想的法则。在社会动员领域，机制是某一种社会动员模式区别于其他动员模式的主要特征，也是它发挥效用的稳定的法则。学者们早已揭示，不同的社会动员模式其机制是不一样的。例如，薛利亚就研究过政治动员、物质动员和主体动员之间的动力机制的差别，认为"政治动员的动力是激发政治理想或施加压力，物质动员是动力或提供物质化慰藉或补偿，主体动员的动力是更新知识系统或尊重个人选择"。② 根据社会动员的构成要素与相关理论，社会动员的机制至少应包括三部分，分别为运行机制、动力机制和保障机制。同时，前人的研究也揭示，行政动员、项目动员、能人动员和自组织动

---

①　罗家德、孙瑜等：《自组织运作过程中的能人现象》，《中国社会科学》2013 年第10 期。
②　薛利亚：《社会动员的变迁及内在机制——以公益献血的动员研究为例》，《社会科学》2011 年第 7 期。

员各自具有不同的特征，有理由相信，这些特征与其背后的相关机制密切相关。

（一）行政动员的运行机制分析

从理论上看，行政动员的主要特征在于依靠政府的强力推动。政府具有发达的行政制度体系，拥有合法化的权力，它对社会组织和社会成员具有天然的强制性。组织加权力给被动员者很大的压力，能使被动员者顺从政府的动员意图，改变参与行为和参与意愿。因此，行政动员的机制有很强的组织化特征。有学者指出，"组织化动员是指利用原有行政管理框架、借用组织推动、依托与国家完全同构的单位所进行的社会动员模式，其主要特征是每一个被动员者都和动员者密切相关，更确切地说，动员者与被动员者之间存在一种隶属性的组织纽带"[1]。所以，行政动员的主体是政府，客体是村民，所依赖的方法是强制性权力，其基础是政府庞大的行政体系。在动员主体（政府）和动员对象（村民）的关系模式上，二者是单线的、强制性的不平等关系，这就是行政动员的运行机制。例如，武宁县的 XJ 村和青山湖区的 BL 村在进行社区建设动员时，都是率先被基层政府选中为社区的建设点，然后由基层政府强制下命令进行社区建设。村委会在收到乡镇政府的指令性命令后，他们也是依靠村里的正式组织（如村民自治委员会、村民代表大会、村民兵连）等向村民传达。BL 村的主任说道："我们收到命令后就给村里的干部们开了会，然后向下传达的。乡里压着我们做，我们压着村民做。"

这种运行机制在实际的运行中，政府的社会对动员客体（村民）是不加区分的，因为权力对所有的动员对象来说都是具有同等的效力，一场社会动员中所有被动员者所接受到的指令和要求都是一致的。同时，行政动员由于主要依托于政府权力和行政组织，因此，其

---

[1]   夏少琼：《建国以来社会动员制度的变迁》，《唯实》2006 年第 2 期。

动员模式体现为较强的政治性。在新中国成立后的很长一段时间，我国的社会动员模式都是行政动员，且取得了很多效果。对此，张建涛总结道，"领导一元化、组织严密化、局面一体化"是新中国成立初期社会动员的主要特征①，这种特征在本次调查中也有所发现。XJ 村和 BL 村的组织网络都很健全，村党支部、村民自治委员会的系统都很健全，且经常开展活动。在多年的发展中，并没有衰败。XJ 的 L 书记说道："我们村的党支部制度一直很健全。村里还有 20 名党员，我们也的确按组织要求每年订报，定期组织大家学习。党支部在村里的各项工作中的作用都很突出。你看我就经常给村民进行矛盾调解，昨天一对夫妻打架，女方叫了家里人来闹，我们都还去调解了。"

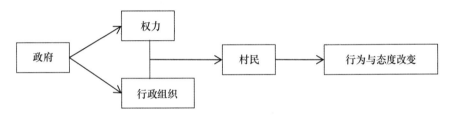

图 4.1　行政动员的运行机制

在动力机制方面，动员主体的动员意图是社会动员实施的主要动力。在行政动员中，动员的主体是政府，因此，政府进行社会动员的意愿是社会动员的主要动力。具体而言，政府社会动员意愿的强弱影响了社会动员的强弱，政府进行社会动员的内容影响了社会动员的方向。我国行政系统的科层制与中央集权制特征使工作运行的方向是对上负责制。基层政府处于科层制行政体系的末梢，在对上负责的行政体制下，它以执行上级政府的政策和命令为主，这种体制重要特征在于权力致上、全能政府。例如，在 BL 村，该村的主任就坦言："说

---

　　①　张建涛：《建国初期中共强大政治动员能力原因探析》，《改革与开放》2010 年第 6 期。

是说自治，但我们还得听上级的啊。你不听就不要干这个位置。"
2007 年以来，随着国家对农村社区建设的强调，各个实验县的基层
部门都收到了来自上级的压力，要求农村社区建设出成绩，这就是
BL 村和 XJ 村进行社区建设的主要原因。

　　分析行政动员的运行机制可见，一次成功的社会动员的开展，最
关键的是政府所运用的权力和组织体系应该能起作用。因此，行政动
员发挥效率的保障机制是组织隶属关系和权力的强制作用。在新中国
成立后的很长一段时间，国家在农村中的动员能力那么强，其主要原
因在于党在农村建立了发达的组织体系，通过将党支部下沉到村落以
及"人民公社"制度，每个村民都被隶属于一个"公社"，由此使政
府控制了社会，保证了政府对社会的动员能力。因此，行政动员的保
障机制是发达的政府组织化体系以及人民对权力的遵循（政府的公信
力）。这种动员的成本很低，但也有一定的风险，主要来自于两个方
面，一是政府对社会动员的冲动；二是被动员对象的沉默。由于政府
变成社会动员的唯一主体，社会力量很难对政府进行监督。因此，当
政府的动员意愿失常时，许多社会成员将被迫参与。新中国成立前，
我国的社会动员走过弯路，社会动员过于频繁，导致社会成员心理过
度疲惫。而在被动员对象的沉默方面，斯科特在《弱者的武器》中
曾提到，"农民的公共行动参与，当其不愿意参与时，经常会采用消
极怠工等方式抵制。在农村社区建设动员中，他们的沉默也是一种无声
的抵抗"。行政动员要取得效果，必须要有相关的制度解决该问题。而在
XL 村和 BL 村，社会动员的启动是源于政府社区建设的冲动，同时，在
启动之后社区建设停滞也是由于政府的继续社区建设的意愿不强。

　　　　BL 村主任：村里路面修复之后，村里的环境得到了改善。
　　我们还得到了镇政府的表扬呢。但是 2011 年后，乡里的重点开
　　始变了。按照省里的要求，农村的基层中心变成了美丽乡村建
　　设，开发村里的特色产业，对社区建设这块相对来说不强调了。

而且农村难以做出村里的特色服务来，所以这几年我们都没在这
个领域（社区建设）做什么事。

（二）项目动员的运行机制分析

项目动员是当前我国的一种新型动员方法，被各级政府广泛采
用。甚至有学者认为，项目制是近年来影响政府行为的核心要素。[①]
在当前的社会管理项目中，项目制经常被各级政府所使用。折晓叶、
陈婴婴曾认为，项目发包通常是指"上级部委以招标的方式发布项目
指南书，下级政府代表地方或基层最终按投标方的意向，向上申请项
目"[②]。因此，项目制的主要运行机制是上级政府对基层行政提供非
常规的增量资源（由项目"发包"），它的动员方式具有部门掌控特
征，绕开了常规的行政程序，快速有效地动员基层单位，实现上级部
门意志。陈家建认为，项目制的动员模式具有资金下达的渠道直接、
人事安排权特殊、动员程序集中高效等特征，成为当前政府部门动员
基层的"快速通道"。[③]

在农村社区建设中，项目动员的主体除了与折晓叶、陈婴婴所认
为的是上级政府外，还可以是社会力量，也可以是行政力量与市场力
量的结合，只要它们能为农村社区提供相关项目。在本次调查的武宁
县的 LJ 村和永丰县的 LFQ 村，项目动员的主体都是外来力量，主要
是外来的市场力量。LJ 村的动员主体是一个模板厂，LFQ 的动员主体
则是一个外来的药业公司。在整个项目动员的过程中，项目是其动员
的核心，而项目的实质是一种稀缺的资源，所以项目动员的实质是资
源动员，通过资源的稀缺性来解决赫希曼认为的"人的失望"，从而

---

① 陈家建：《项目制与基层政府动员：对社会管理项目化运作的社会学考察》，《中国
社会科学》2013 年第 2 期。

② 折晓叶、陈婴婴：《项目制的分级运作机制和治理逻辑——对"项目进村"案例的
社会学分析》，《中国社会科学》2011 年第 4 期。

③ 陈家建：《项目制与基层政府动员：对社会管理项目化运作的社会学考察》，《中国
社会科学》2013 年第 2 期。

影响村民参加公共行动的意愿。因此，它的整个运行机制的核心在于通过提供资源（市场资源、发展资源、福利资源）和满足需求。同时，要使项目动员发挥作用，还需要项目所提供的资源能对动员对象有影响力，即能满足动员对象的需求。资源的稀缺并不能直接促进动员对象的行为改变，其中还涉及一个动员对象对资源的再解释的过程。而这个过程就是对自身的需求进行评估、再解释以及将需求与资源的对比。只有经历这个需求的解释与再解释的过程，动员主体所提供的项目资源（即便不是稀缺的）才会被动员对象所看重。在调研中，一个 LFQ 的村民反映道："种黄栀子确实很赚钱，但很多地方想种还种不了呢。土地不合适啊，种了没人收啊什么的，都会让我们不赚钱的。……村里刚要我们种的时候，我心里很打鼓的。一是没成本，我们从浙江搬过来，带来的一点钱都用在建房子上了，没钱了。另一个是怕损失。投入那么大，在稻田里种它，要亏本了连米都没得吃。后来村里反复劝说，合作公司的采购员也反复保证会按协议价收购，我想就拼一把吧，要不然没钱赚还是要饿死。"同时，如果项目能以一种竞争性获得的方式分配，这些资源就很随意满足其需求，最终变成驱动被动员对象的行为和态度改变。因此，项目动员的对象是有分类的，只有那些真正需要该类项目资源的村民才会成为项目动员的对象。整体来看，一个完整的项目动员过程包括资源的供给、动员对象的需求解释与再解释、项目资源的竞争性获得、动员对象的需求满足以及动员对象的行为与意愿的改变。本次所调研的武宁县的 LJ村和永丰县的 LFQ 村的都经历了以上过程。

从项目动员实施的动力来看，动员主体之所以愿意为动员对象提供资源，虽然也源于政府和社会力量的主观意愿，但更多的愿意是因为提供资源的最初考量。有学者认为，"机会结构"和"利益表达"是农民集体行动的动力机制①，这是从需求的角度来定义机制。但在

---

① 刘燕舞：《农民集体行动动力机制的一个分析视角——以豫东曹村 8 队农民集体行动为个案》，《长江论坛》2009 年第 3 期。

项目动员中，对动力的探讨还应紧抓项目本身。在农村社区建设中，有很多项目都是市场性而非福利性的项目，因为发展需求仍是农村社区的主要需求。很明显这些市场性项目具有市场的风险，并要遵守市场法则，市场项目的最终目的是要盈利。只有盈利，项目才能持续下去，才能进一步为村民提供稀缺资源，满足村民需求。因此，推动项目动员的动力项目的成本与利益的差额，如成本与利益差别大，项目能够得益，那么动员主体的动力就非常强。LFQ 村的村支书 LSJ 说道："县药材公司跟我们合作肯定是要赚钱的，不赚钱他来干什么。当初黄栀子的行情很好，有一个药厂跟县药材公司签订了长期的采购协议，药材公司种不了那么多，所以才拿出来跟我们合作。我们几个班子成员觉得这样也能帮我们脱贫致富就答应了。动员的时候，他们比我们都重视，几个老板和采购员经常住在我们村，发动大家种，走的时候还捐了 3000 块钱给我们村修厕所呢。"

当前，项目动员在政府的公共服务领域已经扮演着重要角色。有学者认为，项目制实施的保障条件包括权威化与专业化、项目财政对基层社会具有强大的刺激作用等，还包括社会对通过技术理性来保证绩效合法性的承认。[1] 当全社会都具有一种只有通过技术理性才能保证绩效合法性的思维模式的时候，项目动员才会大行其道。从项目动员的运行过程可见，项目动员要完整实施，必须要在资源的获得与资源的分配上建立起相关制度保障。资源稀缺是项目吸引动员对象的一个前提，但如果稀缺的资源不能为村民所获得，那再好的项目都没有用。而动员对象对资源的获取又与项目资源的分配方式有关。通常而言，项目的市场分配容易造成分配的不公平，产生马太效应。而且，社会学界的相关研究还表明，农村资源的市场化分配容易与乡村既有

---

① 陈家建：《项目制与基层政府动员：对社会管理项目化运作的社会学考察》，《中国社会科学》2013 年第 2 期。

社会关系网络结合①，使分配结果与原来的社会分层重合。因此，项目动员的保障机制就是要建立起公平的分配制度，保障项目资源供给的公平性，预防不公平的风险。在 LJ 村，第一批进入模板厂工作的人有不少是村干部的本家，当时村民们很不满意，"还不是当官的说了算，拿了村里的地方去给自己的亲戚换工作。我们是不服，开会的时候吵了好几架。后来没办法了才约定必须每家都雇佣一个，不管做什么，反正就要轮，不能全是他们说了算"。由于建立了这样的协调机制，LJ 村后期的社区动员获得了较多的村民支持，很容易开展工作。

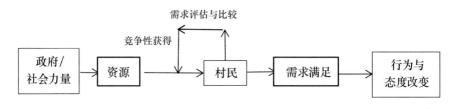

图 4.2　项目动员的运行机制

（三）能人动员的运行机制分析

能人是村庄中的精英，能人动员的实质是一种精英动员。意大利学者帕累托早就关注到精英在社会发展中的作用，他认为社会的统治者是社会的少数，但是他们在性格、能力、智力、财产、资源等方面超过被统治者，是社会中的精英阶层。通常而言，一个社会具有两种精英，分别为狮子型精英和狐狸型精英。社会的发展就是两种精英之间更替的过程，这就是最初的精英理论。在农村研究中，对于精英的关注一直吸引着众多研究者的目光。例如，学者们早就关注到了"乡村士绅"在乡村动员中的作用与价值。孔飞力（Philip Alden Kuhn）

---

① 如贺东航、朱冬亮对南方林权改革的研究就证明了这一结论。见贺东航、朱冬亮《关于集体林权制度改革若干重大问题的思考》，《经济社会体制比较》2009 年第 2 期。

提出了"士绅统治"①，杜赞奇（Prasenjit Duara）也发现士绅是乡村权利网络中的重要力量。② 费孝通也赞同"士绅"是中国传统社会中占有一定地位、发挥一定功能的一个阶层。③ 目前，中国农村出现越来越多的乡村精英治理现象，精英在乡村公共权力结构中居于支配性地位，依其个人权威和意志主导、控制乡村治理的运作。日本学者田原史起在《日本视野中的中国农村精英：关系、团结、三农政治》一书中曾指出，乡村精英在农村互惠的空间（即"共"）发挥着重要作用④。结合以上学者论述，乡村精英对村民所具有的动员能力主要来源于乡村精英自身的能力，这些能力即包括乡村精英的自身见识、性格特征、动员作风、为人本性等，也包括乡村精英对外获取资源的能力。这些能力共同使乡村精英成为农村社区中的意见领袖，对村民无形当中具有了"克里斯马权威"，对村民的社区参与具有影响力。永丰县 ZJ 村的书记和青山湖区 FJA 村社区建设理事会会长都具有典型的精英特征。一方面他们的能力都很强，见识广。例如，ZJ 村的书记个人经验丰富，当过兵、开过长途车，自己开了轮砖厂，干过多年的村干部，能力很强；FJA 村的理事会会长自己开了一个工厂，是村里的首富，个人见识和能力都明显高于村里的其他干部，因此村民们都很信服他们。另一方面，他们获取外部资源的能力也强。ZJ 村的村支书上任第一年就从外部拉到了 80 万的社区建设资金。另外，由于乡村精英生活在农村社区，与村民在日常生活中持续的互动，村民对乡村精英非常信任，对乡村精英发布的动员命令自动顺从。FJA 村的一位村民就说道："季厂长人好，经常帮村里做事。且都是大事。

---

　① ［美］孔飞力：《中华帝国晚期的叛乱及其敌人：1796—1864 年的军事化与社会结构》，谢亮生、杨品泉、谢思炜译，中国社会科学出版社 1990 年版，第 5 页。
　② ［美］杜赞奇：《文化、权力与国家：1900—1942 的华北农村》，王福明译，江苏人民出版社 2010 年版，第 31 页。
　③ 费孝通：《中国士绅：城乡关系论集》，赵旭东、秦志杰译，外语教学与研究出版社 2011 年版。
　④ ［日］田原史起：《日本视野中的中国农村精英：关系、团结三农政治》，山东人民出版 2012 年版。

人家开那么大工厂，一年赚那么多钱，他说的肯定没错。不听他的听谁的。"因此，能人动员的运行机制是乡村精英通过自身的人格魅力和能力使村民主动顺应。它的主要特征是精英包揽一切、民众主动顺应参与，这一动员也是单线的。不过，在具体的动员中，动员对象之间也是存在着分化的。对精英最为佩服的群体，其顺应行为也越快。

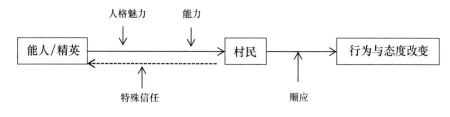

图 4.3　能人动员的运行机制

　　在动员动力方面，从运行机制可知，能人动员的核心在于能力自身的人格魅力和能力。村落能人利用自身的经济、人力、社会等资源优势，凭借独到的眼光和创新合作意识，把分散的农户通过自身的示范带动（当然多数时候往往借助一定的行政性命令），整合进一个有组织的体系中，在此过程中，村落能人是农民专业合作组织的发起者和倡导者，是农民专业合作组织的政策和资源争取者，是农民专业合作组织的社会关系联络者，更是农民专业合作组织的管理者和决策者。[①] 能人动员的单线性特征决定了整个动员受制于能人/精英的发动。因此，能人和精英对社会动员的认知、意愿与发动能力就是能人动员的机制。当能人动员意愿强时，整个动员才会开展起来；当能人的资源（包括从外界获取的资源）能够支撑其目标时，能人的动员意愿才会提高，动员的成功率也会增加。从 ZJ 村的情况看，很明显在社区建设的初期，Z 书记的积极性非常高，他说："我一上任就鼓

　　[①]　尹广文、崔月琴：《能人效应与关系动员：农民专业合作组织的生成机制和运作逻辑——一组基于西北地区村域合作社的实地研究》，《南京农业大学学报》（社会科学版）2016 年第 2 期。

了全身劲，我就不相信做不好。现在想想我都佩服我自己。我现在也不敢相信我能一下子拿到 80 万的社区建设项目费。"但是，到了 2014 年后，Z 书记则表示："自己快退了，说实话，这两年的工作都没很大进展，虽然也做了一些事，但还是不能解决大问题，留给下一届解决吧。"

但是，能人动员也是要有一些条件的。除去精英本身的因素外，村民之所以愿意对乡村精英的动员采取顺应行为，其直接原因在于村民对乡村精英的信任，这种信任是在长期的日常生活中建立起来的。因此，乡村精英一旦脱离了乡村的日常生活，村民就会对精英的信任变淡，也就不会对乡村精英的动员采取顺应行为了。从这个意义上说，能人动员的必要条件是乡村精英与村民在日常生活中建构起来的特殊的信任，这种信任滋生了二者之间的嵌入乡村社会结构的关系模式。此外，能人动员也会面临风险，这主要来自于精英自身。许多研究已发现，精英自身的动员目标与集体行动的目标会存在着一些差异。精英基于自身利益的考虑，可能会将整个集体运动带向另一个目标。此外，还会存在精英掠权（Elite Capture），指精英由于占有比普通民众更多的资源，特别是政治精英容易获得国家行政力量的支持，导致对其他普通民众权利的剥夺，来获得自身的利益，这在经济等其他类型的精英中也有所体现。[①] 因此，能力动员必须在以上两个方面建立起相关的保障机制，保障精英进行社会动员的纯粹性以及精英与村民关系的嵌入性。

（四）自组织动员的运行机制分析

自组织动员是依靠农村社区内部的社区组织所开展的动员。自组织动员的理论基础是自组织理论，该理论认为，在开放的、远离平衡的和有外部物质、能量、信息等非特定输入输出的条件下，系统以其

---

① 丛晓峰、许淑华、龚晓洁：《村落精英对农村社区发展的消极影响——以 S 省 J 市林村为例》，《东岳论丛》2013 年第 7 期。

内部子系统之间的非线性相互作用为动力，产生出集体运动的协同效应。①自组织是相当于社区正式权力之外的另外一个主体。在国外，绝大部分社区的治理活动都是通过自组织完成的。这种动员在运行机制上是以社区内部组织为动员主体进行开展的。随着公民社会的不断发育，现代社会产生出了越来越多的自组织。罗伯特·帕特南（Robert Putnam）认为，自组织的发育情况代表着一个社会的社会资本情况。②它们承担了大量的社会服务职能，与社区居民的联系最为紧密。同时，自组织又不像行政组织那样，单纯依靠组织隶属关系与社区居民发生关系，它与社区居民的联系是依靠道德情感的。对此，罗家德教授曾指出，自组织动员与上述三种动员都不一样，自组织动员假定人是关系的动物，是讲人情的。市场强调交易关系，自组织强调情感关系，注重职业伦理、行业伦理，一个所谓小团体之内的非正式规范，是他们最重要的基础和道德基础。③例如，在 XXK 村，之所以辣椒协会能推行社区建设，是因为该村是一个单姓村，加上绝大部分的村民都种辣椒，所以该村一直很团结。该村 Z 姓小组长表示："别看我们村小，但我们村还是非常团结的，村里有事都一起上。"因此，自组织动员的运行，首先是社区自组织通过组织网络对村民发动动员，村民基于他们对自组织的情感对动员进行回应，做出行为与态度的改变。自组织的动员方法是组织发动，在自组织动员中，动员主体与动员对象的关系较为平等，同时存在着一个组织成员依据情感对组织命令的一个意义解释过程。

在动力方面，自组织动员的动力主要来自于社区内自组织的组织利益与组织需要，这是驱动自组织进行社会动员的直接原因。在社区

① 高春风：《自组织理论下的农村社区发展研究》，博士学位论文，中国农业大学，2009 年。

② ［美］罗伯特·帕特南：《独自打保龄球：美国社区的衰落与复兴》，刘波、祝乃娟、张孜异、林挺进、郑寰译，北京大学出版社 2011 年版，第 112 页。

③ 罗家德：《自组织让"关系"成为好东西》，凤凰网，http://finance.ifeng.com/a/20130821/10484288_0.shtml.，2013 年 8 月 21 日。

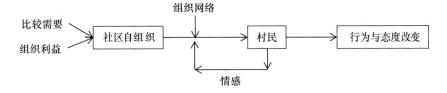

图 4.4　自组织动员的运行机制

建设中，当自组织的利益与需要与社区建设的目标相互一致时，自组织就会主动开展社会动员。因此，自组织动员具有非常强的需求导向特征。XXK 村的 Z 小组长说道："我们村也确实需要修路，每年都要拉辣椒出去卖，泥巴路走都走不动。现在修了水泥路多好啊。所以不是说我们协会越过村委会来做事，而是我们真的需要。"

　　从自组织动员的动力分析可见，社区建设中自组织动员的开展，必须是自组织的组织需要与利益和社区的整体利益一致或者重合，这是自组织动员开展的必要条件。同时，这种一致性必须得到组织成员的认识。只有组织成员在情感上认同了二者目标的一致性，组织成员才会采取配合行动。所以，自组织动员的保障机制之一就是要建立起相应的宣传说服制度，消除组织成员的目标认识障碍，激发组织成员的归属热情。此外，自组织动员的效果也依赖于自组织与村集体的关系平衡以及自组织嵌入与村庄关系结构的程度。在当前的中国，如果自组织得不到村集体的支持，那自组织的动员效果就会降低。因此，有学者将自组织动员的实质看成是一种授权式动员，这一主体的动员力量来自于国家授权与社会授权。国家授权为其提供了制度性资源，降低了动员风险，也带来了国家权力的柔性控制与隐形在场；社会授权使其获得了社会合法性，并展现出理性商讨、公共意见形成以及共意构建的公共性特征；在这两种力量的作用下，进行了组织内与社区内动员并付诸集体行动。[①] KT 村的 K 会长也表示，"具体做起事来还

————————

　　① 赵欣：《授权式动员：社区自组织的公共性彰显与国家权力的隐形在场》，《华东理工大学学报》（社会科学版）2012 年第 6 期。

是要跟村委会商量的。没有他们授权，我们做事也名不正言不顺。好在 K 村长虽然不想建，但也鼓励我们建，所以我们就建了"。

第三节 社会动员方法的机制比较

根据以上分析可知，行政动员、项目动员、能人动员和自组织动员在运行机制、动力机制和保障机制上都存在着差别。行政动员是以政府的指令式单线动员为主，依靠的是政府的行政组织网络和权力，从上到下的推动，它的动力来自于政府的意愿，是通过上下级的权力差别对动员主体进行强制或非强制性的动员活动，其动员方法的保障也是通过权力来维持，是一种压力导向型的动员方法。项目动员的动力来自于项目资源的利益与成本关系，在进行动员时，动员对象（村民）会有一个对资源进行需求评估与比较的意义建构过程，其动员主体是政府或其他外来力量，通过利益吸引或成本效应来吸引接受者参与到动员中来，此种动员方法没有强制性的保障机制，完全是通过一致的目标来维持动员活动。能人动员依靠的是乡村精英与村民的特殊信任，其动员基础来自于精英与村民关系的日常嵌入性，一方面通过精英在社区中的说服力与影响力；另一方面则是通过村民对社区精英的认知与成功的可能性来引导村民参与到活动中来，具有自愿性，其运行机制则是通过能人的导向作用，形成一种庇护与被庇护的关系，从而保障动员的顺利实施。自组织动员需要解决组织成员利益与社区利益一致协同的问题，其动员动力与项目动员具有一定的相似性，其动力机制是利益、目标的一致性，但与项目动员不同的是，自组织动员是发生在村落内部的一种动员方式，通过社区内村民的情感导向形成组织带动来维持动员活动的运行，其保障机制除了目标、利益一致外，社区内村民的情感也是维持整场动员活动运行的保障。具体差别见表4.1。

表 4.1　　　　　　　　　　不同社会动员方法的机制比较分析

类别	动员主体	动员方法	实施动力	理论假定	导向	特征	动员主体与对象关系
行政动员	政府	行政命令	上级推动	合法性权力论	压力型导向	权力控制	上下层次
项目动员	政府或外来社会力量	自愿动员、利润分配	利益吸引、成本效应	理性人	目标导向	有丰富的外部资源供给	实施者与接受者
能人动员	乡村精英	精英的说服力与影响力	能人认知与成功的可能性	精英中心论	精英导向	村庄能人执政	庇护与被庇护
自组织动员	村落内自组织	组织带动	利益与目标一致	组织效应论	情感导向	村庄内部组织发达	合作平等

（一）优点比较

　　行政动员也可以称为传统社会动员机制，是指党政权力调动社会中的资源、人力、意识形态号召力，实现政治经济社会发展和建设目标的一系列制度形式。其动员主体是政府，动员方法是行政命令，采取上级推动的方式进行，主要采取压力导向型的推进方式，动员主体与被动员对象之间是上下层级的关系，上级采取权力控制对下级进行命令式动员。行政动员的主要特征在于依靠政府的强力推动，其具有的天然强制性与组织性。行政动员实现的条件主要是有制度保障和资源保障，在我国当前的社会结构下，行政动员在组织力与资源配置方面具有天然的优势，在资源的配置上具有充足性与可持续性，从而保证动员的统一性，达到高效动员。社会成员共享价值的形成需要社会成员参与和沟通，多元价值观的不断发展和成长，致使传统的政治动员（运用宣传工具、思想教育和榜样示范等途径对民众进行旨在强化政治认同的动员）在降低政治认同分歧、减少协调差别、增进政治共识上，处于被动性的认同和归属状态。另外，体制外的资源发展和资源分散化，导致多元利益群体的出现，并促成社会分层的固化和复杂化，使传统经济动员的"集中力量"功能下降，但依靠体制力量还不至于影响到"办大事"的能力。在计划体制下，经济动员是一种非常重要的国家治理方式，充分体现了"集中力量办大事"的传统社会动员模式的优势。而且，社会自主自治空间不断扩大，社会成员的自主性、异质性、依赖性及流动性都发生了变化，这使得社会整合越来越困难，并且党政动员与社会化动员之间的关系变得交错复杂，有时甚至演变为控制与反控制的关系。①

项目制的主要运行机制是上级政府对基层行政提供非常规的增量资源，其动员主体是政府或外来的社会力量，主要有政府购买服务或社会组织的服务等。在其动员方法上主要是村民自愿参与，通过一个理性人的带领，朝着既定目标出发。吸引村民自愿参与的主要动力是利益，通过项目带来的丰富的外部资源，给村民带来益处动员村民的参与，在这种动员模式下，动员主体与动员对象之间是实施者与接受者，也有一定的领导者与被领导者的关系。项目动员的模式因为是项目牵动，资源充足是其优点，除此之外，在项目动员模式下，村民可以根据自身以及项目实际状况有选择的决定是否参与，因其参与的自愿性，主观能动性较强，在一定条件下能够促使资源利用的最大化。

能人即在村落社会中既具有经济资源（主要是资本或相应的要素资源），又具有人力资源（主要是经营头脑、创新能力、商业经验等），还具有社会资源（往往是相关产品销售领域或当地政府部门中有良好的社会关系），具有超前思维和战略性眼光，有一定的合作意识和合作知识的"村庄精英"型人物。② 能人动员的运行机制是村庄精英通过自身的人格魅力和能力使村民主动顺应，其顺利实行的机制是能人的人格魅力与村民的信任。当前农村的人才虽然存在着空心化

---

① 周庆智：《传统社会动员机制面临的挑战与应对》，《国家治理》2015 年第 31 期。
② 陈诗波、李崇光：《我国农民专业合作组织的"能人效应"解析》，《学术交流》2008 年第 8 期。

的现实，留在村里种地的青壮年劳动力少，但是还有不少精英在农村。这些精英既有体制内的精英，也有体制外的精英①，他们有一定的威望和见识，比较容易开展群众工作。能人动员通过乡村精英特殊的社会身份优势和资源动员能力引导村民参与社会动员，能人则是整个动员的领导者与保护着，是资源的争取者和机制中组织的联络者，动员主体与对象的关系则是庇护与被庇护的关系。相对比其他几种动员机制，能人动员具有明显的凝聚力与动员能力强、效率高的特点。社区精英不仅带领村民树立起农村社区建设的目标，还能从外部争取到各类资源用于村庄的社区建设。

自组织动员模式这种强组织性在一定程度上是以农民的血缘和地缘认同为基础，以情感和共同利益为纽带，形成一个自组织系统，在此基础上的农民集体行动有着深厚的社会基础②，且自组织的组织需要与利益和社区的整体利益一致或者重合。这种动员模式的动员主体是村落内自组织（在宗族存在的地方多是宗族带领），通过组织带动村落内利益与目标一致的一群人，通过感情因素，形成一个范围更广的外围组织，组织内部成员是平等的合作关系，为了共同的目标或利益努力。这种自组织模式出现的前提条件，是村落内组织发达，组织内部人与人之间有较强的感情关联，在这种情况下的自组织动员模式具有基础好、相对民主化、耦合度强、高效的特点。自组织动员通过内部的组织动员而非行政指令完成本应由社会解决的事情，从而减轻国家财政负担，满足社会需求，让群众自己解决自己的问题，避免对于政府有过度依赖。

（二）　缺点比较

行政动员的特征是主要依靠行政自上而下的行政指令进行动员，

---

① 此内容出自本课题已公开出版或发表的阶段性研究成果。袁小平、潘明东：《农村社区建设中社会动员的现状、问题与对策——来自江西省 9 个村的实地调查》，《南昌大学学报》（人文社会科学版）2016 年第 5 期。

② 刘成良：《农民集体行动的动员机制分析——对桂北一个宗族村落的考察》，《南京农业大学学报》（社会科学版）2015 年第 4 期。

从而完成自上而下设定的目标任务，甚至一些被作为政治任务要求下级无条件地配合服从上级安排，而下级即使不愿意也必须去执行，谈判空间极其有限。① 行政动员在一定程度上存在一些缺陷，首先，在行政单位层面，行政动员因为是政府主导，因此在一定程度会给行政部门带来困扰，一是使得治理者压力过大，尤其是一线行政部门，需要应对大量群众提出的问题；二是权责不匹配，基层政府是接触人民群众最多的单位，因此治理压力也大都集中在基层，但是基层政府本身的权力很小，掌握的资源有限，需要面对的问题很多，当基层政府没有能力去解决那些棘手的社会问题，体制又将解决问题的压力传导给他们时，这些问题就成了威胁基层社会稳定的定时炸弹；三是政府责任包袱过重，行政系统内的有效动员本来就是为了解决行政系统效率过低、增强群众认同的一种手段，但是客观上会造成将社会问题进一步甩向政府，一些原本是市场和社会的问题，却都要政府来解决，增加了政府的责任，同时由于这些问题难以获得有效的解决，群众也往往不满。其次，在人民群众方面，因为行政动员的政治性的压力灌输，在一定程度上村民是处于"被动员"的地位，自主参与意愿低，因为怕惩罚而不得不参与，这是在调研中很多村民都反映的问题。最后，在资源的利用程度上来说，行政动员具有资源充足的特点，但是由于动员群体的配合意愿较低，主观能动性差，在一定层面上使资源原本的作用没有发挥最大化，社区建设程度较低。

项目动员要完整实施，就必须要在资源的获得与资源的分配上建立起相关制度保障，项目动员在一定程度上是资源动员，资源动员指行动主体获取并控制服务资源的过程。② 项目资源动员机制实现的条件有两点：一是获取资源；二是所持资源能够满足被动员对象的需

① 刘成良：《行政动员与社会动员：基层社会治理的双层动员结构——基于南京市社区治理创新的实证研究》，《南京农业大学学报》（社会科学版）2016 年第 3 期。
② 杨宝：《嵌入结构、资源动员与项目执行效果——政府购买社会组织服务的案例比较研究》，《公共管理学报》2018 年第 3 期。

要，即被动员对象现在缺少的或感兴趣的资源，在满足这两个条件的情况下，项目的高效运作也是实现项目动员的限制条件。在项目动员过程中，最常出现的问题是资源获取的可持续性与长久性，当前项目资源利用完，要如何获取下一个项目对村民进行动员？另外，项目资源的竞争性获得的特点，在同一范围内，竞争所产生的资源分配不均会在一定程度上影响社会和谐程度；而且，在农村社区建设中，有很多项目都是市场性而非福利性的项目，因为发展需求仍是农村社区的主要需求，市场性的项目资源动员，对于社区的长久发展来说存在一定弊端。

村落能人最初的社会动员是先在几个熟人中展开关系游说，通过地缘与血缘关系进行关系动员。一旦形成一个共同的利益群体，群体成员又被委任相同的使命进行扩大组织宣传和倡导，直至相当的村民被纳入组织之中。同时，在组织的实际运行中，一旦遇到组织内部的重大决策和较大的组织发展困难，村落能人也是从与其联系较为紧密的人群进行动员，这样组织内部就出现了明显的成员分化，即"核心会员"和"联系会员"。而这种组织内部的分层也在一定程度上影响到合作的利益分红和资源分配，"核心成员"总能得到不同程度的"人情"照顾，而当遇到经济利益损失时，核心成员也能相较于联系会员有信息优势①，这使得村落能人与"核心成员"之间形成一种利益契约关系，但是这种因利益形成的契约关系在利益相左的时候很容易破裂。并且由于这种能人动员模式缺乏有效的监督和约束机制，村落能人中存在大量的腐败现象和不当行为，社区的可持续发展就可能陷入困境。

自组织是农民在生产生活中自发、自愿合作为共同利益而形成的组织形式，信任是组织运行的"润滑剂"。自组织的过程带来了自治机制中必需的、最重要的信任机制、声誉机制和互惠机制，从而有了

---

① 尹广文、崔月琴：《能人效应与关系动员：农民专业合作组织的生成机制和运作逻辑——组基于西北地区村域合作社的实地研究》，《南京农业大学学报》（社会科学版）2016 年第 2 期。

相互监督的机制，保障了以后自订规章、自我执行的顺利①，但是自组织自身的特性则决定了组织内部监督机制会受到人情与关系的冲击，使得非理智决策出现的概率增大。同时，因为自组织动员的动力主要来自于社区内的自组织的组织利益与组织需要，当组织需要与个人需要契合且组织成员在情感上认同了二者目标的一致性时，组织成员才会采取配合行动，但是个人需要的多变性则注定了组织中恶性冲突的出现。除此之外，在自组织动员模式中，血缘与地缘因素会导致组织的规范性降低，在合作过程中也总会出现因失范而产生的冲突，小团体的封闭性及合作规范不足，也会削弱组织动员的效率。

---

① 孙瑜：《乡村自组织运作过程中能人现象研究》，博士学位论文，清华大学，2014 年。

第五章　样本点社区建设中社会动员方式效果分析

第一节　样本简介

　　南昌市 Q 区、九江市 W 县、吉安市 Y 县的受访者是在调研初期，即 2012 年接受访谈的，在 700 名受访者中，18 岁以下不具备选举权与被选举权等政治权利的未成年人有 41 人，占样本量的 5.9%，18—60 岁的成年人有 601 人，占总样本量的 85.9%，即有约六分之五的受访者是执行力较强的成年人。在被访者的性别上，男女人数分别为 368 人、312 人，所占比例分别为 52.6%、44.6%，男女比例基本均衡。但是随着农村户口改革等政策的施行，许多农村人已经变更为城镇户口，但仍居住在村落之中，此次在南昌市 Q 区、九江市 W 县、吉安市 Y 县三地的调研样本中，除去缺失值 2 之外，有城镇户口 244 人，农村户口受访者 434 人。在 700 位受访者中，政治面貌是党员的只有 87 人，占总数的 12.4%，且受访者学历普遍较高，小学及以下的只占总数的 14.9%。对于家庭年收入来说，家庭年收入在 2 万元以下的有 167 人，占总数的 23.9%，收入在 2 万—5 万元的家庭有 268 个，占总数的 38.3%，收入在 5 万—10 万元的有 208 人，占比 29.7%，而收入在 10 万元以上只有 36 人，占总样本量的 5.1%，对于年收入在 2 万元以下的家庭，可以说在村落中是属于经济条件较差的家庭，在这三个市的样本中，家庭经济条件较差的有近四分之一，家庭条件较好的家庭也较少，总体来说，绝大部分受访者的家庭经济条件属于中层。对这三个县的调研样本来说，在整体层面上满足了以具有政治权力的年轻人、学历较高、男性优先的访谈目标选择要求。

表5.1　南昌市 Q 区、九江市 W 县、吉安市 Y 县样本基本信息频率表

		频数	百分比（%）	累计百分比（%）
年龄	18 岁以下	41	5.9	6.1
	18—60 岁	601	85.9	94.8
	60 岁以上	35	5.0	100.0
性别	男	368	52.6	54.1
	女	312	44.6	100.0
户口性质	城镇	244	34.9	36.0
	农村	434	62.0	100.0
政治面貌	党员	87	12.4	12.8
	共青团员	236	33.7	47.5
	群众	351	50.1	99.1
	其他民主党派	6	0.9	100.0
学历	小学及以下	104	14.9	15.3
	初中	184	26.3	42.4
	高中	144	20.6	63.6
	大专及以上	247	35.3	100.0
婚姻状况	已婚	400	57.1	58.9
	未婚	254	36.3	96.3
	离婚	14	2.0	98.4
	丧偶	11	1.6	100.0
家庭年收入	2 万元以下	167	23.9	24.6
	2 万—5 万元	268	38.3	64.1
	5 万—10 万元	208	29.7	94.7
	10 万元以上	36	5.1	100.0

注：因四舍五入等原因，调查数据的统计结果相加可能不足够百分百或超过百分百，下文表格不再赘述。

在上饶市 H 县 3 个村中，共计获得样本量 270 份。在样本中，城镇型社区、传统型社区、城乡接合部社区的样本量分别为 88 个、87 个、95 个，男性受访人有 138 人，占比 51.1%，女性有 132 人，占总数的 48.9%，样本取量整体上均匀，且受访人皆为汉族。由于受到客观条件的限制，年轻人多外出务工，因此有 39.3% 的调查对象年龄在 60 岁以上。从受教育程度来看，189 人的学历是小学及以下，占总样本量的 70%，大专及以上学历仅有 1.1%，这说明我们的调查对象整体文化水平偏低。在职业方面，有 52.6% 的受访者是农民，没有稳定的工作。对于受访者是否是贫困户方面，此次调研主要是以随机走访的方式进行，在 H 县的数据样本中，除去缺失数据 1 份之外，有 60 人是贫困户，占总数的 22.2%，非贫困户 209 人。对于 H 县的调查对象来说，家庭年收入在 2 万元以下的有 120 人，占比 44.4%，这说明有近一半的受访者家庭经济条件是不够优渥的，收入在 2 万—5 万元的有 90 人，占总样本量的 33.3%，家庭年收入达到 5 万—10 万的有 22 人，收入在 10 万元以上仅有 11 人，占比 4.1%，对于受访者来说，家庭经济状况基本上是处于中下层的较多，这与南昌市 Q 区、九江市 W 县、吉安市 Y 县的样本家庭收入分布不同。但是，从样本总体上来看，样本取样达到了不同类型社区对比的目的，取样均匀。

表 5.2　　　　　　　　上饶市 H 县样本基本信息频率表

		频数	百分比（%）	累计百分比（%）
村庄类型	城镇型社区	88	32.6	32.6
	传统型社区	87	32.2	64.8
	城乡接合部社区	95	35.2	100.0
性别	男	138	51.1	51.1
	女	132	48.9	100.0
民族	汉族	270	100.0	100.0

续表

		频数	百分比（%）	累计百分比（%）
年龄	18岁及以下	4	1.5	1.5
	19—60岁	160	59.3	60.7
	60岁以上	106	39.3	100.0
婚姻状况	已婚	244	90.4	90.4
	未婚	10	3.7	94.1
	离异	1	0.4	94.4
	丧偶	15	5.6	100.0
受教育程度	文盲	98	36.3	36.3
	小学	91	33.7	70.0
	初中	57	21.1	91.1
	高中	16	5.9	97.0
	中专或技校	5	1.9	98.9
	大专及以上	3	1.1	100.0
是否是党员	是	23	8.5	8.6
	否	244	90.4	99.3
是否信教	是	57	21.1	21.3
	否	211	78.1	100.0
职业	农民	142	52.6	53.0
	工厂务工人员	29	10.7	63.8
	手工业者	13	4.8	68.7
	个体工商户	23	8.5	77.2
	商业经营人员	2	0.7	78.0
	种养大户	1	0.4	78.4
	其他	58	21.5	100.0
是否是贫困户	是	60	22.2	22.3
	否	209	77.4	100.0
健康状况	很不健康	9	3.3	3.3
	比较不健康	61	22.6	26.0
	一般	79	29.3	55.4
	比较健康	95	35.2	90.7

续表

		频数	百分比（%）	累计百分比（%）
家庭年收入	2 万元以下	120	44.4	49.4
	2 万—5 万元	90	33.3	86.4
	5 万—10 万元	22	8.1	95.5
	10 万元以上	11	4.1	100.0

第二节　社会动员效果的测量

（一）样本点中农村社区建设中社会参与情况

新农村建设这一概念是 2006 年党的十六届五中全会《中共中央国务院关于推进社会主义新农村建设的若干意见》中首次提出，《意见》指出"要求完善强化支农政策，加强基础设施建设，加强农村民主政治建设和精神文明建设，加快社会事业发展，推进农村综合改革"。该文件奠定了我国农村社区建设基础，随着农村社区建设的开展，一系列相关政策随之出台。2009 年，《民政部关于进一步推进和谐社区建设工作的意见》中，明确指出："做好和谐社区建设工作，对于保障城乡困难群众的基本生活权益，满足普通居民群众多层次、多样化的物质文化生活需求，对于夯实我们党的执政基础，激发广大人民群众参与社会建设的积极性、主动性、创造性，为经济社会发展创造更加良好的社会环境，具有重要的现实意义和深远的历史意义。"社区居民作为社区建设动员的主要群体，在相关政策的实施与落实阶段必然要肩负起重要责任。2015 年 7 月 22 日，民政部公示中共中央办公厅国务院办公厅印发《关于加强城乡社区协商的意见》的通知中，提出"提升城乡居民参与协商的能力""引导群众依法表达意见，积极参与协商。"由此可见，社区建设政策的落实终端仍是社区居民的参与，社会参与是社会成员在公共事务中主动介入的意愿态度和自主的有序行为。"多元主体、平等协商、遵法守则"是社会参与的三要素，社会参与是社会动员的目的，也是社会动员的表现形式。

社区活动的完善、社区建设的发展、社会政策的反馈都需要农民的参与行为，社会参与对于社区建设具有较大的影响。

首先，参与是社区建设的应有之义。1951 年，联合国经济社会理事会通过了 390D 号议案，即后来的"社区发展计划"。在议案所倡导的发展目标中就包括"培养社区居民的民主意识，在社区发展过程中促进居民积极参与本社区的公共事务"，从中可以看出居民参与行为在社区建设中所能起到的重要作用。结合国外社区建设较为成功的经验可知，良好社区建设的开展除了具有发达的非政府非营利组织、专业的社区建设工作者之外，社区居民的广泛参与、社区良好的自主和自治能力也是非常重要的。而且社区本身作为一个有机共同体，社区中的每个组成部分都应该相互协调，尤其是社区居民作为社区建设的能动者，必须积极参与社区建设活动，发挥人的创造性，合理地制定和执行与社区条件相符的发展政策，从而促使社区建设良好的开展。

其次，农民参与能提升社区建设的效率。社区建设的动力主要来自外界的资源和社区本身的优势，在社区建设中政府颁布政策方针是社区建设的指南，提供的物质资源是社区发展的动力。但是，过度放大外部环境所能提供的支持，会造成资源依赖，阻碍社区自我优势的挖掘。良好的社区建设除了有效的社区外部所供给的有限资源之外，合理开发社区本身的潜能也至关重要。而在社区自我剖析的过程中，社区居民的主观能动性提供出强有力的支撑，社区居民作为社区的重要群体，其团结起来的智慧将会为社区发展提供良好的规划和开展途径，从而合理地利用社区资源，提高社区建设的效率。

再次，参与有利于明确社区建设的方向。上文我们已经分析农民参与社区建设有利于提升社区建设效率，其原因不仅仅是农民的参与可以为社区建设提供合理的渠道，还有一个原因便是广泛的农民参与有利于社区成员对社区发展的认知，征询社区成员对社区发展的不同意见和建议，可以从中发现当前所开展的社区建设所存在的误区或不足，从而及时更正社区发展的方向。此外，参与社区居民的自我剖析以及交流，更有利于发现本社区区别于其他社区独特的社区文化，由此进一步去激发与利用，将会形成社区独特的建设方式。也就是说，农民参与社区建设行为提高，有利于明确社区建设的方向，不仅仅可以建立独特的社区生态环境，同时也将大大提升资源的利用效率，从而推动社区建设又好又快的发展。

最后，参与会改变社区内部的社会结构，为社区建设提供结构性支持。新型农村社区建设实施方案的提出就是区分我国早期的农村建设，其中目标方向明确为"强化农村民主政治建设和精神文明建设，加快社会事业发展，推进农村综合改革"，这不仅仅与过去的乡村社区做出划分，而且也说明了未来的社会发展中对于我国基层农村在农村村民自治、农民精神文明层面有着更高、更明确的要求。同时，该目标的提出与达成，将会解构以往社区内部治理的结构网络，在社区建设政策的完善与落实过程中，社区会自主式构建新型的社区管理网络、社区内部资源的协调、社区的新的生活习惯以及全新的社区管理人员。从中可以看出，在社区建设的不断发展的过程中，社区作为一个主体也会演化出新型的内部结构，以便在新型环境下更高效利用社区资源。

尽管建设农村新型社区政策早已出台，但是在很多地方仍旧没有认识到社会参与的重要性，为什么会参与、参与有哪些行为、什么因素影响了居民的社会参与、现在社会参与中存在哪些问题……这些都是我们需要研究的课题。在此，笔者主要从上述四个层面对江西省的样本地区中的社会参与进行分析，以期得到相应解答，调研可分为两个阶段，第一阶段调研为 2012 年至 2015 年 9 月在江西省南昌市的 Q 湖区、九江市的 W 县和吉安市的 Y 县进行实地调研。共在三地 9 个村发放调查问卷 1500 份，其中回收有效问卷 700 份。第二阶段为 2015 年 10 月至 2017 年 9 月，在江西省上饶市 H 县进行调研，共获得有效问卷 270 份。在第一阶段调研的过程中发现存在信息获取不够详尽的缺点，因此在进行第二阶段调研时对问卷进行扩充和改进，以便获取更多的社会动员章节信息。因此，在下文对农村社区建设中的社会动员章节进行分析时，部分要素会呈现出两种结果，在此说明。

1. 参与心理

农民的社区建设参与会受到社会心理的影响，包括价值观、功效感以及对社区建设的认同感。农民的社区参与心理是农民对社区建设的内在的评估和判定，良好的参与将激励农民主动积极参与到社区建设中。在研究社区动员的相关问题时，要对参与心理有一定的了解。关于农民参与社区建设的心理研究，我们通过参与意愿、重视程度以及参与兴趣三个维度进行分析：

（1）参与意愿

意愿，通常指个人对事物所产生的看法或想法，并因此而产生的个人主观性思维。参与意愿表示参与者对活动所变现出主观性参与与否的一种态度。理性行为理论表示人是具有理性的，任何行为或意识形态都展现出个体经过多种结果之间进行理性的比较分析，从而选择最利于自己的行为活动或意识观念，即个体行为是受意志的控制。①因此，参与意愿在社区动员农民参与社区建设活动过程中便显得至关重要，没有良好的参与意愿，即使有着合理的参与渠道也没有任何意义。

在本书前期的问卷设计中，有关农民参与意愿的调查情况，通过对情况信息的汇总分析得到下图。从图 5.1 中我们可以发现，在表示有关是否愿意参加社区建设活动的态度中，持否定态度（不愿意和较不愿意）的居民占了总访问人数的 20.42%，这些人对于社区建设的好坏与否往往毫不在意，将自身的权益与义务剥离于社区之外。虽然这部分人在社区成员中占有很小的比例，但是却严重阻碍了社区建设的动员效果，减缓了社区建设的进程，其中表示不愿意参加社区建设

---

① 于丹、董大海：《理性行为理论及其拓展研究的现状与展望》，《心理科学进展》2008 年第 5 期。

活动的群体占总人数的 8.66%，表示较不愿意参与社区建设活动的
为 11.76%。

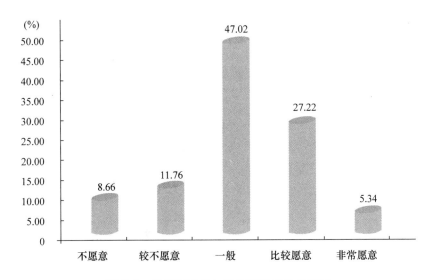

图 5.1　是否愿意参加社区建设活动分析图

　　在图 5.2 中我们可以看出，当问及村民会在什么情况下参与活动
时，44.60% 的村民表示，参与社会活动是出于个人的主观意愿，
55.40% 的村民是在村干部或者其他人的动员下才参与到社会活动中
来的。主动参与与动员下参与所占比例总体差距不大，但是总体来
说，主动参与社会活动的村民还是占少数的，村民的主动参与意愿有
待提升。

　　后期的问卷调查中主要就村民的社会参与是否是强制性做出分
析，得出下表，从表 5.3 中可以看出，除去缺失数值 115 之外，在是
否是怕惩罚才强制性参与社区基础建设、社区文化、社区管理与社区
组织中，因为强制性而选择参与的人皆不足 10 人，所占比例均在 5%
以下，这说明，对于 H 县的大部分人来说，社会参与并不是因为强制
性或怕受惩罚才参与的。

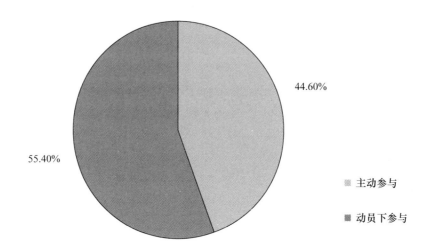

44.60%

55.40%

▨ 主动参与

■ 动员下参与

图 5.2　村民参与活动意愿百分比图

表 5.3　　　　　　　　　H 县社会参与中强制性参与频率表

		频数	百分比（%）
参加社区基础建设是否是怕惩罚才强制性参与	是	6	2.2
	否	149	57.2
	系统缺失	115	42.6
参与社区文化是否是怕惩罚才强制性参与	是	3	1.1
	否	152	56.3
	系统缺失	115	42.6
参与社区管理是否是怕惩罚才强制性参与	是	7	2.6
	否	148	54.8
	系统缺失	115	42.6
参与社区组织是否是怕惩罚才强制性参与	是	3	1.1
	否	152	56.3
	系统缺失	115	42.6

在我们的访谈中也有多数受访者表示出这种拒绝的态度：

访问员：您平时会主动参与社区活动或社区建设吗？

YQG（女，27 岁）：不会。

访问员：从来都没有参加过么？

YQG（女，27 岁）：你是说社区组织的活动么？

访问员：对。

YQG（女，27 岁）：没，我印象中是没有的。

访问员：那您平时会主动关注所在社区的公共事务吗？

YQG（女，27 岁）：这个我真不了解，我都不知道在哪，实话实说。

……

访问员：也就是说，没有哪种类型的社区活动，能使您参与的积极性比较高么？

YQG（女，27 岁）：没有。

访问员：那您就是可能对这方面不太感兴趣是么？

YQG（女，27 岁）：对，我不是很感兴趣（对于）社区（活动），因为一般都不是我们去参加的活动，都是爷爷奶奶那个类型的去参加，（或者）大爷大妈会去参加的。

而与其相反的是表示愿意参与活动的人群，其规模占调查总人数的 32.56%。其中比较愿意的占 27.22%，非常愿意的占 5.34%（详见图 5.1）。从访谈的信息中也可以找到持这种态度的受访者：

QKD（女，63 岁）："会啊，我是参与比较多的。现在退休了比较闲了嘛，所以就经常跑去参加社区活动咯，可以认识很多差不多大的朋友，日子过得也比较有趣味些嘛。我参加了社区里的夕阳红舞队，经常和大家一起跳舞，之前还代表社区参加过比赛呢。为什么参加这种啊？跳舞能锻炼身体啊，也能认识新朋友，挺好的。方式的话，就是积极参与咯。光看着别人跳，自己不参加，感觉心里痒痒，哈哈哈……"

CXX（女，62岁）："有社区组织，村上有，就我们村的那个妇联主任组织的，专门组织妇女跳舞什么的，其他的话，就是自发进行。现在这两年平常的活动都是自己自发进行，广场下午就有跳舞的，自发的就起了，你看，我家就有广场舞的音响，我们村好几个家有时候都会去自己跳舞什么的。我们柳林镇那边有个石门，那个是镇上盖的，离着一里多路，不到二里路就到了，晚上可热闹，我有时候三两天去一次，活动怪多，有跳广场舞的、跳双人舞的、唱戏的，可多人，好得很。还有给小孩玩的地方，有给孩子挖沙、溜溜板、小游乐场，还有给小孩钓鱼的，这些活动也都是自己弄的。村上也有土地庙之类的，今天晚上挂灯的，敲锣打鼓，这就是寺庙上的汤房寺庙会的会长组织的，每年举行一个小会，一般在2月份办一天的活动，今年是大会，三年组织一次，一般在7月份，举办'三天四晚'。举办这个活动主要就是唱个戏，热闹热闹，也是小文化生活一样，借着这个名义给村民们唱个戏、弄个啥的，让人有个信仰，这样你就能唱得起来。"

这部分人对于社区建设持非常乐观与接受的态度，是社区建设的主要推动者，也作为社区活动的主要参与对象，发挥着促进社区发展，完善社区组织动员结构性模式。最后便是所谓的"沉默的大多数"，这一部分群体占调查的47.02%远远大于以上任何一部分持一定态度的群体。

YFD（男，45岁）："参加的不多，也不是没有。没时间嘛。我参加过一次居民代表大会，不过这会一年也举办不了几次，上次是因为物业问题，大家不太满意之前的物业公司，居委会就找居民一起开个会来商量怎么处理这事儿。因为这活动涉及我们居民权益啊，当然还是要参加的，之前开了那个会后居委会和我们居民一起去找物业公司谈判，解决了居民反应的那些问题，所以说还是有一定效果的。方式？就参加的方式咯，亲身参与嘛。"

　　DR（男，56岁）："不经常，社区很少组织（活动），不知道怎么参加活动，尤其到冬天的几个月基本没有活动。（会选择性参加）社区的环境治理维护、火灾隐患的培训、楼道及门前卫生环境的保护、随点摆摊的控制什么的。因为这些情况都关系到我们自己的安全，必须在平时都要注意的，以便防范危险发生。"

　　这部分人数作为社区建设主要的动员对象，也是社区建设的重要力量，能否良好地将这部分"沉默"的居民转化为积极的社区建设者，是社区动员的主要任务，也是考核一项动员是否成功的重要指标。

　　（2）重视程度

　　有关社区居民对于社区建设活动的重视程度评估，本书采取困境选择比较，即当你要参与的社区建设活动与你要从事的其他活动相冲突时，你会选择哪一方？理性情绪理论告诉我们，当面临这样两种或两种以上抉择时，人们会对各种情况作出理性分析，评估各项事宜预期将会带来的利和弊，然后从中选择对我们最有利的一种情境。本书对访谈中农村居民所作出的选择进行整合，汇总如下，详见图5.3。从图中，我们可以看出，在面临是否继续参与社区活动的询问中，65.74%的表示不确定性，即视情况而定，说明大部分村民持观望态度。

　　在H县的调研中，对于对社区建设参与的重视程度主要就"对村里的基础设施、社区文化、社区管理与社区组织是否了解"这一问题进行测量的，得到的数据分析如下。从表5.4中我们可以看出，对这四项社区活动的了解程度为非常了解的百分比分别是7.0%、1.5%、3.7%与1.9%，比较了解的人数占总数比例分别为20.4%、

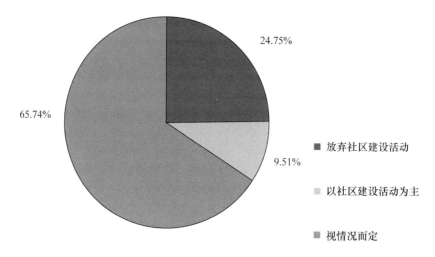

24.75%

65.74%

9.51%

■ 放弃社区建设活动

■ 以社区建设活动为主

■ 视情况而定

图5.3 前期调研要参与的社区建设活动与其他事情相冲突情况下村民的选择

8.5%、12.2%、8.1%，整体来说，村民对村里的基础设施建设、社区文化、社区管理和社区组织了解的人占少数。而对这几项社区活动一点都不了解的人数所占比例大大高于对活动了解的人数，其比例百分比为22.6%、44.8%、33.3%、42.2%。

表5.4   H县村民对村中社会参与知识了解程度频率表

		频数	百分比（%）	有效百分比（%）	累计百分比（%）
对村里的基础设施建设是否了解	非常了解	19	7	7.1	7.1
	比较了解	55	20.4	20.6	27.7
	了解一点	132	48.9	49.4	77.2
	一点都不了解	61	22.6	22.8	100.0
对村里的社区文化建设是否了解	非常了解	4	1.5	1.5	1.5
	比较了解	23	8.5	8.6	10.2
	了解一点	118	43.7	44.4	54.5
	一点都不了解	121	44.8	45.5	100.0

续表

		频数	百分比（%）	有效百分比（%）	累计百分比（%）
对村里的社区管理是否了解	非常了解	10	3.7	3.8	3.8
	比较了解	33	12.2	12.4	16.2
	了解一点	133	49.3	50	66.2
	一点都不了解	90	33.3	33.8	100.0
对村里的社区组织是否了解	非常了解	5	1.9	1.9	1.9
	比较了解	22	8.1	8.3	10.2
	了解一点	125	46.3	47	57.1
	一点都不了解	114	42.2	42.9	100.0

村民对社会活动的重视程度直接能够反映出的社会参与程度，对社会活动重视的村民对村中事务的了解程度相对要高于不重视的村民，在前期与后期的调研中，当问及村民对村中社会活动的参与情况时，有如下回答：

访问员：请问您平时会主动参与社区活动或社区建设吗？

LJQ（男，53岁）：很少，基本上没有。

访问员：那对于社区的公共事务您会主动地关注吗？

LJQ（男，53岁）：不太会吧，觉得和自己没什么关系。

访问员：那您会主动关注一些什么东西呢？社区里的。

LJQ（男，53岁）：社区里的都不怎么会吧，一般都是被动接受。就是社区里放个大喇叭在那宣传，听到了就听到了，不太会主动地去了解。

访问员：您为什么不会去关注呢？您是觉得跟您关系不是很大，还是什么原因？

LJQ（男，53岁）：关系不是很大。

访问员：那您觉得在什么情况下您参与社区活动的积极性比较高？

LJQ（男，53岁）：就是能收获到一些东西的，对自己有用的一些活动吧。

访问员：那如果您得到了这样的消息，要举办这样的活动，您会去参加么？

LJQ（男，53岁）：如果自己有时间，活动又比较符合自己的兴趣或者是对自己有益就会参加吧。

此外，在前期调研中，还有将近四分之一的被访者表示会放弃社区建设活动，具体比例为24.75%（详见图5.3）。他们经常表示：

WPG（男，39岁）："首先一个，由于大家工作都比较忙，加上家里还有孩子要上学，需要一定的开销，所以呢，空闲时间就不是很多，至于参与社区举办的活动，都是有时间就去，没时间就没办法了，毕竟咱们还得为这个家付出。像我这么大的吧，大都除了过年一起参加社区举办的活动之外，其他的就没怎么参加了，也不知道会有什么活动，毕竟大家都比较忙的。但是呢，对于社区公共事务，因为关系到我们自身的生活，所以我们都是比较积极地去参加的，谁不想生活在一个好的社区环境呢，你说是吧。"

DX（男，33岁）："就像过去，家里年龄大的都会有打鼓、唱戏的，他们打鼓就会有人跟着一起什么的，现在这些老人都去世了，年轻人也能唱，但是就打不了鼓，也拉不了二胡，然后就慢慢失传了，集体活动也不多了，一年也就一两回，就是正月的一个大会，平时没啥人，那时候人都在家。九月也有一个，别的也没啥了，就是大会给说个事啥的。这几年来集体活动越来越少了，现在很多人都在市里，村里人也越来越少，组织个娱乐活动也组织不起来，别的也没啥原因了。参加的人也不多，主要是村里也没人组织集体活动。关键就是都忙，村里人也都组织不起来，外出打工的都出去打工，不打工的就在家看孩子什么的，没

时间，也就没人参加。要是有人组织的话，也可能会参加，关键
是忙，人家都在外面，组织了活动人家也都不回来，一年到头就
回来一次。"

当要参与的社区建设活动与其他事情相冲突情况下，有9.51%的
人表示会以社区建设活动为主（详见图5.3）。他们往往是活动的组
织者或者社区建设的公职人员：

> LP（女，57岁）：这个当然参加，我就是社区活动的组织者
> 哦，我都不参加，那还有谁会参加啊，大家都是看着我们做的。
> （是否有不愿意参加活动的居民）那肯定有，我相信哪个社区也
> 会有的，撇开自己有事忙不说，一些人就是不想来，没那份心
> 思，人家都有自己的事情啦，我们也不能强求的，我们也管不到
> 的，（举办活动）为的就是一个开心，大家一起娱乐，不管来了
> 多少，都是可以举行的，这个是没有强制的。至于一些关乎居民
> 大事的事情，大家还是会抽空来参加的，除非真的是没有时间的
> 才不会来。

如果整合一下坚决放弃的比例以及参与活动的不确定性可以发现。
表示不能给出明确参与活动的受访者的比例为90.49%，而仅仅有
9.51%的受访者会参与活动。也就是说如果社区举办一项需要100个志
愿者参与的活动，最终的动员结果很有可能只有10个人参与，不足
10%的低参与率很可能导致活动的举办方选择取消活动。而从对社区活
动的了解程度看，H县的调查数据也充分表明了大部分村民对于社区事
务知之甚少。社区建设的过程正是通过一次次的社区集团活动才得以开
展，参与率不足也是当前社区建设不可回避的一个话题。

（3）参与兴趣

史密斯（Smith）从微观的视角分析参与与个人心理特质之间的关

系。他认为社会参与与个人自尊、自我效能感以及个人自我评价等一系列心理活动有关。参与行为是内心心理活动的一种外在表现①，良好的参与兴趣和参与热情是一项动员顺利开展的前提条件和重要保障。在有关农民对社区参与兴趣的了解，本书也采用了比较直接的调查方法，即简单明了地询问"您对社区建设活动感兴趣么？"问题虽然是简单直白的征询对方的态度，却也是引导受访者表达自己观点的一种方式。

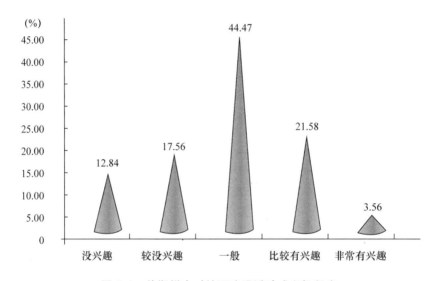

图 5.4   前期样本对社区建设活动感兴趣程度

通过对受访者信息的统计与分析，我们可以发现在"表示自己对社区建设是否感兴趣的态度层面"各部分所占的比例与上文"你愿意参加社区建设活动么？"表现出很大的相似性。30.40%的受访者持否定态度，他们对于社区建设以及开展的社区活动失去一定的关注性，平时除了自己的工作和家庭小范围内的生活之外，很少关注社区层面所举办的活动，他们中的很多人有以下类似的观念：

① Smith，D. H.，"The importance of formal voluntary organizations for society"，*Sociology and Social Research*，1966，p. 50.

访问员：您好，很高兴您能来配合我们做这次的访谈，请问您平时会主动参与社区活动或者是社区建设吗？

WXQ（男，62 岁）：不会。

访问员：为什么？是什么样的原因呢？

WXQ（男，62 岁）：就是没什么接触啊。

访问员：您是指和谁的接触？

WXQ（男，62 岁）：社区啊，你不是问社区吗？

访问员：对，是社区。

WXQ（男，62 岁）：是啊，平时和他们就没什么接触，接触比较少啊，还参加啥啊。

访问员：为什么会和社区接触少呢？

WXQ（男，62 岁）：没什么事找他们呗，就没接触了，你像他们有的找社区办事儿的就接触多，像我们这种普通老百姓，个人过个人的日子还有啥接触啊。

访问员：不会有一些公共事务或者社区服务的往来嘛？

WXQ（男，62 岁）：社区服务？哎……那咱就不知道了，也没什么服务啊，反正我感觉是没什么服务不服务的。

访问员：咱们这儿的社区没有开展公共事务或者社区服务的工作吗？

WXQ（男，62 岁）：哪有啊，可能有吧，谁知道他们那些事儿啊。

访问员：是您不主动关注还是他们没有这些？

WXQ（男，62 岁）：社区那点事儿还不知道吗？你要说有没有，那我估计都得有，人家国家政策方针命令你开展什么的该有的肯定得有，但是，说回来了，还不都是面子的事吗？走个形式得了呗，具体我是没见到有什么服务。

25.14% 的受访者持肯定态度。他们对于社区的建设与发展有着很高的关注度，平时也会主动参与社区建设事宜，是社区建设动员感召下的社区积极分子。他们往往会：

> XYT（女，66 岁）："恩，一般来说只要社区有活动，在我有空的时候我都是比较有兴趣参加的，整个人闷在家里也是无聊，还不如借着这样的机会多和邻里沟通，毕竟这社区楼房不像在农村那样的地方，随便出门都是和气一片，社区楼房里面都是关上门自家过自家的，交流机会也比较少，所以，一般有活动都会积极参加，当然，专门为老年人举办的活动就不去了，哈哈，不是针对我们的，就不去凑热闹了。"

绝大多数持中立态度，占受访者的 44.47%，这部分群体参与社区建设活动的行为存在着很大的不确定因素，有时候主动积极参与活动仅仅是因为最近心情较好，但是绝大部分还是根据受访者的时间决定是否参与。

> WSZ（女，53 岁）："看情况，有的时候买菜路过社区街道办的时候偶尔会看一下宣传栏，比如张贴的海报什么的，一般不会主动关注。当社区活动和我的生活有关联的时候会比较想参加，比如说社区以前组织过老年人免费体检、测血压的活动，老年人就很多，大家在一起结伴去。不会经常去，但是有人相邀的话一般就会去。"

> SHH（男，45 岁）："一般不会主动参与，涉及我们自己利益方面的事情会关注一下。节日的时候对社区活动感兴趣的情况下参与积极性要高点，平时忙得没时间参与这些，不过有功夫的时候还是会考虑考虑的。"

在表 5.5 对 H 县样本参与社区基础建设、社区组织、社区文化、社区管理的参与是否是因为兴趣使然进行了简单统计，从表中我们可以看出，因为兴趣而参加这些社区活动的村民分别仅占 H 县总样本量的21.1%、17.4%、17.0%、21.9%，约五分之一的村民是因为兴趣才参与到社区活动中来，另有五分之四的村民是由于强制性怕受到惩罚、碍于面子或者被劝说等其他客观原因才参与社区活动的，这说明村民主观上对于社区建设的事务或者活动的不够关心、不够重视。

表5.5　　　　　　　H 县样本社会参与是否兴趣使然频率表

		频数	百分比（%）	累计百分比（%）
参加社区基础建设是因为兴趣	是	57	21.1	35.2
	否	118	43.7	100.0
参加社区组织是因为兴趣	是	47	17.4	28.7
	否	117	43.3	100.0
参加社区文化是因为兴趣	是	46	17.0	29.2
	否	119	44.1	100.0
参加社区管理是因为兴趣	是	59	21.9	36.5
	否	115	42.6	100.0

当在 H 县调研时问到"你有没有参加什么集体活动，为什么参加时"，CT 村村民 ZSY 这么回答道：

"平时村里有什么事，大家都是乡里乡亲的就帮帮忙，都合得来，其他的也都没来往了，现在都各过各的。想占便宜就占去吧，能占多少，让他占去吧。现在生活好了，过得去就行了，知足。要是村里有什么事呢，需要我们的话，一般村干部来一户户做工作。一般村里是没什么活动的，一般开会都是党员，叫党员都打电话，其他有啥活动像我们这老百姓也不太清楚了，都是党员知道。要是

有啥活动叫咱们去，咱们就去；不叫就不去。现在人们在家都忙着
干活儿，要么就是外面打工，一般都也没时间去。"

这一庞大的群体对于社区建设很难说是否能起到推动作用，但是毋
庸置疑的是，社区要想合理并快速的发展，社区建设者必须做好这部分
人的动员工作，使他们积极配合社区动员主体开展社区建设活动。

2. **参与行为**

有学者在对我国农村村民自治的可行性的探索中，提出"村民自
治的许多具体制度大都是由农民创造出来的"，并且"农民的力量改
变了村落内的权力结构"。文章对我国村民自治现存的不足进行分析，
着重强调了农民个体行为也影响着社会动员和社区建设。[1] 社区建设
动员的目的便是鼓励农民参与到社区建设过程中，因此参与行为是最
为直观表达社区建设动员的成功与否的方式，本书通过对参与社区建
设的频率、方式、时间以及在参与社区活动中扮演的角色进行分析，
来评估农民社区建设参与行为现状。

（1）参与频率

参与频率简单来说就是在一定的时间范围内，参与社区活动出现
的次数。本书在问卷调查阶段有关农民参与社区建设的频率设计了相
关的问题。从表5.6中我们可以看出，在整体层面上，村民参与社区
建设事务的频率不是很高。在前期总样本量700个中，除去系统缺失
数据之外，有16.7%的村民从不参与社区建设活动，基本不参与社
区事务的人数占总人数的56.4%，如果将基本不参与与从不参与两
个变量合并到"几乎不参与社区活动"的类别中，几乎占总人数的
73.1%村民是几乎不参与社区活动。而经常参与社区事务活动仅占
4.7%，偶尔参与的村民有132人，占总样本量的18.9%，总体来
说，积极参与社区建设活动的村民还是少数人。

---

① 袁小平：《村民自治视野下的乡村关系：一个国家与社会关系的解释视角》，《中共
济南市委党校学报》2005年第4期。

表5.6　　前期调研样本中"村民去年一年参与社区建设事务频率"表

	频数	百分比（%）	有效百分比（%）	累计百分比（%）
经常参与	33	4.7	4.9	4.9
偶尔参与	132	18.9	19.5	24.4
基本不参与	395	56.4	58.3	82.7
从不参与	117	16.7	17.3	100.0
合计	677	96.7	100.0	
系统缺失	23	3.3		

　　参与频率还可以从参与社会活动的次数与个数上来表明。从图5.5中我们可以看出，在 H 县一个月内从未参加任何聚会或活动的人占总样本量的23.05%，有接近四分之一的村民是不参与任何聚会或活动的。一个月内参与聚会或活动1—2次有49.34%，近一半的人是偶尔参与聚会或活动，剩下27.61%的村民是每月参与活动达到3次以上，是参与频率较高的人群。

　　从参与社会组织个数方面来看，在样本中，去除数据中的缺失值后，仅有0.40%的村民是参与2个社区组织的，参与1个社区组织有5.20%的村民，剩下80.70%的村民是没有参与社区组织的。这一方面有可能是村内的社区组织太少造成的；另一方面可能是村民自身参与热情不高形成的，但有待进一步考证。

　　在整体对 H 县村民参与频率进行分析时，由表5.7可以看出，参与村中基础设施建设、环境整治、产业项目、社区服务站、村落公共空间、村庄文化建设、社区组织、社区公益服务、村庄选举、村民议事、精准扶贫与民主监督中，从未参与过这几项社区活动的村民分别有195个、189个、230个、225个、226个、228个、236个、227个、149个、172个、214个、226个，其所占比例分别为72.2%、70.0%、85.2%、83.3%、83.7%、84.4%、87.4%、84.1%、55.2%、63.7%、79.3%、83.7%，在这几项村中事务的参与度上，

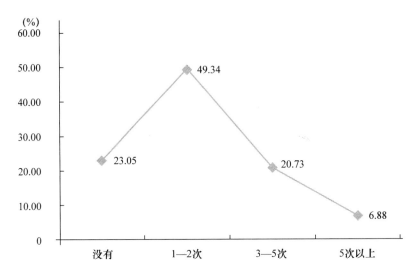

图 5.5   H 县样本平均每个月参与多少次聚会或活动频率图

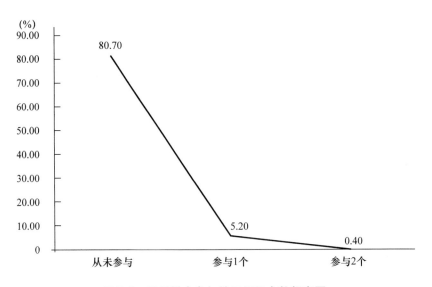

图 5.6   H 县样本参加社区组织个数频率图

均有超过 70% 的村民是从未参与过的，积极参与的人数除村庄选举
达到过 22.6% 外，其他 11 项村庄事务的参与率均低于 15%，村民的

整体参与率偏低。

表5.7　　　　　　　　　　H县受访者参与村中事务频率表

参与程度	积极参与		偶尔参与		从未参与	
	频数	百分比	频数	百分比	频数	百分比
参与村中基础设施建设	36	13.3%	32	11.9%	195	72.2%
参与环境整治	25	9.3%	33	12.2%	189	70.0%
参与产业项目	6	2.2%	23	8.5%	230	85.2%
参与社区服务站	8	3.0%	32	11.9%	225	83.3%
参与村落公共空间	5	1.9%	24	8.9%	226	83.7%
参与村庄文化建设	5	1.9%	22	8.1%	228	84.4%
参与社区组织	6	2.2%	20	7.4%	236	87.4%
参与社区公益服务	4	1.5%	15	5.6%	227	84.1%
参与村庄选举	61	22.6%	51	18.9%	149	55.2%
参与村民议事	27	10.0%	64	23.7%	172	63.7%
参与精准扶贫	24	8.9%	26	9.6%	214	79.3%
参与民主监督	7	2.6%	24	8.9%	226	83.7%

在访谈中问及上述几个问题时，不参加活动的大部分村民表示这是有原因的，一是因为村里没什么集体活动或者社会组织；二是自己对现在的集体活动不感兴趣。

YSH（女，61岁）："平时不参加集体活动的原因主要是自己不感兴趣，然后就是也没有什么集体活动，如果有集体活动的话，自己也会参加。现在也没什么集体活动，平常就是去干活的干活，出去打工的打工，现在就是没参加。广场舞我没参加，自己六十多岁的人了，干活回来也累得慌，也就不去了。参加会议什么的，有的人够了，有的人也不叫你，开个会有时候用不了这么多人，就不去了。"

YFX（男，66 岁）："你自己做好了，人家看着你就好；你不做好，人家看着你就孬，我这个人做人就这个原则；平常做人做事光明，做啥都顺利；你要是刺，你做啥都不行；得跟人搞好关系，搞不好关系不行；得自己有主张，自己没有主张不行；像我这个岁数，基本上都没啥事，都差不多，都挺知足；靠金吃金，靠银吃银，你要是个光棍你能干啥你说；广场那儿没事儿的时候我就去，和兄弟姐妹儿拉拉家常，每天去好几次，没大事我也去；以前有个舞蹈队，是以前支书爱好才组的，现在他不在了，就没了，现在年轻人也不多；咱们村里以前教育很好，五十年前教育都可好了，四五十里地的人都来这儿上学，后来嫌这个学校占地就都给迁出去了。你看这个路水泥就铺了中间，边上都还是坑坑巴巴，这个老年人出来腿脚不好，很不方便。"

虽然整体上大部分村民的参与热情不高，但是积极参与社区活动的人也不在少数。

LDN（女，55 岁）："广场舞就是村里的大队组织的广场舞，大家都去跳舞去，什么音响之类的都是大队买的，我没有掏钱，一般都是晚上七点到九点，参加的人多，每天只要是不下雨、不忙，都会有人，最多的时候有二三十个人，我自己也有参加，我说的娱乐组织也就是这个广场舞队，一到过年的时候，就会有敲锣鼓的，到了过年了，这个街上就会有，平常没有敲锣鼓的，只是光跳舞，大队给买的音响就在广场上放歌，这个广场舞队估计得有六年了，也会去别的地方比赛去，一般就是去镇上比赛，一年一次和周围的村一起比赛，周围的村多了，广场舞队也多，比完之后一般就是分一等奖、二等奖、三等奖，一等奖是一个，二等奖有几个我也弄不清了，得了奖有什么奖励我也不知道，我没去比过，只去看过。一般就是每年三月份举行比赛，比赛一天。"

从上述图表与案例中看出，两次的统计结果虽然存在着细微的区别，但从整体上来看，村民的社会参与程度是较低的，农民参与社区建设的频次也没有大幅度提升。

（2）参与方式

其次是农民的参与方式，即在农民参与社区建设活动中是以什么样的形式表达参与行为。社区建设活动参与方式是评估社区活动的一个重要指标。不同的参与方式不仅表达了参与者对于活动的潜在的重视程度和态度，还表现出活动的动员主体对活动的动员方式所取得的效果。当然，活动的组织者也希望农民能够深入地参与到社区建设活动中来，对社区建设的政策和路线提供建设性的意见，但是调查的数据显然揭露了这方面的不足。从下面的图表中可以看出主动深入参与活动中来的部分，即"多做准备，建言献策"的群体仅仅占了总调查人数的9.05%，即使加上"出席并动员他人"的这部分人群，活动的积极参与者也只有20.73%，五分之一的群体数额表明了社区参与的主动积极者所存在的数量不足，社区仍需要不断开展互动，增加更多参与活动的中坚力量。24.13%的群体表示会出席活动，这部分人虽然不是社区建设的主要推动者，但确实是社区潜在的发展动力，社区建设的主体在开展社区建设活动的同时，不仅仅要关注经常主动参与社区建设的"老伙伴"，而且也要在活动中寻求"新朋友"的支持，只有在一次次活动之中，慢慢取得这一群体的信任并将其转化为活动的积极参与者，社区建设才能一步一步落实发展。剩余的55.15%的受访者表示出对于社区互动的冷漠，但这也是社区发展所必须争取的资源。动员主体不能去强制性地要求这部分人一定要参与到社区建设中来，但是可以通过更加深入的宣传与介绍，以及发展其身边的积极个体，努力将他们扩展到"出席活动"的人群中。这将为社区建设不断地深入提供人力资本性的保障。

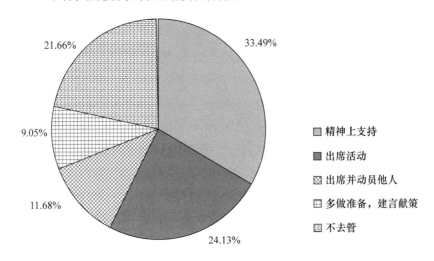

图 5.7   在社区建设活动中的参与方式

（3）参与时间

关于农民参与社区建设时间的调查，本书以"在社区建设活动上的时间占业余时间比重"这一标准来研究农民参与社区建设时间上的投入情况。先对选项所表达的意义进行一下诠释，所谓的"不占用时间"是指参与社区活动不占用个人的业余时间，也可以理解为不参与社区活动。而这部分群体在图表所显示出来的比例为 30.78%，即有 30.78% 的不参与社区建设活动。与之相对的便是有 69.22% 的受访者会参与到社区建设的活动中来，对于社区建设主体来说这一数字已经很高了。但是对表达参与行为的这部分人群进行再次分类就会发现，其中有 51.12% 的受访者表示参与社区建设所花费的时间只是占他们业余时间的很小一部分。把"大部分时间"花费在参与社区建设的受访者所占的比例较低，仅为 8.66%，从中可以发现，虽然大部分受访者表示会参与到社区建设的活动中来，但是参与所投入的时间不足，参与程度自然也就不是很高。

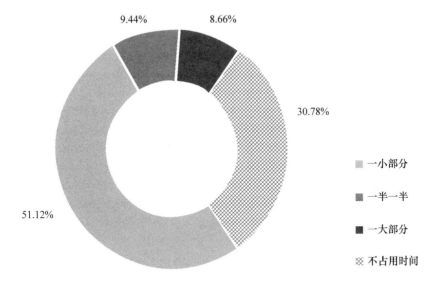

图 5.8 村民在社区建设活动上的时间所占业余生活时间比重图

那么这部分参与者在参与时更倾向于在社区建设中投入什么呢？对问卷所得到的信息分析可以发现，村民一般对社区建设活动的投入倾向于感情投入与能力投入，其占比分别为 29.4% 与 25.0%，即对社区建设的关注与支持。但从整体上说，村民对于社区建设的时间投入、物质投入、财力投入、感情投入和能力投入分布较均匀。

表 5.8　　村民一般对社区建设活动的投入倾向频率分布表

	频数	百分比（%）	有效百分比（%）
时间投入	130	18.6	18.7
物质投入	95	13.5	13.5
财力投入	92	13.1	13.1
感情投入	205	29.4	29.5
能力投入	175	25.0	25.1
合计	696	99.6	100.0
系统缺失	3	0.4	
	700	100.0	

虽然对社区投入分为时间、物质、财力等等，但是从细节上来分，每一种投入类型又可以划分为不同的投入种类，如财力投入可以分为基础设施建设财力投入、公益活动财力投入等等。在访谈时，部分村落村民的公益意识与基础较好，愿意进行公益活动，也从另一层次上增强了社区的凝聚力与归属感。

> CTX（女，55岁）："我们这个村不是有基金会嘛，基金会拿一部分，老百姓捐一部分。这个孩子也才20来岁，得了淋巴结癌，这个病要花四五十万，要是一个家庭拿四五十万确确实实也不行。用咱村的力量，老百姓一个人拿十块钱、二十块钱，就可能救她一命。也没有大喇叭招呼，我们书记自己发动的，在西面那个广场，贴了字，谁家得了什么病，家庭条件怎么样，就不用说别的，都是咱村的人，人家一时有困难，那人来人往的，大家都看到了，捐款箱就在那，摆了两天，我们村捐款也都挺积极的。捐完之后直接送医院去了，人家都有记账的。"

社区建设参与方式是多元性的，不同的参与方式所投入的成本类型不同，除了时间上的投入外，也可以是物质、财力甚至是邻里之间的口头介绍，所以受访者表示有参与社区建设的时间，可能不仅仅是关注与时间上的投入，其他类型所花费的个人努力也是社区参与的一种形式，这也说明了农民参与社区建设时间上的不足所存在的一个原因。

（4）参与角色

一些学者从参与的社会结构性特征方面进行了研究。例如，尼斯比特（Nisbet，1957）和科恩豪泽（Kornhauser，1959）认为，参与是大众社会中多元性的保障（支柱）。"参与将促进社区的稳定团结，同时良好的社区参与氛围有利于社区关系网络的建立，完善社区内部组织体系。"[1]

---

[1] Nisbet, Robert A., *Community and Power*, Oxford：Oxford University Press, 1957.

农民社区建设参与中通过角色扮演的方式，表达对社区发展的个体需求，同时通过角色的扮演了解社区动员主体所面临的困难，调整农民社区参与方式或途径，使得农民与社区动员主体良性的交流与互动，不断完善社区建设动员体制，共同实现社区建设目标。

为了更明确地定位农民参与社区建设的行为，不仅仅需要研究参与频率、参与方式以及为了参与所投入的时间成本，还需要研究参与行为本身，即参与程度。而评估参与行为本身的一个核心的要素就是在活动参与中所扮演的角色。本书也对受访者群体在参与社区建设中所扮演的角色进行了总结与分析，如图5.9：

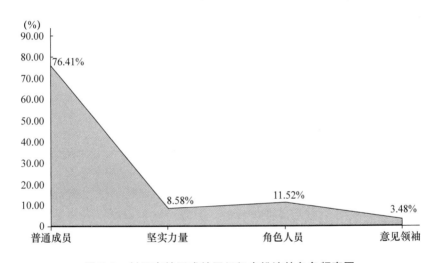

图5.9 村民在社区或社区组织中扮演的角色频率图

图5.9将参与活动中参与者所能扮演的角色分为普通成员、坚实力量、角色人员以及意见领袖。图表中的信息显示，农民在参与社区活动中往往处于一种较为被动的情境，所扮演出的"意见领袖"或"角色人员"的比例只占总受访者的15.0%，即使是加上作为"坚实力量"发挥自身作用的部分群体，比例也才为23.58%，说明剩余的大多数只是表现出参与行为。更主要的是，以上所得的数据是在"参与社区活动中"这一前提下，如果再加上不愿意参与社区活动的群

体,那么这一比例会大大减小。在被问到与大多数参与活动的其他成员相比,自己在活动中所展现出的活跃性时,受访者态度如表5.9所示,在前期调研的样本中,除去缺失值之后,村民在参加社区建设活动中不发言和很少发言的分别占比20.0%、41.1%,这说明在社区建设中有超过一半的人是不发言或很少发言的。除此之外,还有20.6%的人是没有参加过社区建设活动的,只有18.0%的村民在社区建设中经常发言。

表5.9　　　　　前期调研村民在参加社区建设活动中的发言状况

	频数	百分比（%）	有效百分比（%）
不发言	140	20.0	20.0
很少发言	287	41.1	41.2
经常发言	126	18.0	18.1
没参加过	144	20.6	20.6
合计	698	99.6	100.0
系统缺失	3	0.4	
	700	100.0	

　　对信息加工之后可以发现,在参与社区活动行为性质类别中,更多的人仅仅表现出参与活动的行为,而没有真正地融入活动中去。一项社区建设活动,社区工作人员作为活动的组织方,应该具有活动进展的把控力。但是,良好的社区建设活动除了动员主体的控制与引导之外,更主要的是鼓励参与者即本书主要研究的社区居民主动积极地参与到活动中来,能够对社区的建设方案以及活动的开展有着独立客观的评析;同时又能在社区居民中起到一定的示范作用。建立良好的社区居民自主、自治的意识。除了把自己当作活动的参与者之外,还应该把活动看作是自己分内的事。

3. 社会参与影响因素分析

（1）农村社区参与的研究现状及主要分析视角

目前国内外对于社区参与的研究主要可以从以下几个视角进行归

纳。首先有关社区建设动员的方式。朱力、谭贤楚在《我国救灾的社会动员机制探讨》中对于其做出了清晰的划分,根据"动员主体基于某一社会目标对社会成员进行的动员方式和形式"划分为政府动员和民间动员,其中政府动员包括政治动员、组织动员、社区动员以及传媒动员;民间动员又包括内部动员、街头动员、精英动员和网络动员。不同的动员主体以及动员方式的开展,所面向的动员群体以及动员所能取得的效果存在很大的差异。因此,如何准确选择针对动员目标所面向的客体最为合理的动员方式,便显得尤为重要。[①] 甘泉与骆郁廷通过对社会动员特点的划分指出,"社会动员具有协同性,即社会动员是对社会系统内各种力量和资源的动员,使之协调、有序发展,共同推进社会实践,完成动员目标"。[②]

资源动员理论认为,农村社区动员主要是整合农村社区资源,包括社会动员中所需要的物质资源、网络资源、媒体资源、时间资源以及文化资源。动员主体通过对成本—收益的考量,从而决定是否发起一项动员以及动员方式的选择。"一项动员能否成功主要是看动员主体是否拥有足够的社会资源。"[③] 在研究农民参与社区动员的理论中,当前主流的资源动员理论、政治过程理论的基本假设都是个体作为理性人存在。有学者提出,只要有运动组织,它总是由社会精英所主导。[④] 陈玉生指出,在农民动员过程中,动员的精英群体为了维护自己的利益会去限制"草根成员"的权益,从而在动员客体内部形成两个对立阶层。"但是农村社区资源的有限性必须迫使精英群体主动联合众多的'草根成员',以便实现促使整个社区发展的目标。"[⑤]

---

① 朱力、谭贤楚:《我国救灾的社会动员机制探讨》,《东岳论丛》2011 年第 6 期。

② 甘泉、骆郁廷:《社会动员的本质探析》,《学术探索》2011 年第 12 期。

③ 石大建、李向平:《资源动员理论及其研究维度》,《广西师范大学学报》2009 年第 6 期。

④ G. Lachelle Norris, Sherry Cable, "The Seeds of Protest: From Elite Initiation to Grassroots Mobilization", *Sociological Perspectives*, 1994, p. 2.

⑤ 陈玉生:《新农村建设中的社会动员》,《甘肃理论学刊》2006 年第 3 期。

在社区参与影响中的个体层面的因素。海勒（Heller, K.）、普赖斯（Price, R. H.）、莱因哈特（Reinhartz, S.）等人认为，社会参与是指个人参加那些会对他们造成影响的机构、项目以及环境的决策过程。① 社区动员个体特性在动员活动中起着至关重要的作用，能人动员理论很直观地指出，"在农村动员中有威望的个体在农民参与行为上有着重要的引导作用"。一个村的乡绅或长者的行为、意愿往往决定着整个农村动员的结果。胡慧指出，"农民的参与行为也与其受教育程度和学习能力有关，农民参与社区行为的持久性是在不断的参与和学习中得以维系的"②。教育水平的增加也会影响到社会参与，其影响机制的增加也被资源影响，通过教育，社会成员要求更多的网络和社会技能。③

对影响居民社区参与的解释，很多学者将重点放在了个体因素上。詹宁斯（Jennings）和斯托克（Stoker）认为，"生命周期是影响个体社区参与的重要变量，社会成员对志愿组织的参与率在中年前都是稳步增加的；中年后，开始逐渐下降"④。当然，农村的内部组织体系和社会网络资本也会影响到参与行为。郎友兴、周文在探索农村社区建设的可持续发展过程中提出，"农民之间的互动和参与越频繁、社区居民间的信任程度越高、社区的关系网络越密切社会资本总量越多，将会促进社区建设的可持续发展"⑤。同样，韦克菲尔德（Wake-

---

① Heller, K., Price, R. H., Reinhartz, S., Riger, S., Wandersman, A., & D'Aunno T. A., "Psychology and community change: Challenges of the future", *Monterey*, CA: Brooks/Cole, 1984.

② 胡慧:《社区自治视角下的居民参与有效性探析》,《社会主义研究》2006 年第 4 期。

③ Fuchs, D. and Klingemann, H. – D., "Citizens and the State: A Changing Relationship?" in H. – D. Klingemann and D. Fuchs (eds.), *Citizens and the State*, Oxford: Oxford University Press, 1995.

④ Jennings, M. K. and Stoker, L., "Social Trust and Civic Engagement Across Time and Generations", *Act Political*, 2004, p. 39.

⑤ 郎友兴、周文:《社会资本与农村社区建设的可持续性》,《浙江社会科学》2008 年第 11 期。

field）和波兰（Poland）在 "Family, friend or Critical reflections on the relevance and role of social capital in health promotion and community development" 中，提出社会参与与社区能力、社会资本密切相关。"社区能力的完善与强大与否，将影响着社区活动的参与率以及社区动员目标的达成，强大的社会资本将会吸引社区居民主动参与到社区活动中。"[1]

巴多托洛梅（Bartolomeo J. Palisi）更加关注社会参与背后的结构性因素。他认为，"群体（如家庭、关系网络和正式组织等）不仅拥有自己独特的结构，同时也是更为宏观性的社会结构（社区和社会）的一部分，因此理解一个社会事务必须要拥有与他有关联的其他社会事务的知识"。同时，他认为，"在正式的社会参与和非正式的社会参与之间有直接的关系，在对社会参与的讨论时，则更多地注重社会成员的组织隶属关系，注重社会成员的正式组织参与，而忽略了社会参与的非正式性（如社会交往）。因此，对于社会参与的结构性分析虽然过于偏激，但是却开拓了理论分析视角"[2]。此外，还有一些将重点放在社会化进程的不同方面（socialization differences of cohorts）。例如，在个体成长过程中所受到的教育以及被教授的一系列价值观（如利他以及社区贡献的重要性），这些价值观将会长期影响个人的行为。例如，长公民一代（long civil generaion）（1910—1940）以长时段的高社区参与率著称[3]。

（2）农民参与的变量界定和模型的建立

本书为研究在社区建设中农民参与心理状况，将影响参与心理因

---

① Wakefield, S. E. L. & Poland, B., "Family, friend or critical reflections on the relevance and role of social capital in health promotion and community development", *Social Science & Medicine*, 2005, pp. 2819 – 2832.

② Bartolomeo J. Palisi, "Patterns of Social Participation in a Two-Generation Sample of Italian-Americans", *The Sociological Quarterly*, 1966, pp. 167 – 178.

③ Rotolo and Wilson, "What Happened to the 'Long Civic Generation'? Explaining Cohort Differences in Volunteerism", *Social Forces*, 2004, p. 12.

素分为参与意愿、重视程度以及参与兴趣。农民参与社区建设的心理活动是决定参与行为的重要指标，参与心理的变化不仅仅与个人性格有关，还与个体所处的社会网络结构以及在社区建设中动员主体的动员方式相关。所以想要更好地了解当前社区建设的动员以及农民的参与行为，首先要分析农民对于社区活动的参与意愿。在本书的模型一分析中，有关"社区参与意愿"在问卷中所涉及的问题为："您对社区建设参与感兴趣吗?""您愿意参加社区建设活动吗?"通过对问卷中受访者所提供的答案进行处理，为了在模型处理过程中更简易便捷以及更好地解释说明自变量与因变量之间存在的关系，本书对这两者进行了赋值处理，详见表 5.10。

表 5.10　　　　农民参与心理相关的变量与赋值信息表

变量		赋值
因变量	您愿意参加社区建设活动吗	1—5 分（1 分最低，5 分最高）
自变量		
年龄	年龄	1 = 25 岁以下，2 = 25—30 岁，3 = 31—35 岁，4 = 36—40 岁，5 = 40 岁以上
个人理性变量	您对社区的付出和社区给予您的相比	1 = 付出更多，2 = 一半一半，3 = 给予更多，4 = 不知道
个体的公共精神变量	您觉得本社区的好坏与您个人荣誉感的关系程度如何	1 = 没有关系，2 = 关系一般，3 = 关系密切
个体的能力变量	您愿意向别人表露自己的想法吗	1 = 不愿意，2 = 愿意表露一部分，3 = 有什么就会说什么，4 = 不一定
	在人多的场合您会觉得	1 = 觉得不自在，2 = 觉得游刃有余，3 = 没什么特别感觉
社区环境的熟悉程度	您知道村委会办事处的地点在哪吗？	1 = 很确切的知道，2 = 知道大概的位置，3 = 不知道
	您知道该社区人口大概有多少吗？	1 = 知道，2 = 不知道

续表

变量		赋值
社区建设活动内容的熟悉程度	您知道农村社区建设的内容吗	1＝很确切的知道，2＝大概知道，3＝不知道
	据您所知，与社区所在的大多数人相比，您对社区建设的了解程度是	1＝更少，2＝差不多，3＝更多，4＝不知道
社区的内在归属感	您在该社区的朋友有多少	1＝没有，2＝1—5个，3＝6—10个，4＝10个以上
	您觉得本社区的好坏与您个人荣誉感的关系程度	1＝没有关系，2＝关系一般，3＝关系密切
社区活动的参与渠道	您一般是通过什么渠道参加社区建设的	1＝邻居介绍，2＝社区报名，3＝手机电话，4＝其他
	您所居社区参加社区建设的有效渠道丰富吗？	1＝很单一（通常只有1种），2＝一般（2—3种），3＝很丰富（3种以上），4＝不了解
阶层变量	受教育程度	1＝小学，2＝初中，3＝高中，4＝大专，5＝本科，6＝研究生及以上
社会资本变量	您与社区或社区组织中意见领袖和角色人员的关系是	1＝关系普通，2＝关系较近，3＝关系较差，4＝没关系
	您加入了该社区的几个非正式组织	1＝1个，2＝2—3个，3＝3个以上，4＝没有
社会结构与文化变量	与邻近村庄相比，你觉得你们村的团结程度如何	1＝非常团结，2＝比较团结，3＝一般，4＝比较不团结，5＝非常不团结
动员人员变量	参加社区建设活动的人主要是靠谁的动员	1＝社区工作人员，2＝社区意见领袖，3＝家人，4＝社区朋友，5＝自发去的

参与行为作为社区建设动员的结果，是衡量社区动员效果的重要指标，直接反映出社区建设过程中动员所产生的效果。在本书的模型二分析中，有关"社区参与行为"在问卷中所涉及的问题为："您一般对于社区建设的投入程度""您在社区或社区组织中所扮演的角色"通过对问卷中受访者所提供的答案进行处理，为了在模型处理过程中更简易便捷以及更好地解释说明自变量与因变量之间存在的关

系，本书对这两者进行了赋值处理，详见下表 5.11。

表 5.11   农民参与行为相关变量与赋值信息

变量		赋值
因变量	您一般对社区建设的投入程度	1—5 分（1 分最低，5 分最高）
自变量		
年龄		1 = 25 岁以下，2 = 25—30 岁，3 = 31—35 岁，4 = 36—40 岁，5 = 40 岁以上
个人理性变量	您对社区的付出和社区给予您的相比	1 = 付出更多，2 = 一半一半，3 = 给予更多，4 = 不知道
个体的公共精神变量	您觉得本社区的好坏与您个人荣誉感的关系程度如何	1 = 没有关系，2 = 关系一般，3 = 关系密切
个体的能力变量	您愿意向别人表露自己的想法吗	1 = 不愿意，2 = 愿意表露一部分，3 = 有什么就会说什么，4 = 不一定
	在人多的场合您会觉得	1 = 觉得不自在，2 = 觉得游刃有余，3 = 没什么特别感觉
社区环境的熟悉程度	您知道村委会办事处的地点在哪吗？	1 = 很确切的知道，2 = 知道大概的位置，3 = 不知道
	您知道该社区人口大概有多少吗？	1 = 知道，2 = 不知道
社区建设活动内容的熟悉程度	您知道农村社区建设的内容吗？	1 = 很确切的知道，2 = 大概知道，3 = 不知道
	据您所知，与社区所在的大多数人相比，您对社区建设的了解程度是更？	1 = 更少，2 = 差不多，3 = 更多，4 = 不知道
社区的社会资本社区归属	您在该社区的朋友有多少？	1 = 没有，2 = 1—5 个，3 = 6—10 个，4 = 10 个以上
	参与社区非正式组织数量	1 = 1 个，2 = 2—3 个，3 = 3 个以上，4 = 没有
社区活动的参与渠道	您一般是通过什么渠道参加社区建设的？	1 = 邻居介绍，2 = 社区报名，3 = 手机电话，4 = 其他
	您所居社区参加社区建设的有效渠道丰富吗？	1 = 很单一（通常只有 1 种），2 = 一般（2—3 种），3 = 很丰富（3 种以上），4 = 不了解

变量		赋值
阶层变量	受教育程度	1＝小学，2＝初中，3＝高中，4＝大专，5＝本科，6＝研究生及以上
与意见领袖关系	您与社区或社区组织中意见领袖和角色人员的关系是	1＝关系普通，2＝关系较近，3＝关系较差，4＝没关系
	您加入了该社区的几个非正式组织	1＝1个，2＝2—3个，3＝3个以上，4＝没有
社会结构与文化变量	与邻近村庄相比，你觉得你们村的团结程度如何	1＝非常团结，2＝比较团结，3＝一般，4＝比较不团结，5＝非常不团结
动员人员变量	参加社区建设活动的人主要是靠谁的动员	1＝社区工作人员，2＝社区意见领袖，3＝家人，4＝社区朋友，5＝自发去的

（3）社会参与影响因素分析

社会参与的影响因素从大的层面来说主要是主观条件与客观条件两个方面，主观条件主要包括个人意愿、心理而产生的参与行为；客观条件则是社会动员方法、政策环境、参与氛围等。因本书主要是就问卷相关数据进行分析，问卷数据的来源则是村民的主观判断，因此，对社会参与的影响因素进行分析主要就主观条件出发，客观条件分析则稍有不足。

首先从主观层面的影响因素进行相关分析，在前期的调研数据中，发现年龄、对村庄集体事件的关心程度、对社区建设内容的了解程度、个体在社区中的社会资本等变量与对社区建设的参与意愿呈显著相关，各相关系数详见表5.12。

其中，年龄与社区参与意愿呈正相关。年龄越大，对社区建设的参与意愿越高。例如，在25岁以下年龄组中，不愿意和较不愿意的比例之和为23.0%，而在40岁以上的年龄组中，不愿意和较不愿意的比例仅为18.0%，前者比后者多了5%。在实地研究中的调研也表明，年轻人更不愿意参与社区建设。例如，ZJ 村的书记就表示，现在的年轻人不听话，不愿意参与社区建设，所以他们也不愿意对这部分群体进行社会动员。

表 5.12　　　　　　　　　　　参与意愿相关系数表

		您愿意参加社区建设活动吗
年龄	Pearson 相关性	0.067 *
	显著性（双侧）	0.015
您愿意向别人表露自己的想法吗	Pearson 相关性	0.051
	显著性（双侧）	0.067
在人多的场合您会觉得	Pearson 相关性	0.057 *
	显著性（双侧）	0.042
您知道村委会的地点在哪吗	Pearson 相关性	− 0.181 **
	显著性（双侧）	0
您知道社区人口大概有多少吗	Pearson 相关性	− 0.182 **
	显著性（双侧）	0
您知道农村社区建设的内容吗	Pearson 相关性	− 0.202 **
	显著性（双侧）	0
据您所知，与社区所在的大多数人相比，您对社区建设的了解程度是更	Pearson 相关性	− 0.245 **
	显著性（双侧）	0
您在社区的朋友有多少	Pearson 相关性	0.292 **
	显著性（双侧）	0
您觉得本社区的好坏与您个人荣誉感的关系程度如何	Pearson 相关性	0.331 **
	显著性（双侧）	0
您所居社区参加社区建设的有效渠道丰富吗	Pearson 相关性	− 0.128 **
	显著性（双侧）	0
参加社区建设活动的人主要是靠谁的动员	Pearson 相关性	0.099 **
	显著性（双侧）	0
您对社区的付出和社区给予您的相比	Pearson 相关性	− 0.217 **
	显著性（双侧）	0

续表

		您愿意参加社区 建设活动吗
您加入了该社区的 几个非正式组织	Pearson 相关性	− 0.200 **
	显著性（双侧）	0
您与社区或社区组织中意见 领袖和角色人员的关系	Pearson 相关性	− 0.196 **
	显著性（双侧）	0

＊. 在 0.05 水平（双侧）上显著相关；

＊＊. 在 0.01 水平（双侧）上显著相关.

表 5.13　　　　　　年龄与社区建设参与意愿的交叉部分表

	不愿意	较不愿意	一般	比较愿意	非常愿意
25 岁以下	8.1%	14.9%	48.0%	22.0%	7.1%
25—30 岁	12.6%	14.2%	42.6%	26.3%	4.2%
31—35 岁	10.2%	6.8%	54.4%	23.8%	4.8%
36—40 岁	5.7%	6.9%	49.7%	34.0%	3.8%
40 岁以上	8.0%	10.0%	43.2%	34.6%	4.3%

此外，被访者的社区建设参与意愿还与动员主体呈显著相关。越是采用较为正式的动员，社区居民的参与意愿越不高。例如，如果动员主体是社区工作人员，其不愿意参与社区建设的比例达到22.4%，而采取社区朋友动员的群体中，不愿意参加社区建设的比例为17.5%，前者比后者多了4.9%。

表 5.14　　　　　　动员主体与社区建设参与意愿的交叉表

	不愿意	较不愿意	一般	比较愿意	非常愿意
社区工作人员	9.9%	12.5%	48.5%	25.7%	3.4%
社区意见领袖	4.1%	11.7%	50.3%	27.6%	6.2%
家人	8.3%	12.7%	46.5%	29.9%	2.5%
社区朋友	7.3%	10.2%	48.8%	28.3%	5.4%
自己自发去的	9.8%	9.1%	34.1%	29.5%	17.4%

将以上纳入变量进行多元回归分析进行分析，采用 OLS 回归模型进行统计，结果如下：

表 5. 15　　　　　　　　　社区参与意愿的 OLS 模型

		备注
常量	2. 124	
年龄	0. 028 *	
在人多的场合您会觉得	0. 06 *	参照组为：1 = 觉得不自在
您知道村委会的地点在哪吗	− 0. 081 *	
您知道农村社区建设的内容吗	− 0. 165 **	参照组为 1 = 很确切知道
您在社区的朋友有多少	0. 153 **	参照组为 1 = 1—5 个
您觉得本社区的好坏与您个人 荣誉感的关系程度如何	0. 277 **	参照组为 1 = 没有关系
您所居社区参加社区建设的有效渠道数量	− 0. 047 *	参照组：1 = 1 个
参加社区建设活动的人主要是靠谁的动员	0. 073 **	参照组：1 = 社区工作人员
社区的给予对您的付出的重要程度是	0. 172 **	参照组：1 = 不重要
您与社区或社区组织中意见 领袖和角色人员的关系是	− 0. 071 **	参照组：1 = 关系普通

　* p < 0. 05，＊＊p < 0. 01.

从以上模型可见，年龄、个人的能力变量，对社区环境的熟悉程度、社区中的社会资本、个人的公共精神、参与渠道的数量、动员主体的性质、个人理性变量和个人对社区的归属感等都对个人的社区参与意愿产生影响。其中，年龄对参与意愿的影响程度为 0. 028，表明年龄越大，社区参与意愿越高；个体理性对社区参与意愿的影响程度最大，为 0. 277。社区建设中，付出多得到少的参与意愿越高，付出多得到多的参与意愿就越低；社区社会资本越多，参与意愿越强，与在社区只有 1—5 个朋友的群体相比，在社区有 5 个以上朋友的群体社区建设参与意愿越高；对社区建设内容的熟悉程度也对参与意愿有影响，影响因素为 − 0. 165；与对内容熟悉确切的群体相比，对社区建设内容"大概知道"和"不知道"的群体的社区参与意愿都低；社区动员主体的性质对村民参与意愿的影响程度为 0.073，与社区工作人员相比，社区意见领袖、社区朋友、自发动员方式对村民社区参与意愿的影响程度会高。因此，要提升村民的社区参与意愿，应将重点放在青年群体上；提高村民的社区资本；拓展村民的社区关系网络；加大对村民的社区建设知识宣传，增进了解；改变社区动员的主体性质，由非正式的网络来对村民进行动员等。可见，动员是影响村民参与意愿的一个重要变量。

　　针对后期的调研数据，我们主要从村民的参与情况相关性分析出发，从表 5.16 中我们可以看出，H 县社会动员村民参与情况与家庭收入水平、家族在村中所处地位、是否信教、对村干部的熟悉程度相关，村民的家庭收入、家族地位、是否信教、与村干部的熟悉程度的相关系数分别为 0.268、0.376、0.351、0.377，均呈显著相关。这两个主观层面的变量都反映出村民所处的社会阶层，由此可得，村民所处的社会阶层对于村民的社会参与程度有影响。

表 5.16　　　　H 县社会动员村民参与情况主观因素相关性表

		相关系数
年龄	Pearson 相关性	0.032
	显著性（双侧）	0.779
受教育程度	Pearson 相关性	−0.105
	显著性（双侧）	0.355
是否贫困户	Pearson 相关性	−0.124
	显著性（双侧）	0.277
是否是党员	Pearson 相关性	0.09
	显著性（双侧）	0.429
是否信教	Pearson 相关性	0.351 **
	显著性（双侧）	0.002

续表

		相关系数
目前家庭收入处于何种水平	Pearson 相关性	0.268*
	显著性（双侧）	0.017
家族在村中所处地位	Pearson 相关性	0.376**
	显著性（双侧）	0.001
对村干部的熟悉程度	Pearson 相关性	0.377**
	显著性（双侧）	0.001

＊＊．在 0.01 水平（双侧）上显著相关。

＊．在 0.05 水平（双侧）上显著相关。

村民的参与情况与其家族在村中所处地位显著相关，从图 5.10 中可以看出，随着家族地位的提升，从未参与过社区活动的比例逐步下降，这说明家族地位越高的村民的社区活动参与度越高，这体现了村民所处的社会阶层对社会参与的影响，"社会阶层是指一个社会按照社会成员各自掌控社会资源的多少必然要分为不同的社会阶层"。随着社会资源在不同阶层间的变化，各社会阶层进行着认同、分化，对于阶层的主要划分依据就是经济水平。

除家族地位这个社会阶层因素外，在社会参与影响因素的主观层面上，村民是否信教对于村民的社会参与状况也有影响，即从个人的生命历程角度，动员对象之前不同阶段的人生经历，会对其社会参与程度产生较大影响。从图 5.11 中可得，对于信教的村民来说，其在社会活动的参与上从积极参与、参与了部分与从未参与中所占的比例是不断下降的，其比例分别为 31.30%、19.40%、0.00%；与此相反，不信教的村民在社会参与的三个选项上其变化趋势是不断上升的，换而言之，在同等情况下，信教的村民社会参与度较不信教的村民的社会活动参与程度高。

从表 5.17 中可得，村民的社会参与情况与对村干部的熟悉程度显著相关。从整体上来看，对村干部非常熟悉、比较熟悉、一般、不

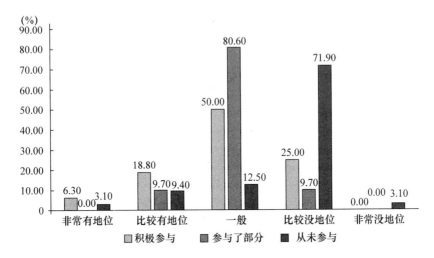

图 5.10　村民参与情况与其家族在村中所处地位交叉图

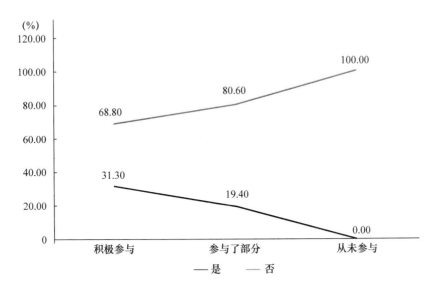

图 5.11　村民参与情况与是否信教交叉图

太熟悉的村民的比例分别占 43.8%、50.0%、6.3%、0.0%，整体上是呈波动下降的趋势，即村民对村干部越熟悉，其社会参与度越高。

表 5.17　　　村民参与情况与对村干部的熟悉程度交叉制表

		非常熟悉	比较熟悉	一般	不太熟悉	合计
您的参与情况是	积极参与	7	8	1	0	16
		43.8%	50.0%	6.3%	0.0%	100.0%
	参与了部分	8	14	4	4	30
		26.7%	46.7%	13.3%	13.3%	100.0%
	从未参与	0	20	8	4	32
		0.0%	62.5%	25.0%	12.5%	100.0%
合计		15	42	13	8	78
		19.2%	53.8%	16.7%	10.3%	100.0%

在社区活动参与的客观影响因素方面，涉及对社区活动参与人数的决定性因素时，在前期的调研数据分析中，除去缺失值 545 后，有39.5% 的村民认为是居民对社会活动的认同；25.8% 的村民认为社区活动的宣传效果、方式影响了自身对社会活动的参与，除此之外，有21.9% 的人认为活动的吸引力对于大家的参与度也是有影响的。这表明在客观层面上，影响居民的社会参与度和相关部门机构对活动的设计、宣传有关，在活动的设计上要贴近日常生活，了解村民的喜好。

表 5.18　　　影响社区活动参与人数的决定性因素频率表

	频数	百分比（%）	有效百分比（%）
物质奖励	14	2.0	9.0
宣传效果	40	5.7	25.8
活动的吸引力程度	34	4.9	21.9
设施良好	6	0.9	3.8
居民认同	61	8.7	39.5
系统缺失	545	77.8	
合计	700	100	

是什么影响了村民的社会参与？村民参与社会活动又是为了什么？这两个问题都从参与者的内在与外在因素两个方面对村民的社会参与行为进行了分析，可以为下一步提升村民的社会参与提供解决思路。在图5.12中，我们可以看出，有47.70%的村民参与社会活动是为了了个人的自身利益，接近总参与人数的一半；24.50%的村民是在居委会要求下进行社会活动的；13.50%的村民是为了打发时间；8.40%的村民是在活动中有认识人，体现了农村社区中的地缘性；剩下5.80%的村民是为了脸面才参与到社区活动中来，能够在一定程度上提升自身的知名度。总的来说，村民的社会参与应该从村民的利益出发，增加社会动员的次数。

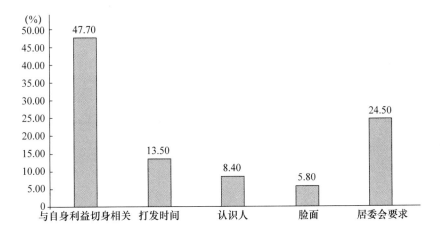

图5.12　村民参与社区活动目的分布图

根据统计也发现，动员方法对参与意愿也有影响，自组织动员和能人动员的村民参与意愿最大，占总数的百分比分别为82.70%和74.91%，行政动员的村民参与意愿最低，仅占总动员比例的45.70%，详见图5.13。

在开始分析因变量与自变量之间的关系之前，本书就社区建设活动的投入程度对社区参与影响程度进行了验证，详见表5.19。

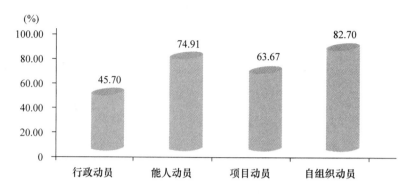

图 5.13　动员方法与参与意愿的关系图

从中可以看到，年龄与社区投入程度显著负相关。年龄越大，社区参与中的投入程度越低。对社区建设内容、社区参与渠道、动员主体的性质、社区归属感四个影响对社区的参与投入程度相关。进行OLS多元回归分析后得出下表。

表 5.19　　　　社区参与投入程度的相关影响因素系数表

变量		您一般对社区建设活动的投入程度
年龄	Pearson 相关性	− 0. 074 **
	显著性（双侧）	0. 008
您愿意向别人表露自己的想法吗	Pearson 相关性	− 0. 007
	显著性（双侧）	0. 809
在人多的场合您会觉得	Pearson 相关性	0. 011
	显著性（双侧）	0. 686
您知道村委会的地点在哪吗	Pearson 相关性	0. 025
	显著性（双侧）	0. 362
您知道社区人口大概有多少吗	Pearson 相关性	− 0. 005
	显著性（双侧）	0. 849
您知道农村社区建设的内容吗	Pearson 相关性	− 0. 01
	显著性（双侧）	0. 728

续表

变量		您一般对社区建设 活动的投入程度
据您所知，与社区所在的大多数人相比， 您对社区建设的了解程度是	Pearson 相关性	0.013
	显著性（双侧）	0.639
您在社区的朋友有多少	Pearson 相关性	0.021
	显著性（双侧）	0.447
您觉得本社区的好坏与您个人 荣誉感的关系程度如何	Pearson 相关性	0.018
	显著性（双侧）	0.509
您一般是通过什么渠道参加社区建设的	Pearson 相关性	0.160**
	显著性（双侧）	0
您所居社区参加社区建设的 有效渠道丰富吗	Pearson 相关性	0.073**
	显著性（双侧）	0.009
参加社区建设活动的人主要是靠谁的动员	Pearson 相关性	0.129**
	显著性（双侧）	0
您对社区的付出和社区给予您的相比	Pearson 相关性	0.036
	显著性（双侧）	0.2
您加入了社区的几个非正式组织	Pearson 相关性	0.079**
	显著性（双侧）	0.004
您与社区或社区组织中意见领袖和 角色人员的关系	Pearson 相关性	0.054
	显著性（双侧）	0.051

＊．在 0.05 水平（双侧）上显著相关；

＊＊．在 0.01 水平（双侧）上显著相关。

表 5.20　　　　　　　　社区投入程度的 OLS 分析模型

变量	系数	备注
常量	1.160	
S2：年龄	0.012	
您一般是通过什么渠道参加社区建设的	−0.033**	参照组：1＝邻里介绍
您所居社区参加社区建设的有效渠道丰富吗	−0.082**	参照组：1＝1 种
参加社区建设活动的人主要是靠谁的动员	0.054**	参照组：1＝社区工作人员
您加入了该社区的几个非正式组织	−0.137**	参照组为：1＝1 个

从上表可见，村民对社区建设的投入程度与社区建设的参与渠道、社会动员主体、社区归属感密切相关。社区参与渠道的丰富程度对村民参与行为的影响为 -0.082，参与渠道越多，村民的社区参与行为反而越低；动员主体的性质对村民社区参与投入的影响系数为 0.054，动员主体越是正式的社区工作人员，其参与投入越低；社区的归属感对社区参与行为的影响系数为 -0.137，加入 2—3 个、3 个以上的组比加入一个的组的社区参与投入程度低。可见动员仍是影响村民社区投入行为的一个重要变量，社区动员主体的性质越正式，参与程度反而低。进一步分析发现，社区工作人员动员的参与率与社区动员主体关系密切相关，社区工作人员动员的社区居民全年参与社区活动次数为 1 次的占 21.4%，为 4 次以上的占 39.9%；但是社区动员是自己自发去的参与次数为 1 次的占 19.9%，为 4 次以上的占 52.3%。

表 5.21　　　社区动员主体的性质与社区居民参与次数的关系

	1 次	2—3 次	3 次	4 次以上
社区工作人员	21.4%	24.0%	14.7%	39.9%
社区意见领袖	20.0%	34.5%	23.4%	22.1%
家人	26.1%	22.3%	16.6%	35.0%
社区朋友	16.1%	30.2%	15.1%	38.5%
自己自发去的	19.9%	25.1%	16.6%	52.3%

此外，社区的动员方式也与居民的参与次数显著相关，自组织动员、项目动员和能人动员参与全年参与 4 次以上的比例比较接近，而行政动员的社区参与次数明显偏低。

因此，要提升社区居民的参与次数，需要改变社区动员主体的性质，更多地采用自组织动员、项目动员等方法，减少行政动员的使用。此外，还需要增加村民参与社区建设的渠道，丰富社区内的社区组织，增强社区居民的归属感等。

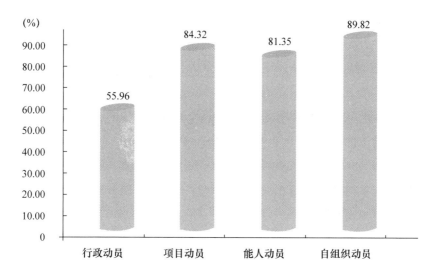

图 5.14　社区动员方式与参与次数的比较

　　在 H 县的调研中，当问及村民如何提升村民参与村庄事务的积极性时，去除缺失值 57 外，36.1% 的村民认为应当给村民更多的报酬来提升村民社会参与的积极性；18.3% 的村民认为，要使村庄中的项目令村民感兴趣；14.8% 的村民认为提升村民社会参与的积极性要让村庄内的能人来动员。（详见表 5.22）

表 5.22　　　　　提升村民参与村庄事务对的积极性频率表

	频数	百分比（%）	有效百分比（%）
给村民更多的报酬	77	28.5	36.1
加大宣传	28	10.4	13.1
项目要令村民感兴趣	39	14.4	18.3
村干部改变宣传方法	5	1.9	2.3
加强村庄内公共服务建设	21	7.8	9.8
多成立社区组织	1	0.4	0.5
加强村庄团结	11	4.1	5.1
让村庄内的能人来动员	31	11.5	14.8

	频数	百分比（%）	有效百分比（%）
合计	213	78.9	100.0
系统缺失	57	21.1	

H县村民在接受社会动员时的社会活动参与情况、村干部的动员次数和近年来村中有无组织集体活动等变量相关，相关系数分别为0.494、0.686，均在0.01水平上显著相关，但村干部动员次数与村民的社会参与之间是负相关关系，即村干部动员次数越少，村民的社会活动参与度越高。

表5.23　　　　　村民参与情况与近年来村里有无组织
集体活动交叉制表

	经常	偶尔	从未	合计
积极参与	7	7	2	16
	43.8%	43.8%	12.5%	100.0%
参与了部分	3	23	5	31
	9.7%	74.2%	16.1%	100.0%
从未参与	0	4	28	32
	0.0%	12.5%	87.5%	100.0%
合计	10	34	35	79
	12.7%	43.0%	44.3%	100.0%

表5.23中，村民参与情况与近年来村里有无组织集体活动做交叉分析得出，村中经常举行集体活动的村民社区活动参与度较高，村中偶尔举行集体活动的村民积极参与率也高于从未举行过集体活动的。

来自W县的LDM，31岁，从外村嫁来，小学学历，家庭妇女，丈夫是大货车司机，常年在外帮人跑车：

问：您对自己家的收入满意吗？您觉得家里够花吗？

答：还可以，反正现在吃穿是不愁的咯。平时就买买菜啥的，还有两个娃娃上学，现在也是义务教育，花钱还好。

问：您觉得有人会议论您吗，您在不在意？

答：有时候心情也不好，会受影响，有的人说话我就不爱听。

问：一般说什么呢？能举个例子吗？

答：我们年轻人，肯定没有那么节俭，有时候买买衣服，换了几件（衣服）他们就说我大手大脚，败家里钱。

问：那您会少买一点吗？

答：我这两个月就不买了。

问：您喜欢住在村里吗？

答：喜欢的呀，这个村比我原来住的地方热闹多了。

问：村里面的广场舞之类的队伍您去参加过吗？

答：去的，可以学学跳舞，在一起还蛮热闹的。

问：那村里你可以交到朋友吗？

答：我和家门口的几个婆婆都还好，会经常走动的嘛，你来我家，我去你家，乡下里都这样的。

问：您一般去村里面参加大会，是自己爱去吗？

答：一般都会去的，毕竟村里的事情跟我们都有关系的，对吧。

问：那村里搞环境整治什么的活动你会参加吗？

答：会的呀，我们交过钱，村里也组织大家一起扫垃圾，你看现在村里家家户户都有垃圾桶，比以前不知道要干净多少呢。

问：那这个钱您交的情愿吗？

答：这个怎么说呢，毕竟是弄环境嘛，卫生搞好了我们都更健康，心情都更好，而且也不是说要交多少钱，每个人出一点，也不多，主要是环境这些年确实也搞得不错。

　　从图中可以看出，在村中从未举行过集体活动时，村民的社会参与度是非常低的，积极参与率为 0.00%，参与了部分的比例为 7.10%，从未参与过社区活动的比例高达 90.00%，这都说明了，当村内不举行集体活动时，村民的社会参与程度是较低的。村民社会参与度的最高比例是在社区举行过一次集体活动时，村民社区活动积极参与的比例高达 66.70%。但是随着社区举行集体活动次数的增多，村民的社会参与率却相应降低。

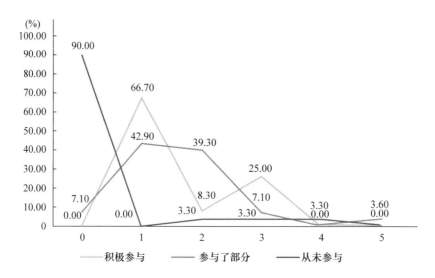

图 5.15　村民参与情况与村干部动员您家的次数交叉图

（二）样本点中农村社区建设中资源利用率

　　社区资源是指能够满足社区居民生活需求的一切自然物质资源和人文的社会文化制度，是一个社区内一切可运用的资源、各方面的力量。社区资源包括人力资源（内含团体与机构组织）、物力、财力、知识与资料、历史传统、生活习俗、发展机会、自然的地理、天然的物质资源、人文社会环境等各方面，只要能有助于社区发展工作的，均应予以发掘、动员与运用。社区的内部资源主要是为住户居民的日常生活服务，具有内部整合性和现实实用性的特点，在帮助住户处理生活中的困难方面起到很大作用，填充了社区管理帮助不到的空间，起到了缓解居民与社区矛盾的作用。对于和自己生活息息相关的社区内部聚合资源，社区居民的知晓程度很高，明显高于对于外部资源获取、使用的知晓程度。

并且随着精准扶贫政策的开展，部分农村地区获得的资源不断增加，在一定程度上推进了社区建设，但是，社区建设中资源不足和资源闲置、浪费的情况同时并存，对资源进行整合利用就显得尤为迫切。资源整合尽管像物质生产那样直观，但却能通过对各种资源的有效联合产生巨大的价值，一方面，通过资源联合能够利用各类资金对农村落后的基础设施进行改造；另一方面，通过对村落文化的整合建构社区规范，使社区居民在享受现代文明的同时提升公民意识。为了了解样本地区农村社区建设中的资源利用情况，本书主要对农村社区建设中社区公共服务设施建设、文化组织建设与人力资源的资源利用率进行分析。

1. 公共服务设施建设资源利用

公共服务设施（Public service facilities）是由公共、服务和设施三个词语或者是公共服务与设施两个词语构成的合成词，是这些词语含义的整合，包括加强城乡公共设施建设，发展教育、科技、卫生、体育等公共事业，为社会公众参与社会经济、政治、文化活动等提供保障。公共服务设施的建设程度从客观上决定了村民的社会活动的多少与范围。在 H 县的调研中，针对公共设施的建设与利用的调查，主要从农村社区中公共场所的分布、村民去公共场所的频率、村中教育设施、医疗设施的建设与村民主观认为的教育与医疗满足程度进行分析。

在 H 县的样本中，74% 的村民表示村里是有公共活动场所的，有 69 个人说村中没有公共活动场所。在所有样本中，有 77 人，占有效样本量的 40.1% 的村民从未去过公共场所，56 个村民表示在每个月都会去公共活动场所。为什么村民的公共场所利用率呈现出这种特点？是否与村中公共场所的数量与质量有关？

表 5.24　　　　　　　　H 县村民去公共场所的频率表

	频数	百分比（%）	有效百分比（%）
每天都去	29	10.7	15.1
每周都去	20	7.4	10.4
每月都去	7	2.6	3.6
偶尔去一次	59	21.9	30.7
从未去过	77	28.5	40.1
合计	192	71.1	100.0
系统缺失	78	28.9	
样本总数	270	100.0	

　　针对上述问题，我们对 H 县村中是否有公共场所与村民去往公共场所的频率两个变量进行交叉分析，得出图 5.16。从图中我们可以看出，村中没有公共场所的样本地，其村民的公共场所参与率是较低的，每天都去、每周都去与每月都去这几个选项皆为 0.0%；对于有公共场所的村落，其村民的公共场所利用频率从高到低所占百分比分别为 15.7%、10.3%、3.8%、30.8%、39.5%；在有公共场所的村落中，从没有去过公共场所的村民也占总样本量的 66.7%。可以看出，对于有公共场所的村落，其公共设施的利用程度虽有所提升，但是在整体层面上，其利用率还是较低的。

　　公共服务设施同样包含村中的教育设施与教育资源的满足程度，在 H 县的调研中，我们了解到有 255 位村民认为村中有幼儿园，176 人表明村中有小学，154 人说村中有初中。对于村中的教育资源是否能够满足需求，仅有 34 人，占总人数的 12.6% 的村民表示完全不能，13.0% 的村民表示村中现有的教育资源完全能满足自己家庭当前的教育需求，剩下 71.5% 的村民认为，村中当前的教育现状在一定程度上是能够满足自己的教育需求的（详见表 5.25）。

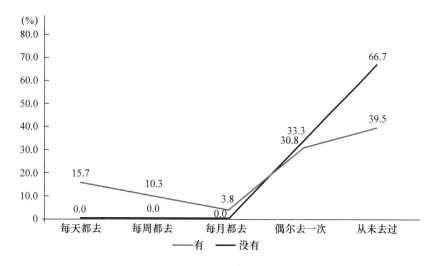

图 5.16　村中是否有公共场所与村民去往公共场所的频率交叉图

表 5.25　　　村民对村中教育资源是否能满足需求认同分布表

	频数	百分比（%）	有效百分比（%）
完全能	35	13.0	13.4
大部分能	54	20.0	20.6
部分能	139	51.5	53.1
完全不能	34	12.6	13.0
合计	262	97.0	100
系统	8	3.0	
	270	100	

　　社区教育是在一定区域内，利用各类教育、文化、体育、科技等资源，开展旨在提高社区全体成员整体素质，服务于区域经济建设和社会发展的教育活动。但近年来，随着农村乡镇区划调整的进一步落实，农村乡镇的规模在不断扩大，城市化发展战略凸显，加快教育布局结构调整进程，优化乡镇教育资源配置来发展社区教育就变得尤其重要。在对 H 县进行调研时，关于农村社区中的教育资源的配置情况主要就当前的教学设施与当地村民的教育需求满足程度来进行数据

收集。

在对数据进行分析时，村中教育资源的利用率一方面要客观地从当前村中的教育资源拥有程度来测量；另一方面要了解村民对于教育资源的主观需求与满足程度。因此，对村中有幼儿园、小学和初中这一变量与村民对教育资源的满足程度进行交叉分析，得出图 5.17。在有幼儿园、小学和初中的村落中，村民表示当前的教育资源完全不能满足自己家庭的教育需求的比例分别为 11.2%、2.3%、2.0%，表示完全能满足自己的教育需求的村民分别占总数的 14.1%、18.6%、22.0%，表示教育资源部分能够满足自己需求的人数占比最高。这说明，在排除少数个人的超高需求外，村中教育资源的利用率相对较高。

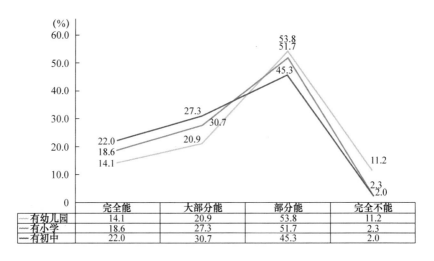

	完全能	大部分能	部分能	完全不能
有幼儿园	14.1	20.9	53.8	11.2
有小学	18.6	27.3	51.7	2.3
有初中	22.0	30.7	45.3	2.0

图 5.17　村中有幼儿园、小学、初中与村民对教育资源的满足程度交叉图

与教育资源相同的还有村中的医疗资源利用情况。当前，我国 80.0% 的医疗资源集中在 20.0% 的大城市，老百姓看病都集中在大医院，导致看病等待时间长，住院床位急缺。健全社区医疗网络，使群众小病进社区，大病进医院是解决我国看病难、看病贵的主要手段之一。"大病进医院，小病进社区"是比较合理的医疗资源配置方

式，社区医疗机构将成为预防保健、基本医疗、健康教育、疾病控制等社区卫生服务的主体。社区医疗提供整合的、便利的医疗保健服务，医生的责任是满足绝大部分个人的医疗需求，与病人保持长久的联系，在家庭和社区的具体背景下工作。因此，社区医疗设施机构与医疗资源的利用情况反映出当地社区医疗的发展程度。

在 H 县调研的总样本量中，有 82.6% 的村民表示村中是有医疗服务站的，仅有 15.9% 的村民表示村中没有医疗服务站。在村中医疗资源能否满足村民的看病需求方面，占比最多的是部分能满足这一选项，共 112 人，占比 41.5%，其次是有 64 人，占比 23.7% 的村民表示完全不能满足自己的看病需求，21.9% 的村民表示村中目前的医疗资源能够满足自己大部分的看病需求，仅有 4.8% 的村民表示当前村中的医疗资源完全能满足自己的看病需求（详见表 5.26）。

表 5.26　　　　　　村中医疗资源能否满足看病需求频率表

	频数	百分比（%）	有效百分比（%）
完全能	13	4.8	5.2
大部分能	59	21.9	23.8
部分能	112	41.5	45.2
完全不能	64	23.7	25.8
合计	248	91.9	100.0
系统	22	8.1	
	270	100.0	

从图 5.18 中可以看出，在有医疗服务站的社区中，其完全能、大部分能、部分能与完全不能的样本占比分别为 6.00%、26.30%、49.30%、18.40%；而在没有医疗服务站的社区中，其占比分别是 0.00%、6.50%、16.10%、77.40%。从中可以看出，在有医疗服务站的社区中的村民看病需求满足程度较没有医疗服务站的需求满足度高，这在一定层面上说明了村民对村中医疗服务站的利用率是较高

的。（详见图5.18）。

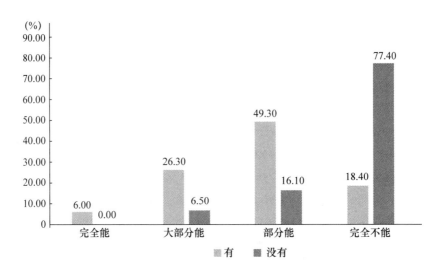

图5.18 村中有医疗服务站吗与能否满足看病需求交叉图

2. 社区文化组织建设资源利用

社区文化（Community culture）是群体组织文化之一，是社区内物质、制度及心理文化的统称。社区文化是指在一定的区域范围内，在一定的社会历史条件下，社区成员在社区社会实践中共同创造的、具有本社区特色的精神财富及其物质形态。社区文化本质上是一种家园文化，具有社会性、开放性和群众性的特点。发展社区文化，可以强化社区群众的主人翁意识，倡导特有的健康的民风民俗，增强社区居民的归属感，维系社区良好的人际关系，提高居民的生活质量。社区文化的范围甚广，从最小的邻里到大城市都可包括在内。社区环境影响着每一个人，因而影响各种人文文化，影响各类设施，也影响学生的成就与行为；每个人都长期在社区中生活，将受社区影响所形成的价值观及行为带入社会，影响民族文化的性质。教育方针、内容、措施、行为及方法等，都受社区文化环境的影响，好的文化为社区培养人才，对社区文化产生良好影响。增强对社区文化资源的利用能够在一定程度上增强村民的凝聚力与向心力，进一步促进农村社区建设。

社区文化资源的利用主要体现在社区的组织发展程度与村民的集体活动的参与程度上。对 H 县的数据进行分析主要是对村中是否有自己的社区组织与村民参加的社会组织的个数层面进行社区文化资源的利用率分析。而村民的社会组织参与率在村中有和没有村组织的情况下整体趋势几乎相同，在有社区组织与没有社区组织的村中，从未参加社区组织的比例分别是89.1%、99.0%，参加 1 个社区组织的比例分别为10.9%、0.0%，参加 2 个社区组织的比例为 0.0%、1.0%，从中可以看出，村中是否有社区组织对于村民的社区组织参与率几乎没有影响，也就是说，在村中有社区组织的情况下，综合各种因素，村民对于社区组织的利用程度是不高的。

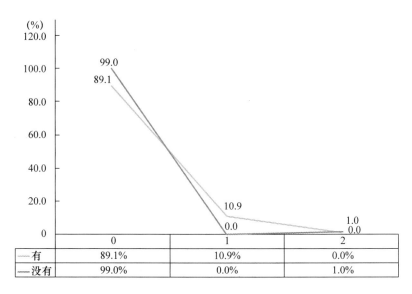

	0	1	2
有	89.1%	10.9%	0.0%
没有	99.0%	0.0%	1.0%

图 5.19　村中是否有社区组织与村民参加了几个社区组织交叉图

3. 社区人力资源的整合与利用

随着社会的不断进步与发展，社区经营正在逐步向企业化经营的方式靠拢，而企业经营的核心就是人力资源，社区的建设也离不开人的参与，群体性的社会人群在社区中的作用日渐突出，因此，社区人力资源的协调与整合，人力资源是否得到合理利用与发挥，这些都成为推进社区建设不可忽视的重要力量。社区社会工作的目标之一是"挖掘社区资源，满足社区需求"，其中资源也包括人力资源。社区人力资源的利用首先就体现在社区活动中村民的参与程度。

从表5.27的H县样本中可以看出，村民在社会动员后的社会事务的参与程度分析可以看出，全部参与的村民仅有9人，占总样本量的3.3%，都没参与过的有3人，占总样本量的1.1%，所占比重最大的是少数参与的村民，共109人，占总数的40.4%，剩余36.6%的村民参与了部分村中的社会活动。整体来说，村民的参与率较高，但是积极参与率较低，农村社区建设中的动员并没有达到预期效果，社区中的人力资源有利用但是利用程度较低。

表5.27　　　　　　　　在接受动员后村民参与程度频率表

	频数	百分比（%）	有效百分比（%）
全部参与	9	3.3	4.1
大部分参与	76	28.1	34.5
一般参与	23	8.5	10.5
少数参与	109	40.4	49.5
都没参与	3	1.1	1.4
合计	220	81.5	100.0
系统缺失	50	18.5	
	270	100.0	

（三）样本点中农村社区建设的满意度分析

社区作为中国城市社会中一种新的社会基本组织形态，已经逐渐被广大市民所普遍认同和接受，成为中国城市社会再组织和城市居民再社会化的工具与载体。其中，居民的社区归属感是决定社区存在和发展的重要前提，它直接来自于居民从社区日常生活中所感受到的满意度，而社区质量又是促进人们对社区满意的根本原因。因此，目前我国城市社区建设的首要任务是努力提高居民的社区生活质量，不断提升人们在社区生活中的满足感，以此促进社区的整体进步。

影响居民社区建设满意度的因素是多方面的，在本次调研中，我们主要从以下三个方面对村民的社区建设满意度进行测量：公共服务设施、村干部的村庄管理与社区活动组织、居民生活的幸福感。这三个层面的测量指标体现在前期与后期调研中分别转化为不同的问题，在前期的调研问卷中，我们对农村社区建设满意度的三个层面的测量的主要问题时村民对村内当前的交通、绿化、卫生与对村干部的满意程度与社区参与结果的满意程度这几个方面。在后期 H 县的调研中在主要从村民对当前村里公共设施的需求满足情况、村干部对村庄事务的管理情况、村民生活是否幸福几个方面进行数据采集、分析，从而得出以下图表。

1. 公共服务设施

公共服务设施（Public service facilities）是由公共、服务和设施三个词语或者是公共服务与设施两个词语构成的合成词，是这些词语含义的整合。公共服务是 21 世纪公共行政和政府改革的核心理念，包括加强城乡公共设施建设，发展教育、科技、文化、卫生、体育等公共事业，为社会公众参与社会经济、政治、文化活动等提供保障。公共服务以合作为基础，强调政府的服务性，强调公民的权力。设施有基础设施和附属设施，其中基础设施是指为社会生产和居民生活提供公共服务的物质工程设施，是用于保证国家或地区社会经济活动正常进行的公共服务系统。社区公共设施指由人民政府、村民委员会、乡镇企业及其他企业事业单位、社会组织建设的用于乡村社会公众使用的或享用的公共服务设施。比如社区文化教育设施、社区医疗卫生防疫设施、社区文艺娱乐设施、社区体育设施、社区社会福利与保障设施、商业金融服务设施、行政管理与社会服务设施等。也就是为社区人口和社会服务的公共建筑设施。

党的十六届五中全会做出了建设社会主义新农村的战略部署。在社会主义新农村建设过程中，大力发展农村文化事业，努力培养有文化、懂技术、会经营的新型农民，既是新农村建设取得进展的重要标志，也是把社会主义新农村建设不断推向前进的基本保证。为落实中央的战略部署，中央文明办、民政部、新闻出版总署、国家广电总局决定，将已开展三期的"万家社区图书室援建和万家社区读书活动"由城市全面拓展到农村，"十一五"期间计划在全国三分之一以上的村委会开展农村图书室援建和读书活动，使两亿多农民由此受益，让这项造福城市居民的民心工程同时也造福亿万农民群众。中央领导同志对此十分重视，原中共中央政治局委员、国务院副总理回良玉同志做出重要批示："发展农村文化事业是新农村建设的重要内容，也是农村发展中一个亟待加强的薄弱环节"。在农村开展图书室援建和读书活动，为亿万农民群众送去读得懂、用得上的各种有益书刊，对造就有文化、懂技术、会经营的新型农民，满足农民全面发展的需求，将发挥重要作用。对这项事关农民切身利益、事关社会主义新农村建设的重要活动，要精心组织，务求实效。

在前期的调研中，对社区内的交通、水电等基础设施的需求满足情况进行了数据采集分析得出表5.28。对于社区内各项公共设施的满意程度分析我们主要采取五分化的方法，将村民对各种设施的满意程度划分为五个层次，即很不满意、不太满意、一般、比较满意、十分满意。在这基础上我们可以进一步将很不满意与不太满意归纳为不满意，比较满意与十分满意归结为满意层面，由此可以使数据更为集中地展现出其变化趋势。

从村民对本社区的交通状况的满意程度方面来看，除去系统缺失的21份数据之外，30.9%的村民对本村的交通状况是比较满意的，另有36.1%的村民认为社区内当前的交通状况一般，除此之外，剩下的33.0%的村民认为当前的交通状况没有达到自己的预期，对本村的交通状况的分析，满意、一般、不满意三个层面各约占三分之一。对于社区内的公共卫生、垃圾清理、社区绿化、社区道路灯光、社区服务等社区内活动的满意程度的分析，居民的十分满意选项所占比例均低于 10.0%，综合满意度（包含十分满意与比较满意两个选项）均低于 35.0%，且除去社区交通、社区卫生与社区绿化三项社区活动外，其他五项社区活动的不满意度（包含很不满意与不太满意）均高于 40%。总体上来说，在前期调研中村民对于村内当前的公共服务设施的满意、一般、不满意的比例为 3:3:4，即大体上满意的占总数的 30.0% 左右，认为当前村内基础设施只能一般满足自己的需求占 30.0% 左右，不满意的比例为 40% 左右，村民对于社区内的各种设施、活动的满意度相对较低，还存在较大的上升空间。

表5.28　社区内村民对社区内各设施、活动的满意程度频率表

		频率	百分比（%）	有效百分比（%）
对本社区内交通状况的满意程度	很不满意	57	8.1	8.4
	不太满意	167	23.9	24.6
	一般	245	35.0	36.1
	比较满意	172	24.6	25.3
	十分满意	38	5.4	5.6
	合计	679	97.0	100.0
	系统缺失	21	3.0	
对本社区内垃圾清理的满意程度	很不满意	80	11.4	11.8
	不太满意	201	28.7	29.7
	一般	231	33.0	34.1
	比较满意	136	19.4	20.1
	十分满意	29	4.1	4.3
	合计	677	96.7	100.0
	系统缺失	23	3.3	

		频率	百分比（%）	有效百分比（%）
对本社区内 公共卫生的 满意程度	很不满意	73	10.4	10.8
	不太满意	193	27.6	28.5
	一般	267	38.1	39.4
	比较满意	119	17.0	17.6
	十分满意	26	3.7	3.8
	合计	678	96.9	100.0
	系统缺失	22	3.1	
对本社区内 道路灯光的 满意程度	很不满意	106	15.1	15.6
	不太满意	197	28.1	29.0
	一般	207	29.6	30.4
	比较满意	141	20.1	20.7
	十分满意	29	4.1	4.3
	合计	680	97.1	100.0
	系统缺失	20	2.9	
对本社区内 社区绿化的 满意程度	很不满意	52	7.4	7.7
	不太满意	135	19.3	19.9
	一般	260	37.1	38.3
	比较满意	180	25.7	26.5
	十分满意	51	7.3	7.5
	合计	678	96.9	100.0
	系统缺失	22	3.1	
对本社区内 社区服务的 满意程度	很不满意	94	13.4	13.9
	不太满意	220	31.4	32.4
	一般	240	34.3	35.4
	比较满意	112	16.0	16.5
	十分满意	12	1.7	1.8
	合计	678	96.9	100.0
	系统缺失	22	3.1	

续表

		频率	百分比（%）	有效百分比（%）
对本社区内健身娱乐的满意程度	很不满意	110	15.7	16.2
	不太满意	220	31.4	32.4
	一般	225	32.1	33.2
	比较满意	109	15.6	16.1
	十分满意	14	2.0	2.1
	合计	678	96.9	100.0
	系统缺失	22	3.1	
对本社区内社区活动的满意程度	很不满意	120	17.1	17.7
	不太满意	202	28.9	29.8
	一般	257	36.7	37.9
	比较满意	85	12.1	12.5
	十分满意	14	2.0	2.1
	合计	678	96.9	100.0
	系统缺失	22	3.1	

在 H 县的调研中，由于问卷的改动，对于公共基础设施的需求满足情况主要通过"您认为当前村里的公共设施是否能够满足您需求？"这一变量来进行数据采集，从数据分析来看，在 H 县 270 份样本中，在不考虑个体情况的条件下，认为当前村里的公共基础设施完全能够满足自己的需求的人数占总样本量的 6.9%，能够满足自己部分需求的村民比例为 79.4%，而认为村里的基础设施一点都不能满足自己需求的村民为总样本量的 13.7%。从上述数据可以看出，H县的社区基础设施的满足程度虽然还有提升空间，但是在整体上还是较好的，有超过五分之四的村民的大部分需求是能够得到满足的。

2. 村庄管理

建设社会主义新农村是新形势下促进农村经济社会全面发展的重大战略部署，是实现全面建设小康社会目标的必然要求，是贯彻落实科学发展观和构建和谐社会的重大举措，是改变我国农村落后面貌的

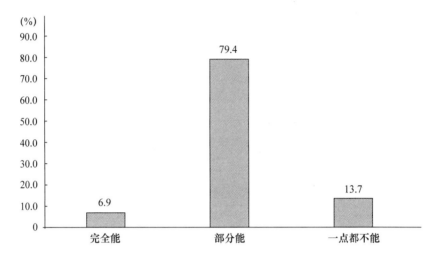

图 5.20   H 县目前村里的公共设施是否满足需求频率图

根本途径，是系统解决"三农"问题的综合性措施。村庄整治是社会主义新农村建设的核心内容之一，是惠及农村千家万户的德政工程，是立足于现实条件缩小城乡差别、促进农村全面发展的必由之路。农村管理问题，主要是就农村的前途、新农村建设的策略、乡镇政权建设、村级组织建设、农村规划管理、公共服务、规范管理、乡村文化建设、农村上访等多个方面进行规划管理，围绕农村工作有什么规律、"三农"问题的核心是什么、新农村建设有什么策略、乡镇管理有什么深层次问题、村民自治制度如何完善、农村规范管理怎么抓等问题，为村民服务，实现村庄与村民的真发展。

村庄的管理包含村庄基础实施与文化建设的方方面面，在前期的调研中，当问及村民对于当前社区居委会干部的满意程度时，11.8%的村民对于当前村内村干部的工作的成果是满意的，但是同时也有24.1%的村民认为当前村干部的工作质量没有满足自己在村内的需求，占比最多的是认为当前村干部的工作一般的有 428 人，占总样本量的 64.1%，即超过总数的一半村民认为现在社区居委会的村干部的工作还是有待提升的。（详见表 5.29）

表 5.29   你对现在社区居委会的干部满意程度频率表

	频率	百分比（%）	有效百分比（%）
满意	79	11.3	11.8
一般	428	61.1	64.1
不满意	161	23.0	24.1
合计	668	95.4	100.0
系统缺失	32		

在社区的文化建设方面，主观感受体现在社区内民众对于社区内活动的结果满意程度，我们可以看出，在已有的 162 份数据中，对社区活动满意（包含非常满意与比较满意两个选项）的民众占总数的 44.5%，共计 72 人；对社区活动结果认为一般的同样也占总人数的 46.9%，这表明在对社区内的社会活动的开展结果各有接近一半的村民是感觉满意或一般的；除此之外，尚有 8.6% 的村民对社区活动的结果不太满意，但占比较低。

表 5.30   您对参加的社区活动结果满意程度频率表

	频率	百分比（%）	有效百分比（%）
非常满意	10	1.4	6.2
比较满意	62	8.9	38.3
一般	76	10.9	46.9
不太满意	14	2.0	8.6
合计	162	23.1	100
系统缺失	538	76.9	

是什么影响了村民对于村干部与社区活动满意度的结果？从表中可以得出，对于村民对社区活动结果的满意程度的相关影响因素中，被调查者的家庭年收入以及村民对现在社区居委会的干部满意程度对

于其社区活动的满意程度影响力最大，其相关系数分别为 -0.193、
0.301，即两个变量分别在 0.05 与 0.01 水平（双侧）上显著相关。
被调查者的家庭收入与社区活动满意程度之间呈现负相关关系，根
据问卷调查选项分布可以大体得出家庭收入越高村民的社区活动的
满意程度越高的结论，对于社区活动满意程度与村干部满意程度之
间的正相关关系可以解释为：社区内村民对村干部的满意程度越高
对于社区活动结果的满意度也越高。对于另一变量村民对于当前社
区居委会的干部满意程度的相关性分析，同样的从下表中我们可以
得出，村民对于村干部的满意程度与被调查者的职业、被调查者的
家庭年收入、村民对参加的社区活动结果满意三个变量之间皆在
0.01 水平（双侧）上显著相关，相关系数分别为 0.122、-
0.102、0.301，即有正式且稳定职业、家庭收入越高、对村内当
前的社区活动结果满意程度越高的村民对村干部的满意程度越高，
反之满意度则越低。

表 5.31　　村民的社区活动结果与村干部满意程度相关系数表

		您对参加的社区活动结果满意吗	你对现在社区居委会的干部满意程度
被调查者的性别	Pearson 相关性	0.042	-0.008
	显著性（双侧）	0.595	0.836
	N	162	668
被调查者的政治面貌	Pearson 相关性	0.073	0.062
	显著性（双侧）	0.359	0.11
	N	162	668
被调查者的学历	Pearson 相关性	-0.062	0.054
	显著性（双侧）	0.43	0.161
	N	162	667

		您对参加的社区活动结果满意吗	你对现在社区居委会的干部满意程度
您在这个社区（村庄）的居住时间	Pearson 相关性	− 0.138	0.024
	显著性（双侧）	0.084	0.531
	N	159	665
被调查者的职业	Pearson 相关性	0.053	0.122 **
	显著性（双侧）	0.504	0.002
	N	162	668
被调查者的家庭年收入	Pearson 相关性	− 0.193 *	− 0.102 **
	显著性（双侧）	0.014	0.009
	N	162	667
您对参加的社区活动结果满意吗	Pearson 相关性	1	0.301 **
	显著性（双侧）		0
	N	162	159
你对现在社区居委会的干部满意程度	Pearson 相关性	0.301 **	1
	显著性（双侧）	0	
	N	159	668

＊＊. 在 0.01 水平（双侧）上显著相关。

＊. 在 0.05 水平（双侧）上显著相关。

上述的控制变量与因变量的关系尽管存在差异，但部分变量之间显著相关，从而为模型分析提供了依据。表 5.32 呈现了村民对于当前社区活动结果的满意程度线性模型分析结果，多数主要自变量对村民当前的社区活动结果满意程度的影响是较不显著的，只有被调查者的职业这一变量与当前社区结果满意程度之间有显著相关性，此变量与因变量之间在 $p < 0.05$ 模型统计上有意义的，（R − Squared = 0.116，Adj R − Squared = 0.086）。根据表 5.35 我们得知，村民的社区活动结果满意程度与村民当前的家庭收入、对村干部的满意程度相关，但是通过下表的模型中可以看出，除了被调查者的职业这一变量外，被调查者的政治面貌、性别、对村干部的满意程度与因变量之间

皆没有显著相关性。就被调查者职业这一变量而言，被调查者的职业在一定程度上反映出村民的社会阶层，当村民的职业越稳定、收入越高时其对于社区活动结果的满意程度也是随之增高的，即村民对于当前社区活动结果的感受除了外在活动的客观举办情况这一影响因素外，还与村民自身所处的社会阶层与自身认知有关。

表5.32   您对参加的社区活动结果满意程度线性模型

	系数	标准误差
（常量）	2.385	0.417
被调查者的职业	−0.014	0.027 *
被调查者的政治面貌	0.009	0.069
您在这个社区（村庄）的居住时间	−0.138	0.077
被调查者的性别	0.036	0.116
你对现在社区居委会的干部满意程度	0.358	0.089

注：* $p < 0.05$，** $p < 0.01$。

在后期的 H 县调研中，针对村庄管理的问题主要就 H 县村民对本村村干部事务管理认可程度进行数据采集分析，得出表5.33。从下表中可以看出，H 县的270份样本中，除去缺失样本2个之外，有76人认为当前的村干部对于村庄事务管理的较好（包含非常好与比较好两个选项），占总样本量的28.4%，相反地，认为当前村内村干部对村中事务管理并不到位（包含有点不好与非常不好）的村民有77人，占总样本比例的28.7%，当然，在所有样本中，还是认为当前村干部对村庄事务管理一般的人数所占比例最高，占总数的42.9%。总的来说，对于当前村干部的村庄事务管理能力认为较好或不好的比例大体持平，两者比例之和约占总样本量的二分之一，同时，也有接近一半的村民对于村干部的事务管理情况是不够关心或是认为村干部的村庄事务管理能力是需要提升的。

表 5.33　　　　H 县村民对本村村干部对村庄事务管理认可频率表

	频率	百分比（％）	有效百分比（％）
非常好	16	5.9	6.0
比较好	60	22.2	22.4
一般	115	42.6	42.9
有点不好	47	17.4	17.5
非常不好	30	11.1	11.2
合计	268	99.3	100.0
系统缺失	2	0.7	

3. 自身生活幸福程度

生活的幸福程度主要从自身主观出发，是一种客观因素起影响，主观因素起决定作用的感受，可以称为幸福感。幸福感是一种心理体验，它既是对生活的客观条件和所处状态的一种事实判断，又是对于生活的主观意义和满足程度的一种价值判断。它表现为在生活满意度的基础上产生一种积极心理体验。而幸福感指数，就是衡量这种感受具体程度的主观指标数值。"幸福感指数"的概念起源于 30 多年前，最早是由不丹国王提出并付诸实践的。20 多年来，在人均 GDP 仅为 700 多美元的南亚小国不丹，国民总体生活得较幸福。"不丹模式"引起了世界的关注。人们也普遍认为：幸福指数，是体现老百姓幸福感的"无须调查统计的"反应，是挂在人民群众脸上"指数"。幸福感的指标可以分为三种，首先是 A 类指标：涉及认知范畴的生活满意程度，包括生存状况满意度（如就业、收入、社会保障等）、生活质量满意度（如居住状况、医疗状况、教育状况等）。B 类指标：涉及情感范畴的心态和情绪愉悦程度，包括精神紧张程度、心态等。C 类指标：指人际以及个体与社会的和谐。

十九大报告也提出，要坚持以人民为中心的发展思想，必须始终把人民利益摆在至高无上的地位。认真贯彻党的十九大精神，开展了整治"群众最不满意的十件事"活动，解决人民群众最关心、最直接、最现实的利益问题，提升"民生三感"，即获得感、幸福感、安全感。获得感、幸福感、安全感，是建立在物质与精神生活得到相应满足的基础之上的。它的提出，是对新时代社会主义主要矛盾转化的呼应，是在满足人民群众对富裕物质生活追求的同时，顺应人民对美好生活的向往而注重精神层面诉求的真切回应。比如，新中国成立前后一段时期，人民的幸福指数是吃饭穿衣、解决温饱，生活要求非常简单，居住环境更谈不上，所以也没有"三感"这个名词。现在不同了，穿衣个性化、时尚化、潮流化，饮食多样化、口味化、营养化，人民群众的生活丰富多彩。所以说，现在提出"民生三感"是时代的需要。

"民生三感"，客观上是一个有着内在关联并能够综合代表民生质量的整体。获得感是基础，幸福感与安全感是提升。幸福感是社会发展状况及问题的"风向标"，幸福感高，群众对社会的认可度就高；幸福感低，人们就会焦躁不安，获得感也就消失。对于群众幸福感的测量最主要的是从其生活的幸福程度进行测量分析，在 H 县的调研中，当问及村民"你认为你现在的生活是否幸福时"，有28.8%的村民表示当前的生活是不幸福的（包含很不幸福与比较不幸福）；45.9%的村民认为当前的生活只是一般，还能够过得去；29.2%的村民认为当前的生活挺幸福（比较幸福与非常幸福）。从中可以看出，在幸福、一般与不幸福三个选项中，占比最高的是一般，有124位村民认为当前的生活幸福感一般，谈不上幸福，但是也没有不幸福，认为当前生活幸福与不幸福的村民人数在样本中占比是基本持平的，其人数分别为79人与67人。综上所述，H 县的村民生活幸福感总体上是较好的，认为当前生活不幸福的人数约占总人数的五分之一，但是，明确表示当前生活比较幸福的村民也仅占总数的三分之一，尚有不断提升的空间。

表5.34　　　　　　　　　H 县村民生活是否幸福频率表

	频率	百分比（%）	有效百分比（%）
很不幸福	7	2.6	2.6
比较不幸福	60	22.2	22.2
一般	124	45.9	45.9
比较幸福	67	24.8	24.8
非常幸福	12	4.4	4.4
合计	270	100.0	100.0

　　村民对于自身生活的幸福感除了直接的生活幸福程度的数据采集之外，还可以从村民对于所在社区的归属感与评价结果进行分析，这一变量的数据分析也从侧面反映了村民当前的生活状态与生活态度。从图5.21 中可以看出，20.1%的村民认为当前所生活的村落较周围其他村来说要好，但同时也有24.5%的村民认为现在生活的社区没有其他社区发展得好，同样的还有55.4%的村民感觉自己生活的村落和其他村相同。与上表5.34 中的数据分析结果相比，认为自己村落较其他村好的比例有所降低，与其他村相同的比例则超过50%。村民生活的幸福感与对自己村的认可程度的分布比例总体上是相似的，在生活幸福感的测量中认为当前生活幸福感一般的村民所占比例最高，在自己村与其他村落的比较中，也是认为自己的村与其他村相同的比例最高，总的来说，村民对于自己意愿的表达与生活的描述方面在一定层面上存在一定的欠缺，可能存在对周围环境了解较少的情况，虽然村民的生活幸福感与对村落不认同感所占比例并不高，但是也需要进一步采取措施提高中间层次村民的生活幸福感与村落认同感与自豪感。

　　幸福感在心理指向上表现的是健康的生活方式、心态以及生活价值观念。幸福感不仅仅是有关社会制度和社会结构改革与实践的参考值，也是构建文明和文化社会的基本标准。幸福感的影响因素从整体

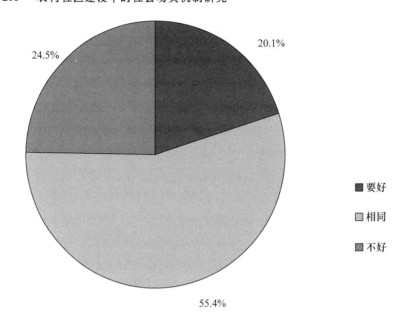

图 5.21　H 县村民认为自己村是否比周边村好分布图

上来说可以分为三个方面：第一，心理参照系。就社会层面而言，其成员的幸福感将受到他们心理参照系的重大影响，例如在一个封闭社会中，由于缺乏与其他社会之间的比照，尽管这个社会的物质发展水平不高，但由于心理守常和习惯定势的作用，其成员便可能知足常乐，表现出不低的幸福感；而一个处在开放之初的社会，面对外来发达社会的各种冲击，开始了外在参照，因此，其成员的幸福感便可能呈现下降之势，因为此时他们原有的自尊受到了创伤。第二，成就动机程度。人们的成就需要决定他们的成就动机程度，成就动机程度又决定其预期抱负目标。其中人们对于自身成就的意识水平是一个重要环节，因为如果人们意识到的自身成就水平高于他们的预期抱负目标，那么，便会产生强烈的幸福感；反之，如果人们意识到的自身成就水平低于他们的预期抱负目标，则不会有幸福感可言。第三，本体安全感。它指的是，个人对于自我认同的连续性、对于所生活其中的社会环境表现出的信心。这种源自人和物的可靠感，对于形成个体的信任感是极其重要的，而对于外在世界的信任感，既是个体安全感的基础，也是个体抵御焦虑并产生主观幸福感的基础。因此，人的幸福感有时与其经济状况或收入水平之间并未呈现出简单的正相关系，在现实生活中，一些经济状况不佳的人，其幸福感却不低，而有些百万富翁却整日忧心忡忡。

通过上述描述并结合问卷数据分类，我们主要就样本的基本社会变量与主要的村中基础设施完成程度、对当前村干部的满意程度、当今社会是否公平等几方面与村民的生活幸福程度这一变量进行相关性分析，得出表5.35。从表中可以得出，H县村民的生活幸福程度与其自身的受教育程度、职业、是否是贫困户、家庭年收入、村干部对村庄事务管理如何、自己村是否比周边村好、健康状况、当今社会是否公平均显著相关，其相关系数分别为0.191、0.162、0.297、0.295、-0.281、-0.288、0.267、0.372，均在0.01水平（双侧）上显著相关。

在上述几个显著相关的变量中，首先，受教育程度与健康状况在个人生命历程理论的基础上反映出了个人经历对于其幸福感的影响程度，其相关系数分别为0.191与0.267，均呈现出正向相关的趋势，这表明受教育程度越高、身体越好的村民的生活幸福感越高。其次，从社会阶层角度进行分析，社会阶层是指一个社会按照社会成员各自掌控社会资源的多少必然要分为不同的社会阶层。随着社会资源在不同阶层间的变化，各社会阶层进行着认同、分化，对于阶层的主要划分依据就是经济水平。普约尔（Carles Muntaner）在对社会阶层的研究中，把就业关系引入了生产性资产的所有权和控制权的社会关系中，以分析经济（如收入）、权力（职业等级）和文化（如教育）资源等方面的不平等①。李中明认为随着社会分层的发展，居民之间的

---

① Carles Muntaner, Carme Borrell, Christophe Vanroelen, Haejoo Chung, Joan Benach, Il Ho Kim, Edwin Ng, "Employment relations, social class and health: A review and analysis of conceptual and measurement alternatives", *Social Science & Medicine*, 2010, 71 (12).

利益关系随之相应变化，导致一系列经济社会问题，潜藏着一定的社会矛盾和冲突①。在上述几个相关变量中，受访者的职业、是否是贫困户、家庭年收入则反映出其当前的社会阶层，其相关系数分别为 0.162、0.297、0.295，也是呈现正向相关，即受访者的职业越稳定，收入越高、不是贫困户的生活满意度则越高，反之则降低。再次，村民对于当前社会是否公平的认知则从社会公平理论的角度对村民的生活幸福感进行了分析，社会公平理论的基本观点是：当一个人做出了成绩并取得了报酬以后，他不仅关心自己的所得报酬的绝对量，而且关心自己所得报酬的相对量，因此，他要进行种种比较来确定自己所获报酬是否合理，比较的结果将直接影响今后工作的积极性，比较有两种，一种比较称为横向比较，一种比较称为纵向比较。村民的社会公平认知与其生活幸福程度认知的相关系数 0.372，同样是正向相关，即认为当今社会越不公平的村民其生活幸福感越低，而认为当今社会比较公平的村民的幸福感则较高。最后，村干部对村庄事务管理如何、自己村是否比周边村好两个变量则与村民的生活幸福感呈负向相关关系，相关系数分别为 -0.281、-0.288，村干部对村庄事务管理如何的选项依次分别是非常好、比较好、一般、有点不好、非常不好五分变量，而"您认为自己村是否比周边村好？"的选项是要好、相同、不好三分变量，从这两个变量与村民的生活满意程度的相关系数可以得出，认为当前村中村干部对村中事务管理较好，且对于本村的认同感较高的村民的生活幸福感高，反之，村民的幸福感则较低。

---

① 李中明：《我国现阶段居民消费分层研究》，硕士研究生论文，西南财经大学，2010 年。

表 5.35　　　　　　　H 县村民生活是否幸福相关系数表

		生活是否幸福
性别	Pearson 相关性	− 0.054
	显著性（双侧）	0.376
	N	270
年龄组	Pearson 相关性	0.005
	显著性（双侧）	0.931
	N	266
受教育程度	Pearson 相关性	0.191 **
	显著性（双侧）	0.002
	N	270
是否信教	Pearson 相关性	0.006
	显著性（双侧）	0.916
	N	268
职业	Pearson 相关性	0.162 **
	显著性（双侧）	0.008
	N	268
是否贫困户	Pearson 相关性	0.297 **
	显著性（双侧）	0
	N	269
家庭年收入	Pearson 相关性	0.295 **
	显著性（双侧）	0
	N	243
目前村里的公共设施是否满足你的需求	Pearson 相关性	− 0.042
	显著性（双侧）	0.497
	N	262
村干部对村庄事务管理如何	Pearson 相关性	− 0.281 **
	显著性（双侧）	0
	N	268
自己村是否比周边村好	Pearson 相关性	− 0.288 **
	显著性（双侧）	0
	N	269

		生活是否幸福
婚姻状况	Pearson 相关性	0.002
	显著性（双侧）	0.968
	N	270
健康状况	Pearson 相关性	0.267**
	显著性（双侧）	0
	N	269
是否是党员	Pearson 相关性	−0.092
	显著性（双侧）	0.132
	N	269
当今社会是否公平	Pearson 相关性	0.372**
	显著性（双侧）	0
	N	270

＊＊. 在 0.01 水平（双侧）上显著相关。

＊. 在 0.05 水平（双侧）上显著相关。

　　鉴于上述表格中的相关系数分析，在此主要在社会阶层、个人生命历程理论与社会公平等理论下，对 H 县的村民生活幸福感进行模型分析，在此变量线性模型分析中 R - Squared = 0.323，Adj R - Squared = 0.302，总体具有较高的显著性。在其中的变量中，有自己村是否比周边村好、是否贫困户、当今社会是否公平与村民的生活幸福程度无明显相关性，相关性为 0.072、0.111、0.057。但是，在生命历程理论的背景下进行的模型分析中，受访者的受教育程度与健康状况这两变量具有显著相关性，受访者的受教育程度越高、健康状况越好，其生活幸福感越高。而在村民的社会阶层中，受访者的职业对于其生活的幸福感的影响是不可忽视的，即当前职业是农民的村民的生活幸福感明显低于企业老板的生活满意程度，同样的村干部对村庄事务管理结果也影响了村民的生活幸福感。这表明，在如何提升村民的生活幸福感方面，首要需要关注的就是村民的自身发展能力的建设与村落的管理与政策落实情况。

表 5.36　　　　　　　　H 县村民生活是否幸福线性模型

	系数	标准误差
（常量）	1.596	0.386
受教育程度	0.026	0.047*
职业	0.027	0.017*
自己村是否比周边村好	−0.177	0.072
村干部对村庄事务管理如何	−0.068	0.048*
是否贫困户	0.454	0.111
健康状况	0.155	0.047*
当今社会是否公平	0.304	0.057
村民的团结程度	−0.094	0.054

注：$*p<0.05$，$**p<0.01$。

（四）村民参与社区建设中存在的主要问题

通过上文对当前农村社区建设参与现状的描述，可以发现我国在农村社区建设过程中，农民参与社区建设活动存在着诸多不足，本文结合上述对农民参与现状的调查研究，分析和归纳农民参与所面临的主要问题，本书研究农民社区参与的问题方面，主要从个体问题、社会结构问题以及动员方式三个方面出发。

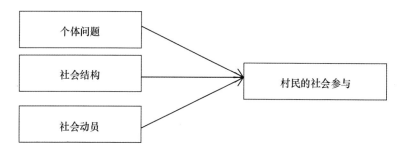

图 5.22　村民社区建设中社会参与存在问题分析框架

1. 个体层面

（1）心理问题

第一，社区居民关注自身利益，参与意识淡薄

农村社区建设不是单纯的删小村拼大村、平房换楼房、分散到集中的过程，而是通过各项资源的优化与组合实现内在价值的最大化，不仅是外在乡村面貌的变革，更是内在乡村关系的重构。农村社区是为农民而建，这一构建过程必须坚持以农民为本，切实保护而不是损害农民的权益，使所有农民都能参与发展的过程并且享受到社区发展的成果。马克思在研究了生产力和生产关系的辩证运动之后指出："物质生活的生产方式制约着整个社会生活、政治生活和精神生活的过程。"从社区建设的进程来看，各地都把社区建设与新农村建设紧密结合，政策性的强力推进是社区快速发展的重要因素，由此形成了农村社会的制度规划性变迁。但农民对农村社区的归属感和受益感并不强，认为只是政府推进的结果，和自己关系不大。

从上述对问卷信息的整理分析中可以直观地发现，农村社区建设存在着一个较为严重的问题便是农民参与兴趣较低，参与意愿不强，从而阻碍社区建设政策方针的执行，其参与的动力主要是所参与的活动是否"有利可图"。并且随着居民群体构成越来越复杂，思想观念和生活方式等呈现多元化，社区居民在对资源整合和利用的认识上的差异越来越大。在访谈中，提到是否有意愿参与社区活动或是否对社区建设所开展的活动表现出兴趣时，多数受访者的回答是否定的。有关为什么不参加社区活动的回答最多的便是："平时上班忙，就算是想去也没有什么时间。""一般是怕牺牲个人休息时间呗，其次是忙于自身工作和家庭，对社区工作不甚关心。""如果有一些高回报率的礼品，比如 ipad、iphone 等等。"还有一位大爷这么说道："我刚退休，这么多年在铁路上到处跑，也不想参与这个村里边的这些事了。我们村里没有这个能人呀；村里人不参与社区活动的事也是因为没有控制，不像单位一样有控制，这没控制大家，想不去也就不去了；现

在人心不齐，组织不起来，没有时间也没有兴趣参与，常年在外工作，也不太与外部接触和来往。"

"平常也没啥集体活动了。最近这个村里一直都没有什么集体活动，也没有人组织，这时间都忙着勒，正忙着勒。反正现在就是没有人组织，我也不想去，就是有人组织了也不去，去了没啥事，不就是浪费时间嘛，要是组织了，我也不去。他（村干部）一般来进行宣传就会把宣传的东西说得可好了，然后告诉你对你有什么可利用的条件，农村人嘛，有什么小恩小惠就会去，反正我就是这种感觉。接受动员是因为别人都弄呀，他有的时候就说政府补贴什么的，你看别人都弄，你一家不弄，就有点尴尬。"CT 村一位阿姨说道。

当问及村民觉得如果要提升村民参与村庄事务的积极性和参与率，应该如何做时，一位村民如此回答道："给村民更多的报酬吧。像我们这些农村的，经济上都困难，可是你多少给点报酬，多少给点钱，肯定参加的人就多嘛。就上次，也就去年村上妇联主任组织的跳舞比赛，这个活动平常也没组织过，就去年组织了一次，我在家看孩子就参加，我们村里有别人去，有十五六个人参加，就去年正月份，在上面我们村那广场上跳广场舞。比赛完之后就给奖励嘛，多少会给点，她们十五六个人都有的嘛，一个人也就给二三十块钱，就是跳广场舞需要的东西就她们自己掏钱买，村里面给没给钱，买东西我也不清楚，去年我也没参加。我就觉得要是多少给点报酬啥的，肯定参加的人会更多。"

从中我们可以看出其背后所要表达的是参加活动所消耗的时间成本与活动过程预期获得的利益之间不均衡，即他们认为花费了大量的时间却得不到相应的收获。如果我们试从社会交换理论的视角进行剖析就很容易加以解释。当今社会生活节奏的加快，提升了我们的时间的单位价值，如果社区没能举办具有一定意义的活动，很难吸引社区居民花费时间来参与活动，再加上社区居民本身对于社区活动的冷漠态度就更难促使这种交易达成有效共识。这也使得居民更愿意花费时间在他们认为能获取最大利益的事情上而非参加社区活动。

第二，村民对社区建设重视程度不足

问卷信息展现出农民对社区建设的重视程度存在不足。在社区活动与自身事务时间相冲突的时候，多数农民选择放弃社区活动，从事自己的事务。从中可以看出农民对社区的归属感不足。对访谈的信息进行整理会发现一个奇怪的现象，即多数居民会对社区建设的进展以及社区活动的相关信息会有着很强的求知欲，但本身对于某一具体的社区活动却表现出很冷漠的态度。当然其中的原因是多元性的，如自己的空余时间与活动时间的冲突等，但其中有一点至关重要，即信息的沟通与反馈的途径不明确。

> 访问员：我想问一下，应该有影响是居民通过什么来影响？（居民对政府开展活动有没有影响？）
>
> LN（男，40岁）：首先就是需要有这么一种渠道给居民向政府传达意愿的传递意见的一种方法途径。
>
> 访问员：那您是说现在没有这样一个渠道么？这是为什么呢？
>
> LN（男，40岁）：可能没有一个这样的渠道吧，有的话也就形同虚设没起到什么作用，居民反映了但没有回应，就不了了之了。
>
> 访问员：那您知道社区办公室的具体位置么？
>
> LN（男，40岁）：我不知道，但是别人我就不知道了。
>
> 访问员：那如果您知道了，您也有需要，您回去那里提建议么？
>
> LN（男，40岁）：不会。
>
> 访问员：为什么呢？
>
> LN（男，40岁）：因为就是我提了也没什么实质性的意义。
>
> 还有村民如此说道："这和我有什么关系，不管我的事啊，

都是村干部、村里书记的事情啊，是他们的责任，他们是干部，这是他们的义务，和我们关系又不大，而且说了又有什么作用吗？"

在现在的社会活动中，一般群众多被从众心理左右，而在从众心理的条件下，群众参与的出发点又是从自身利益出发，较少考虑到集体。从众心理即指个人受到外界人群行为的影响，而在自己的知觉、判断、认识上表现出符合于公众舆论或多数人的行为方式，而实验表明只有很少的人保持了独立性，没有被从众，所以从众心理是部分个体普遍所有的心理现象。而集体意识其现实表现形式往往是集体无意识。其对某一类行为的认同接受和行为是经过长期潜移默化的结果，往往表现为自然而然的遵从和无条件的接受。对集体的认同来自远古时代人类集体生活的经验，远古恶劣的自然环境迫使人类必须集体生活和行动，离开集体意味着个体的灭亡。这种生活体验深深烙印在人类的大脑中，慢慢变成一种集体无意识，深入人类的潜意识。集体意识可以说是人类与生俱来的本能。在从众心理指引下的行动有可能会提升集体意识，但是，在上述的案例中可以发现，在这种心理下的村民的参与意识是降低的。由此可见，基层社区建设动员主体与社区居民在信息上的沟通障碍，导致动员主体所宣传的"集体意识"很难让多数参与者所理解，而社区居民也会因信息的不对等性抱怨、质疑社区建设活动，因此会导致冷漠、拒绝的情绪，这些都不利于社区建设工作的开展。

（2）行为问题

第一，农民参与社区建设活动频率较低，获取社区活动信息渠道少

从问卷所呈现出来的信息可以归纳出，农民参与社区建设频率较低，时间投入有限并且参与方式大多选择间接式参与形式。我们也可以从访谈的资料中同样找到相似的信息。如：

访问员：您平时会主动参与社区活动或社区建设吗？

YCF（女，67 岁）：不会。

访问员：从来都没有参加过么？

YCF（女，67 岁）：你是说社区组织的活动么？

访问员：对。

YCF（女，67 岁）：没，我印象中是没有的。

访问员：那您平时会主动关注所在社区的公共事务吗？

YCF（女，67 岁）：这个我真不了解，说实话我都不知道在哪。

访问员：就是说，您不太了解是因为不知道他在哪里发布信息，您没有获得这个信息，是么？

YCF（女，67 岁）：是这样，我觉得，一方面是我可能没关注到，我不会主动去找，但是第二个原因是，他也没让我知道，他也没说想让我们知道什么的，也很少宣传这方面吧，我觉得，起码我是没感受到。

关于社区所要开展的集体活动的前期，部分受访者表示很少关注这方面的信息，也不怎么会主动收集相关内容，活动的开展通知往往是通过传统的方式进行宣传，或是社区工作人员直接上门告知相关信息。

（关于社区活动宣传）

访问员：那您会主动关注一些什么东西呢？社区里的。

LSJ（男，48 岁）：社区里的都不怎么会吧，一般都是被动接受。就是社区里放个大喇叭在那宣传，听到了就听到了，不太会主动地去了解。

……

访问员：那他们有没有宣传什么卫生啊，健康啊还有什么之前中国梦的宣传他们也没有跟你们主动地接触么？

LSJ（男，48岁）：这些一般都是在各个小区的门口公告栏里贴出来啊，或是画个板报什么的，一般看一眼就过去了。

综上信息可以发现，社区建设的开展是社区作为一个有机的整体进行相互协作的过程，活动的动员主体、动员方式、客体的接收能力以及最终的内化都决定着社区活动是否能够正常的开展。

第二，社区参与层次不够深入，农民参与仍处在表象行为层面

本文可以将社区活动参与客体主要分为以下几个群体：首先是真正意义上的社区活动参与者，这部分人对活动的流程、目标有着清晰的了解，对于活动所要达到的结果有着一定的预期，主要包括社区活动的策划者、组织者。但这部分人数量十分有限。其次是强制性参与群体，包括活动的协助者、特殊身份的强制要求等，他们对活动有着一定的了解，多数掌握活动的相关信息，但是信息比较片面不够完善，对于活动背后想要表达的期许认识不足。最后是活动的动员客体，这部分人是活动参与的大多数，他们参与活动可能是因为自己有着大量的时间可以用来自由支配，可能是出于受到活动期间所要派送的物质奖品的诱惑，也可能是自己身边小团体的鼓动等。他们更多的是表现出参与的行为，对于活动的深层意义甚至活动本身都不是很了解。但他们却是当前社区建设活动中的绝大多数。

在上述有关农民在社区建设活动中所扮演的参与角色的调查信息很明确地表示出76.41%的参与者表示他们参与社区活动仅仅是作为普通的参与成员，其参与行为的可持续性以及对活动所能做出的建设性的反馈都是不确定因素。而这种不确定性对于所要举办的活动的前期规划与宣传会产生一定的阻碍，并且这种不确定因素的累计也会致使活动的取消或拖延。综上可以看出，真正有利于推动社区建设的因素所占的比例仍然较低，这也是动员主体在落实社区建设政策所面临的重要阻碍。

　　BL村一位村民如此说道："现在社会不太公平，现在这个权势、权力太厉害了。有点啥事咱们基本都不知道，也不通知咱们这边；我喜欢住这儿，我住着都不想出去；村里人认识我，我不认识人家，咱们这个眼不管事；现在人都大众化了，现在这个老头老太太都新潮；这些文化场所我也不参加，光去看看跳舞唱歌。"

　　村民ZJX（男，61岁）认为："村里头一直以来都没有什么集体性活动，逢年过节都没有什么特殊的活动。"除此之外，在调研中，据描述，某村2017年10月左右，村前土地有移动公司开始修建基站，但是没有任何人向村民解释或告知村民具体的原因或者商量过，引起村民的不满，差点与工人发生肢体冲突，已经报警，工地随后停止施工，至今为止没有人再提及此事，也没人告知负责人是谁，村民们认为土地是自己赖以生存的工具，这种行为是对自己土地的侵占。在这个事件之后村民认为现在村子里的人们都不怎么团结，事不关己高高挂起，因而现在对于村里的事也是碍于面子参与部分村干部通知需要去的，其他能不去的都不会去。

　　村民WN认为："他（村干部）一般来进行宣传就会把宣传的东西说得可好了，然后告诉你对你有什么可利用的条件，农村人嘛，有什么小恩小惠就会去，反正我就是这种感觉。接受动员是因为别人都弄呀，他有的时候就说政府补贴什么的，你看别人都弄，你一家不弄，就有点尴尬。"

2. 社会结构
（1）村民参与资源整合的动力不足
农村社区是新农村建设发展到一定阶段、基础设施建设基本完成后农村社会发展的方向，是提升农村居民的政治地位、发挥其主体作用的重要途径①。社区内部包括社区居委会、社区党总支、物业、各居民团体组织等在参与社区资源整合与利用上认知程度也存在差异性，未能达成一致意见，导致各组织在具体行动上存在较大差异，出现资源丰富的部门积极性不高，积极性较高的部门又缺乏人力、资金、设施等资源的不对称现象。社区社会工作者主张社区资源的合理化应用，让每一份资源都发挥其作用，显示其价值。但由于当前农村社区建设中的资源整合主要采取行政办法推动、资源整合能力不足与社区组织发展缓慢等客观现实条件的限制，使得社区并没有真正的整合社区资源加以利用并服务社区，比如社区居民对社区运动工厂等资源产生的价值认识不足，不愿主动参与利用这部分资源，从而导致资源闲置浪费的现象始终存在。

社区建设的资金主要来源于三个部分：村民自筹、村集体经济和政府财政投入。农村社会既有的现实是村庄集体掌握着重要生产资料，广大原生农民绕着集体土地形成了相应的社会关系。集体和村民以土地为基础的经济联系要求集体在社区建设中提供相应的资金支持，但事实上，由于集体经济的欠发达，多数地区的乡镇企业建设发展进入停滞状态，使集体经济投入严重不足。村民受经济条件约束，主观上进行资源整合的动力不足，客观上也缺乏建设社区的足够财力；政府对农村社区建设的资金支持大多为社区内公共服务设施且数量有限。除了这三部分资金之外，部分地区以社区建设为名吸引了社会资金进入农村，却在一定程度上变成了房地产开发，引进的社会资金违背了社区建设的初衷。

LJ 村村民说："咱们这个村就是没有副业，都靠到外面干点活儿，给人家种点儿花草挣点零花钱；现在给你个塑料盆啥的让你买东西上当这个，这个咱们不上这个当，咱没这个钱；现在反

---

① 王晓征：《农村社区建设和发展中的资源整合研究》，博士学位论文，华中师范大学，2014 年。

正上面有人的就好点，咱们这个没人的就不好点，也没有这个绝对公平的，真正这个政府的能信任，就是下来的这个骗人的咱们买东西还是要上正规超市买东西去，要不然好呢坏呢找不到人儿。"

（2）社会公平认知较低

公平正义是一项重要的社会价值，它回答的是社会资源应当如何分配才合理的问题，对于维护社会的和谐与稳定具有重要意义。就我国来看，公平正义是社会主义的本质要求。近年来，随着收入分配差距加大、公共服务的城乡差距加大等社会问题的日益显现，党和国家陆续出台了一系列方针政策促进社会公平正义，以切实增强广大人民群众的获得感。促进社会公平正义离不开系统了解当前的社会公平正义状况，而社会公平正义认知也是其中的重要内容①。那么，对于民众来说，公平正义是不是一项重要的社会价值？其重要程度如何？在调研中问及受访者"你认为当前的社会是否公平时？"大部分村民是认为当前社会是不公平的。

"依我看呐，有大病的人应该多多照顾，现在的癌症呀什么的，就是那个经常要做化疗，这些人应该多多照顾，你看看有些人年纪轻轻的，别人喊他做事他也不去，反正有国家养他，村里就有几户，有什么事情，什么低保户就是这些人，我觉得就是得了病的，上了年纪的，应该多多照顾，青年人你就……这也太不公平了，每次啥都是贫困户，有啥贫困嘞，咱们都一样，只不过呢，有的人啊，本事大，智力强，也就是有些人死脑筋，这些人稍微落后一点。"51岁的张大爷说道。

在GY村的调研中，在问到部分村民关于社会公平与对村干部的信任问题时，村民如此回答：

① 麻宝斌、杜平：《关于社会公平正义认知状况的调研》，《理论探索》2017年第6期。

访问员：您认为当今社会公平吗？

HSX：社会不公平有啥办法，穷人地位不高的。

访问员：您对村干部信任吗？

HSX：对村干部有点不信任吧。不按上头政府来，应付政府，上头来人了，就说那天来人，让我们都往好的说，不能往坏的说。提前就说好的。

当调研员问到"村里人会不会搞小团体？"时，一位村民如此答道："到选举的时候搞，这个村村领导班子基本上是姓田的，就只有一个姓朱的，姓朱的她家里也是姓田的，她家族姓田，她老公就是姓田的，五个生产小组，姓田的占了700—800张票，姓张的才占400来张票，他上台后会给姓田的好处，姓张的肯定就不高兴，就打电话告他。选举的时候就有冲突，姓张的支持姓张的，姓田的就七大姑八大姨，十分之几，都给他拉票。"

（3）农村社会精英流失，人力资源整合缺失

城乡一体化发展道路的选择归根结底是为了消除二元制城乡经济结构造成的城乡巨大差异，实现社会的和谐发展。随着我国城市化进程的加快，大量的农村劳动力转移到城市，农村劳动力流失而带来的空心化村庄缺乏建设农村社区必需的基础力量。在转移到城市的农民中，一大批尤其是文化程度较高的农村精英离开农村，大量的时间居留在城市，缺乏回乡参与社区建设的动力，难以参与本土的社区建设。农村社会精英流失严重的问题已经不可忽略。农村人口的老龄化、低素质这一影响农村发展的关键问题的解决必须依靠吸引进城的新生代农民工回到农村建设农村，使新农村社区建设具备足够的高素质劳动力，保持农业、农村的稳定发展。只有充分调动农民的积极性和主动性，增强他们建设的动力，才能真正建设好农村社区，实现农村社会的和谐发展。

人力资源，主要指社区居民中具备劳动能力，特别是具备专业技能的人才总量，这些资源既可以直接服务于本社区，促进社区发展，又可以为其他社区提供相应的服务，推动其他社区的建设。但现在的农村社区发展中存在社区人力资源存在感不强与不同的人力资源之间往往单独行动缺乏统一性的问题，这些人力资源通常只是单独地进行活动，贡献社区，处于自己生活的狭小空间中，处于一种零散状态。社区中并没有特定的组织或社区工作者专门负责将其整合利用起来，发挥社区多元人力资源的独特价值。社区精英的积极带头作用没有发挥出来，高校志愿者、社工人才等的专业技能也未充分发挥，价值未实现，整个社区人力资源并未真正调动起来，处于一种闲置浪费状态，未能实际推动社区的发展。文化是一定区域内的群体在长期的生活中所形成的关于本群体的集体记忆、传统习俗、生活方式、行为规范、价值观念以及思维方式等的总称。社区文化既包括物质层面的文化，如衣食住行、工作及娱乐方式，也包括精神层面的文化，如人们的信仰、价值和规范。共同的社区文化可以增强社区居民的认同感和归属感，积累社区社会资本。同时，社区建设要有序进行，离不开社区组织的发展和维持。基于社区居民和社区建设的需要，发展相应的社区自组织团体就显得十分必要。

　　KT村村民："这几年来集体活动越来越少了，现在很多人都在市里，村里人也越来越少，组织个娱乐活动也组织不起来，别的也没啥原因了。参加的人也不多，主要是村里也没人组织集体活动。关键就是各个都忙，村里人也都组织不起来，外出打工的都出去打工，不打工的就在家看孩子什么的、没时间，也就没人参加。要是有人组织的话，也可能会参加，关键是忙、没时间嘛，都打工、都忙，人家都在外面，组织了活动人家也都不回来，一年到头回来一次。"

农村的精英人才能够为农村经济的发展做出积极的贡献他们是社会主义新农村建设的骨干和核心力量。但是随着城市的发展和农民"乡土重建"观念的淡化，农村中的一些文化知识水平较高的人和青壮年更多的选择进城务工来实现自己的人生价值这就造成了农村人才的贫乏。① 长期在外上班的村民对村内的归属感较弱，普遍对政府、村干部以及同村的村民缺乏信任感，且对金钱的在乎程度远高于常年在村里生活的其他村民。

（4）社区组织发展缓慢

我国农村社区建设从试点开始，导致很多地方把社区作为面子工程、形象工程来建设，农村缺乏发展的活力，政府推一下，基层就动一动的现象非常普遍，社区内的自治组织和社会组织资源动员和整合能力不高。在国外发达国家的社区发展中，社区组织发挥了突出的作用，例如，新加坡的社会管理主要在社区进行，全国不再设立市、区政府，社区内成立居民顾问委员会，负责规划社区内的公共福利，协调社区中心管理委员会和居民委员会的工作，除了这三个委员会之外，社区中心管理委员会设有妇女委员会、青年组等组织，社区居民均可参加，居民委员会主要承担社区的治安、环卫等工作、负责组织社区内的各种活动。欧美国家社区组织发展完善，自组织享有社区发展规划、公共事务等方面的决策权与管理权，还拥有对社区管理和服务的建议、监督权，社区委员会成员由志愿利用业余时间为社区服务的居民组成，通过民主选举产生并有一定的任期，聘请专业的社区管理人员管理社区卫生和公共环境。

> 村民 CLY 说："说到建设，咱们村一直以来就不怎么发达，村民大部分都是靠土地为生，这几年来田里缺水，导致收成不怎么好，我们也和大队队长提建议了，说要把村里的那口井修好

① 吕瑞琴：《农村精英人才流失问题的原因分析——从费孝通〈中国绅士〉中农村社会腐蚀谈现代农村人才流失》，《知识经济》2014 年第 17 期。

来，好引流到田地里，虽说是反映情况了，但上级干部却没反应啊。这七八年来，每年都会有队长来家里收钱，一年一次，每一次大概是 50 或者 100 元，今年是 50 元，说是要把村里的那口井修好来，可咱们村村民就将近 2000 多，这样一算大概有 10 多万，但是七八年来村里头的那口井就一直没修好。但要是不交钱的话，平时找队长办事又不好办，村民心里也是很无奈啊！今年村干部还算做了点事，村前边的操场就是今年建好的，还有今年也搞了一下绿化，村两边的杂草比以前少了一些，但要说到以前，村干部近几年来倒是没有做什么特别突出的事。"

农村社区建设中自组织的形成条件首先是对自组织形成的开放性的要求，农村社区的开放程度要求自组织不能完全对外开放。如果完全开放，人才、物质和信息与外界的交换就会完全没有界限，使社区内部的要素与外界的要素相混淆，很难形成社区的自组织模式。① 而社区也不能完全封闭，完全的封闭会使信息、技术和物质的交换受阻，农村社区引入要素渠道的丧失会使得社区内部越来越受到外界发展的冲击，内部要素不能与外界很好的交换会使系统内部越来越无序，也不利于自组织的形成。其次对自组织形成环境的非平衡性要求，组织系统要出现差异性，才能形成系统"势差"从而使组织内的信息物质和能量活跃与流动起来，形成组织发展动力，推动社区进一步向前发展。② 最后是自组织形成环境的非线性。社区内部主体之间的差异，如文化认知差异、经济要素的不同、社会资源要素的差异都会促使自组织产生。并非简单地相加的功能之和促进社区的有序形成，而是耦合在一起，要素的多维非线性会促进社区内自组织现象的

---

① 宋丽诗：《大庆市杏树岗镇农村社区化自组织发展研究》，博士学位论文，东北农业大学，2016 年。

② 罗家德、李智超：《乡村社区自组织治理的信任机制初探——以一个农民经济合作组织为例》，《管理世界》2012 年第 10 期。

形成①。

（5）农村社区建设中宗族观念淡化

在传统中国农村社会，其社会治理结构是由国家政权和宗族权威的两者结合，既互相支持又相互制约。随着社会发展，在一段时期内农村中的宗族观念逐渐淡化，在今年的社区建设中，人们逐渐认识到宗族在农村社区建设中的重要作用，宗族利益集团的存在，使得村民对农村社区外部也有了对等谈判的资格，农民的利益和意愿在基层就有了表达渠道，并作为农民利益的整合和表达组织和与政府沟通协商的政治参与组织，可以代表农民群体利益向政府施加影响，可以保障与促成农民平等地参与市场化和现代化进程，进而有利于农村的发展和社会的稳定②，由此，近年来部分农村加大对农村宗族的建设，但是建设需要一个过程，在现阶段，大部分农村的宗族观念仍然处于一个较为薄弱的阶段。

　　ZJ 村一位村民说道："现在的人宗族观念不强了，比以前淡薄多了，像我这个年龄的人以前宗族观念强的很，比如说咱们这个宗族跟别人发生了矛盾，亲房都会包庇他，因为人都认为这是咱自己人，现在人在这一方面淡薄了。这几年不行了，现在家族里面，亲房里面，有些人也有矛盾，这家对那家不和，那家对这家也不和，有些也会给你搞点小动作，现在比以前差远了，有时间见了也不搭理，不说话，你交往，自己把自己家弄好就行了。也没有什么大的矛盾，现在包干到户以后，家家都是管自己的，年轻人去外面打工去了，也没有闲时间，有时候一年了回来到一起聚一聚，这就还热热闹闹的，像我这上了年龄的人，经常在家里，因为时间长了，人之间毕竟会有些小摩擦，没有啥大问题，

---

①　牟维伟：《我国农村社区建设问题研究》，博士学位论文，山东大学，2011 年。
②　汪忠列：《当代农村宗族与农村社区建设》，博士学位论文，福建师范大学，2005年。

就是些妇女在背后话话语语说闲话，基本上好着哩。感觉再过上几年人与人之间就没有这个宗族观念了。我小时候过年的时候大年初一就会跟着大人去拜年，正月初一先拜咱这一个宗族的长辈，给人家磕头，长辈就给小孩给几颗水果糖，当时也没有啥东西，这个就已经感觉了不起了，这个宗族的拜完了，就去拜另一个宗族的，年轻人就会在一起喝个酒抽个烟，热闹，正月初一基本上就转一上午。现在这边都不拜年了，以前就一起吃个年夜饭，准备些酒啊菜啊，外面的人也回来了，把长辈都叫来，吃个饭，热闹热闹，谈谈这一年来的新鲜事，现在都不了，现在都在自己家里钻这里。"

3. 社会动员

（1）社会动员方法单一，主要依靠行政手段推动

农村社区建设是农村社会关系的一种变革，也是一种制度的变迁。一般来说，制度变迁有强制性变迁和自发性变迁之分。与村民自治一样，尽管农村社区根植于基层社会，但严格意义上仍然属于强制性的制度变迁。政策导向的规划社区，具有较强的行政色彩，各种资源整合需要政府的强力支持才能快速推进。这种资源整合方式具有历史的和现实的原因，在当前"乡政村治"的农村治理模式下，单纯依靠农村自身的力量，无法克服日益扩大的城乡差异。行政主导的社区建设动员机制易造成资源要素的巨大浪费。计划经济体制在资源配置效率方面已被证明为低效，这正是我国建立市场经济体制的初衷，我国农村社区建设由政府主导建设，是政府规划下的社区重塑行为。[①]建设社会主义新农村是在工业反哺农业，城市支持乡村的整体框架内进行的，因此，农村社区单靠农村和农民的力量是无法建成的，地方政府尤其是乡镇政府作为社区建设的主导者，拥有相当的资源，凭借

---

① 张振伦：《从行政主导到社会动员：新型城镇化动员机制创新》，《四川行政学院学报》2014 年第 3 期。

行政权力、依靠行政手段整合资源对于有效聚集社会资源、快速推进社区建设、促进社区基础设施建设和提供公共服务效率较高。但是，政府的主导作用应体现在对社区的规划、设计以及资金的支持投入上，依靠行政权力和强制建立起来的社区并不能形成真正的社会生活共同体，行政干预过多，一定程度上损害了社区发展的自主性，不利于社区自身整合和发展能力的提升。

> "现在农村每个生产队的街上都放着一个垃圾池，倒了垃圾之后有专门拉走的，就雇的人给钱。咱就给交卫生费，交卫生费的同时还交五块钱的，就和募捐一样，哪有灾区啊，贫困的，就给他。不知道是真正支援到灾区了还是去哪了，现在交到大队去了，卫生费20，额外再交五块，交给小队队长，再到大队，交到镇上去，然后给灾区的。我今年我就不想交了，我要不交下回上大队里写证明，盖个章的，他就不给你，拿这个卡你，我这孩子要上学了，开证明啊。捐钱从四川地震那年开始，一直交到现在，这几年严了，有点强制性的。"村民 WFY 这么认为。

（2）部分村干部工作积极性与能力不足

部分农村基层党组织成员没有从根本上适应变化了的社会形势的要求，尤其是市场意识和服务意识比较薄弱[1]，且对于在基层工作的村干部来说，由于面对人群广，基数大，其工作存在较大的难度，面临的困难可想而知，存在工作条件差，经济待遇不高；集体经济薄弱，设想无法实现；工作难度大，给村干部工作带来很大的压力；部分村级班子不团结，内耗严重，搞"窝里斗"，拉帮结派搞团伙等问题。"缺乏吸引力"的基层组织，其成员也越来越感到"边缘化"危机。不容回避的事实是，在"低报酬，难协调"村庄事务管理中，

---

① 张瑜、倪素香：《乡村振兴中农村基层党组织的组织力提升路径研究》，《学习与实践》2018 年第 7 期。

有相当多的成员在涣散的组织结构中，难以获得角色和身份认同。①村干部"不好当""不想当""只好凑合过已经成为基层干部工作的"标签"，由此，使得村干部对基本层工作存在一种固定认知，在这种情况下，基层组织的感召力和凝聚力是极其有限的。这些困难与问题导致了部分村干部在社区建设的社会动员上存在工作不认真、不尽力、不负责的情况。

> 一位 WJ 村村民如此说道："国家规定土地是 30 年换一次，这是上面的，但是下面，每个小组都有自己的。我们村我们这个队是 5 年一分，有人嫁出去了或者有老人的，地就少了，有人嫁进来了，生孩子了，赶上分地就能分。我们队这有个人沾着光了，给市长打电话，说不能 5 年分一次地，他家有人嫁出去了，你像我家这个，娶了个儿媳妇进来，生了两个小孙女，就没有分到地。队长在这，我们社员就烦了他，旁边的村还是五年一分，我们村三队的也分了，唯独我们这个队不分了。这个队长不抗上，就没分。像娶媳妇的，生孩子的，肯定要地啊。以前有不给地那个占着地的人就给 300 块钱，现在这个队长怕麻烦，也不给钱也不分地。以前我问他跟我说分，现在也没分，这个队长没信用啊。"

> GY 村村民说："上正下不正，村里面的干部那工程，都是可以分股份，拿钱的。本村民有的去电话查访，上告，还没去，在途中就被拦下来了，说要给他钱，不让他去。给了钱，贪污就不告了。上级领导根本不知道事，他们听到的都是好事，坏事根本到不了他们那。该村修建的马路都是质量不好的，年年修。这个马路是在水田上修建的，下面还是田，上面用水泥铺一层。做这种工程，就是骗政府的钱，干部从中捞钱。"

---

① 齐美胜：《乡村社会动员机制研究》，博士学位论文，华东师范大学，2010 年。

尽管近几年，国家相应提高基层人员的工资报酬，但是，就实际工作量而言，"钱太少""事太多""活难做""无前途"仍是村干部面临的尴尬处境。丧失经济利益驱动的村级基层组织，其人员的流失现象已经十分严重，使得基层村干部工作陷入一个恶性循环，人员的减少使得村干部的工作难度加大，进而影响工作效率与群众的满意程度。

第三节　社会动员的效果分析

社会动员是实现社会主义现代化建设历史使命的需要，是实现我国社会伟大变革的需要，是新的历史条件下应对突发事件的需要。正是社会动员的价值在中国现代化进程中越来越凸显，由此，在农村社区建设中社会动员的效果显得尤为重要。在我们的调研中，根据问卷内容，对于社会动员效果的分析主要是通过"村干部在进行动员时村民的态度"与"村干部在动员时的村民参与程度"两个变量来分析村民在社区建设中对于社会动员的响应程度。

在村干部在进行动员时村民的参与态度这一变量的分析上，从图5.23中我们可以看出，在 H 县的数据中，在动员后表现出立即参与的村民仅占总样本量的27.20%，这说明只有四分之一的村民动员效果较好。但是，在所调查的样本中，仍有近四分之三的村民是观察别人再决定参不参与或等家里有空再参与，分别占总样本量的39.70%、33.10%，这说明，村民对于农村建设的重视度是不够的。总体来说，在社区建设中的村民动员效果还是有待提高。

从"在动员时村民参与程度"这一变量的分析中，我们可以得出村干部在农村社区建设中动员的最终结果。从图5.24中可以看出，在动员时所有的社区建设活动都参与的人数占总样本量的4.10%，相对的，都没有参与的人数则占1.50%，所占比例都很低，而参与了少数社区建设活动的人数占比最大，占总样本量的49.50%，这说

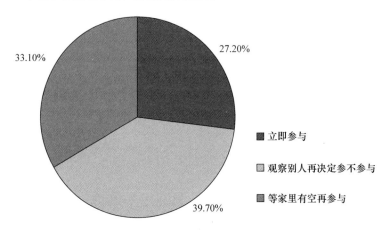

图5.23 H县村干部在进行动员时村民参与态度分布图

明有一半的人是参与过社区建设活动的，但是参与的次数很少。参与过大部分的社区建设活动的人数占总样本的百分比处于第二，为34.50%，其次是一半参与的村民占总样本量的10.40%。总体来说，参与过一半以上的社区活动的村民仅占总样本量的49.50%，仍有51.0%的村民在接受动员后对社区建设的参与热情仍是不高的，社会动员后的村民参与效果并没有达到最优。

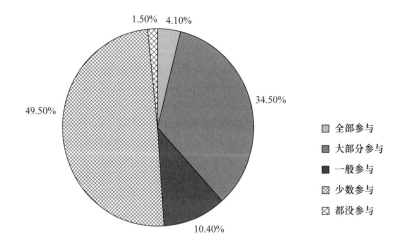

图5.24 在动员时村民参与程度分布图

　　为何村民在接受社会动员后对社区建设的参与热情仍不高涨？由此，我们对"村干部在进行动员时您家的态度""动员时你们村的村民参与程度"这两个变量与其他相关变量进行相关性检验，得出表5.37。在表中的相关变量中，与"村干部在进行动员时您家的态度"相关的变量有村民的家庭年收入、近几年村中是否对您进行动员、近几年村中有无发动村民做集体活动，其相关系数分别为 −0.262、0.327、0.322，因变量其中与家庭年收入这个变量是呈负向相关的关系。与"动员时你们村的村民参与程度"这个因变量相关的变量则分别是近几年村中是否对您进行动员、近几年村中有无发动村民做集体活动这两个变量，其相关系数分别是 0.427、0.184，都呈正相关关系。

表5.37　　　　　　社会动员后村民的参与效果相关性分析表

		村干部在进行动员时您家的态度是	在动员时你们村的村民参与程度是
家庭年收入	Pearson 相关性	−0.262**	0.004
	显著性（双侧）	0.001	0.949
对村干部的熟悉程度	Pearson 相关性	0.12	0.084
	显著性（双侧）	0.119	0.216
近几年村中是否对您进行动员	Pearson 相关性	0.327**	0.427**
	显著性（双侧）	0	0
近年来村里有无发动村民做集体活动	Pearson 相关性	0.322**	0.184**
	显著性（双侧）	0	0.009

　　根据上述相关性分析表的分析结果，分别将因变量与相关变量进行交叉分析。由图5.25中的家庭年收入与村干部在进行动员时您家的态度的交叉图可以看出，家庭收入在5万—10万元、10万元以上的村民在立即参与这个选项中所占比例分别是55.60%、40.00%，家庭收入在2万元以下、2万—5万元的村民在立即参与的选项中所

占比例分别是其同水平收入家庭总数的 17.90%、19.60%，与家庭年收入较高的家庭相比，对于农村社区建设的立即参与率较低。且从图中还能看出，村民年收入在 5 万—10 万元的村民，对于农村社区建设活动的参与率在立即参与、观察别人再决定是否参与、等家里有空了再参与、拖不住了再参与这几个选项上所占比例的是不断下降的，分别是 55.60%、33.30%、11.10%、0.00%，家庭收入在 10 万元以上的村民的参与率较高的主要集中在立即参与和等家中有空再参与这两个选项上。相对的，对于年收入在 2 万元以下和 2 万—5 万元的村民来说，在立即参与、观察别人再决定是否参与、等家里有空了再参与、拖不住了再参与这几个选项上所占的比例整体上是呈波动上升的。由此，我们可以得出，村民的家庭年收入状况影响村民对于农村社区建设的参与程度，收入越高的村民参与度相对较高，反之，家庭年收入较低的村民的社区建设参与程度则较低。

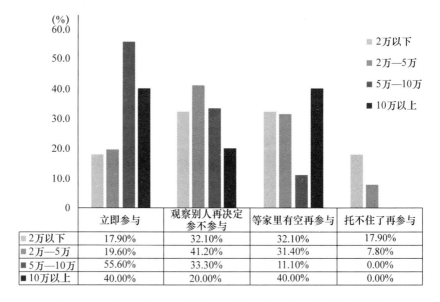

	立即参与	观察别人再决定参不参与	等家里有空再参与	托不住了再参与
2万以下	17.90%	32.10%	32.10%	17.90%
2万—5万	19.60%	41.20%	31.40%	7.80%
5万—10万	55.60%	33.30%	11.10%	0.00%
10万以上	40.00%	20.00%	40.00%	0.00%

图 5.25　家庭年收入与村干部在进行动员时您家的态度交叉图

　　图 5.26 则是对"近年来村里有无发动村民做集体活动"与"在

动员时你们村的村民参与程度"的交叉分析结果，从图中可以看出，近年来村中经常发动村民做集体活动的村中，有100.0%的村民对于村中的社区建设活动是大部分参与的。对于偶尔或者是从未发动村民做集体活动的社区来说，村民在社区建设活动的参与率主要分布在参与少数这一选项上，偶尔发动集体活动与从未发动村民做集体活动的村民在少数参与这一选项上所占的比例分别是48.3%、53.9%，即有一半左右的村民是较少参与社区建设活动的。由此可以得出，村中经常发动村民做集体活动对于提升村民对社区建设活动是有促进作用的。

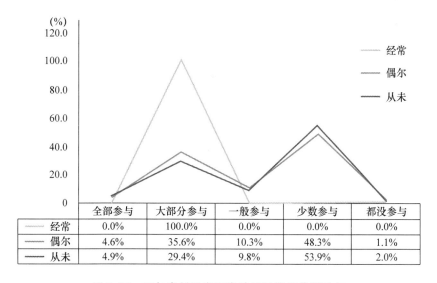

	全部参与	大部分参与	一般参与	少数参与	都没参与
经常	0.0%	100.0%	0.0%	0.0%	0.0%
偶尔	4.6%	35.6%	10.3%	48.3%	1.1%
从未	4.9%	29.4%	9.8%	53.9%	2.0%

图5.26　近年来村里有无发动村民做集体活动与
在动员时你们村的村民参与程度交叉图

同样的，在对"近年来村里有无发动村民做集体活动"对"村干部在进行动员时您家的态度"的影响程度的分析中，可以看出，处于经常发动村民做集体活动的村民中，在接受动员后的社区建设活动表现出立即参与占71.4%，在立即参与、观察别人再决定是否参与、等家里有空了再参与、拖不住了再参与这几个选项上所占的比例整体上是呈不断下降的。对于偶尔或从未发动村民做集体活动的社区，村民对于社区建设活动的参与态度主要集中在，观察别人再决定是否参与、等家里有空了再参与这两个选项上，对于农村社区建设活动参与的主动性不高。

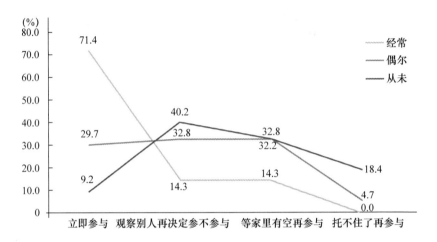

图 5.27　近年来村里有无发动村民做集体活动与村干部在进行动员时您家的态度交叉图

　　在对"近几年村中是否对您进行动员"与"在动员时你们村的村民参与程度"的交叉分析中，可以看出，在近几年村中有对村民进行动员的村落中，村民对于村中社区建设活动的参与程度主要集中在大部分参与这个选项中，占该层次总样本量的 73.5%，除此之外，有 6.1% 的村民是所有的社区建设活动全部参与的。对于村中没有对村民进行动员的村民，其对社区建设活动的参与程度则主要集中在少数参与这个选项上，其占比为 59.3%，即超过一半没有接受过动员的村民是很少参与到村中的社区建设活动的。这说明对于农村来说，村干部是否发动社会动员对村民的社区建设活动的参与程度是有较大影响的。

　　在图 5.29 中，则对"近几年村中是否对您进行动员""村干部在进

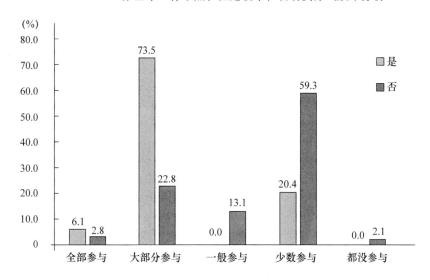

图 5.28　近几年村中是否对您进行动员与在动员时你们村的村民参与程度交叉图

行动员时您家的态度"进行了交叉分析。从图中可以得出，对于村中对村民进行动员的受访者来说，其对动员后社区建设活动的参与态度在立即参与、观察别人再决定是否参与、等家里有空了再参与、拖不住了再参与这几个选项上所占的比例是呈不断下降的，其所占比例分别为37.5%、35.4%、25.0%、2.1%。对于近几年村中没有对村民进行动员的受访者来说，在面对村干部动员村民参与到社区建设活动中的态度，所占比例最多的为观察别人再决定是否参与这个选项，其百分比为36.8%，其次则是等家里有空了再参与，所占百分比为34.9%，立即参与所占的百分比仅为11.3%。由此可以得出，近几年村中是否对村民进行过动员对村民的社区建设活动的参与态度是有影响的，即组织过社会动员的社区群众的社区建设参与积极性更高，反之则低。

　　从上述社区建设中的动员效果分析中可以看出，从村民自身来看，其家庭所属的社会阶层、经济条件影响到社会动员的效果，家庭经济条件较好的家庭接受社会动员的程度越高。从外部影响因素方面来看，村民在参与社区建设之前是否接受过社会动员与村中是否经常组织集体活动都有关系。对于接受动员次数多，参加集体活动多的村民，其社会参与程度较高。

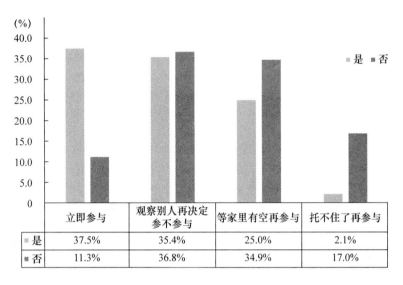

	立即参与	观察别人再决定参不参与	等家里有空再参与	托不住了再参与
是	37.5%	35.4%	25.0%	2.1%
否	11.3%	36.8%	34.9%	17.0%

图 5.29　近几年村中是否对您进行动员与村干部在进行动员时您家的态度交叉图

第六章 农村社区建设中社会动员
机制存在的问题分析

对社区成员进行动员是促进社区参与的重要方法。在当前的农村社区建设中，常用的行政动员、项目动员、能人动员和自组织动员模式在运行机制、动力机制和保障机制上均存在着差别和问题。通过前文的数据分析以及实地调研江西省9个村在开展农村社区建设时的动员情况可以发现，在运行机制、动力机制和保障机制方面都存在着诸多问题。

第一节 运行机制问题

（一）无反馈机制

在四类社会动员中，行政动员和能人动员大都是单线动员模式，不关注动员对象对动员主体和动员方法的影响。所以两种动员方法都是单线的，动员主体在动员中占据主要位置。项目动员和自组织动员都需要动员对象（村民）对动员主体进行的动员进行一个解释与再解释。但是从实践中看，12个村的社会动员都没有反馈机制，不论是单线式的行政动员、能人动员还是需要动员对象进行意义建构的项目动员和自组织动员，都存在着反馈机制匮乏的问题，或者说存在着反馈机制不畅通的问题。反馈机制的实质是通过关注动员对象的需求来修正动员方法。由于社会动员实际上反映的是主体与客体之间的关系，反馈制度匮乏反映的是动员主体不关注社会动员对象的需求。所运用的动员方法也不会根据动员对象的特点与要求来进行调整和改变。

具体而言，一方面，行政动员和能人动员都不关注村民的需求。在 XJ 村、BL 村、FJA 和 ZJ 村四个村，都不关心村民的反映。XJ 村和 BL 村的动员都是依靠政府的强力下压。BL 村的 M 主任说："农民都很短视，千人难做一盘菜，一人难满千人意，你做得再好他们都会说你不好。所以具体动员时也没什么好考虑的，我们说了算就行。让他们按要求做就行。"FJA 村和 ZJ 村依靠自身的魅力进行动员。例如，ZJ 村的村支书动员时候是找自己熟悉的人进行，而不会去找与他不熟悉的青年，认为现在的青年不听话。FJA 村的理事会会长也说："一般就是我找下面熟悉的人，他们也会卖我面子，不需要我管他们什么反应，一般找了的我心里有数，不卖我面子的我也不找。"另一方面，项目动员和自组织动员也不关心村民的再解释。在 LJ 村引入模板厂时，村班子觉得这个方案能为村里增加收入，又能让模板厂帮助村里做事。该村 T 主任说："这个方案是我们村班子决定的，初期没征求大家意见。我们觉得这个很有前途。农村工作就是这样，一征求就会坏事，什么也做不成。"但实际上，LJ 村的不少村民是反对这个方案的，调研发现有些村民认为不划算，占有村里的公共空间拿去出租的话每年也会有很多钱。靠近村中心的那几户村民更是反对，因为模板厂晒模板的时候会占据很多的空间，影响他们的出行。

社区建设过程中对于动员信息的反馈不仅是居民知情权的一种表现，同时也是居民对社区建设进程的监督。社区建设动员的反馈机制能够提高居民对身边事物变化的认知，将有利于其投入到社区建设中来。同时，对于社区建设动员宣传方式的改进，可以引导和鼓励居民参与社区建设活动，推进社区的发展。但是，从实地调研反馈的信息中发现社区建设无反馈机制。动员反馈及制度缺乏使动员难以考虑到被动员对象的要求，也无法及时处理动员中所造成的矛盾，使动员的成本加大。

（二）无动员对象的分类甄别机制

作为动员对象的村民是由不同的群体构成。在现代社会，农村中的村民分化急剧加快，已不在如传统农村那样呈现出安土重迁、不流动的特征。虽然他们仍然保留了一定的乡土性，但农民的异质化程度在加深确是不争的事实。因此，要进行社会动员，就必须考虑到村民的内在差异。这就需要建立起对动员对象的分类甄别机制，通过对动员对象进行甄别区分，可以找到动员的重点群体和边缘群体，选择有针对性的动员方法。但是从 12 个村的动员机制分析可见，各村都没有建立起对动员对象的分类甄别机制，都是对村民采用整体性的动员方法。而实际上，社会学对社区居民的参与研究分析发现，村民的行为意愿和参与行为呈现出群体、职业、阶层等方面的差别。[①] 因此，要使社会动员事半功倍，必须建立起对动员对象的瞄准机制，对其进行分类动员，具体而言，就是要找到会参与社区建设的可能积极分子和边缘分子。

根据联合国的社区建设原则，青年人、妇女、儿童是参与的积极分子，在社区建设中应重点动员"社区领袖"参与社区建设。此外，精英动员让我们看到了推进农村社区建设在动员对象素质提高方面应有的关系所在。农村精英是在小群体的交往实践中产生的，比其他成员能调动更多社会资源、获得更多权威性价值分配，如安全、尊重、影响力的人，就可称为精英。[②] 对单个的精英来讲，他可能在不止一个小群体中具有调动资源的能力和获得更多的权威性价值。精英是在小群体的生活实践中逐步生成的，精英的生成典型地表现出村民小群体生活的特点。要提高村民整体的民主意识和民主能力，对农村精英

---

① 张克中、贺雪峰：《社区参与、集体行动与新农村建设》，《经济学家》2008 年第 1 期。

② 仝志辉：《农民选举参与中的精英动员》，《社会学研究》2002 年第 1 期。

的教育和影响是关键。农村精英对民主制度的理解如何，对动员结果的尊重与否，参与的能力怎样，极大地影响普通村民。提升整个中国农民的民主素质，应从农村精英入手，他们的态度和要求很大程度上影响了农村社区动员的面貌。但是，12 个村的社会动员都未将他们作为重点积极分析。在实行能人动员的 FJA 村和 ZJ 村，其精英群体还因为青年人的不听话在动员中还存在排斥青年人参与的情况，或将青年人作为边缘群体。在自组织动员中，LJC 村、KT 村和 XXK 村稍微会注意到自组织领袖的参与，并采取方法进行重点动员。例如，XXK 村在动员时，较为注意对几个协会（辣椒协会、农民书法协会、红白理事会等）会长的动员，确实也受到很好效果。在集资的时候，在几个协会会长的带头下，大家都踊跃集资。除此之外，实行自组织动员的其他几个村都没有注意到这点。在行政动员的 XJ 村的 L 书记说道："谁的参加都一样，都是自上派下来的，派给你你就要做，政府才不给你讲价钱，对农民也应该是这样，都要服从命令，不能因为你好说话就给你多派点任务。"

来 LJC 村社区的毛阿姨，53 岁，初中文化，务农：

问：您对村干部信任吗？

答：信任，我们经常在一起。

问：您觉得自己村里的人办事情什么最团结吗？

答：可以，我们是全国文明村。

问：比如村上要你们捐款什么的，会不会产生什么分歧矛盾呢？

答：不会，大多数人都是自愿捐款。

问：那您觉得为什么大多数人都愿意捐款呢？

答：因为对整个村都是有意义的。

问：那您会对没有捐款的人有什么意见吗？

答：不会，个人有个人情况嘛。

问：你们村一般重大事件由谁来动员呢？

答：一般都是队长。

来自 ZJ 村社区的张阿姨，42 岁，小学学历，3 个小孩，务农。

问：您觉得村里村民团结吗？动员的话谁来动员组织呢？

答：一般。不同的队就不太熟悉了，自己队上还是蛮团结的，村里有 6 个队，大家有活动都在自己的队里参加，别的队有什么事我们也不知道，自己队的那是知道的。

问：您觉得您村里的学校教学质量好不好？

答：我和你说，我娃在这读书的时候，我们村小学在全县排第二，你想想，那时候县上派老师下来教书，教的好的，我们村上给奖励，村里自己出钱，我娃都读研究生了，我还是觉得村里的小学很好。

来自 FJA 村社区的王大爷，66 岁，高中学历，工厂工人。

问：您觉得村民团结吗？

答：实际上不团结，没有向心力，没有信仰，一家一户向钱看。

问：您对村干部熟悉吗？

答：原先基本上熟。两个村合并了，不熟悉，很少办事。

问：你觉得村干部可以信任吗？

答：不可以，当官的都是为了自己，相信干部就什么事情都干不成，你看村里哪个人会死心塌地相信干部，我们靠的都是自己，村里要是有人吃不上饭，你看哪个干部会说去忙下忙。

问：村里有自己的社区组织吗？

答：有一个。

问：村里有学校、医疗站、广场那些吗？

答：那是有的。

问：村里的基础设施满意吗？

答：一般般，有些设施就是摆设，你看那个广场，晚上没有一个人会去，设计不好，太远了，还不如在自己家门口活动。

（三）无动员主体的整合机制

"整合"最早是一个社会学概念，在西方古典社会学理论中，孔德、斯宾塞、涂尔干等社会学家先驱都论述了关于整合的观点。法国社会学家孔德认为社会并非个人之间契约的产物，而是一个有机整体。整个社会的各个部门都是普遍联系的，只有从社会整体的角度才能真正认识社会现实。孔德所提出社会有机体论目的在于制约个人主义的过度膨胀，他认为，"所谓社会的本源力量是社会的秩序，要实现社会的秩序，需要建构共同的社会价值和信仰"。英国社会学家斯宾塞的代表观点是社会进化论和社会有机体论。他认为，"社会遵循有一定的进化规律，在社会的进化过程中，产生了一个结构和功能上分化而各部门却相互依赖的有机整体。这种相互依赖的关系，实质上就是一种整合"。法国的涂尔干在他的著作《社会分工论》中提出："社会分工的出现导致了社会一定程度的分化，在这种分化了的工业社会中，社会集体意识至关重要，通过共同的社会意识，一种基于个人分化的关联性建立起来，最终使社会走向有机整合。"

在当代的社会学理论中，结构功能主义是其中最具影响力的理论之一。这种理论认为社会是具有一定结构或组织化手段的系统，其组成的各个部分相互关联，并对社会整体发挥着重要的作用。结构功能主义的集大成代表人物是美国社会学家帕森斯。他提出了社会系统保持自身所必须具备的四个功能——适应功能、目标达成功能、整合功能与模式维持功能，即所谓的 AGIL 功能模式。对帕森斯而言，社会系统内部的各个子系统之间的平衡是发挥其系统功能的基础，平衡各个子系统的过程就可以说是一种社会整合了。这个平衡的前提就是各个子系统间的交流。帕森斯强调社会价值在社会成员的内在认可的前提下，基于个人的自由意志，成为社会整合的纽带。

通过实地调研发现，12个村的四类社会动员在动员主体上有所差别，有的是一个动员主体，有的是两类甚至更多的动员主体。例如项目动员就可以是政府、社会组织和市场。每一种动员主体都有自己的动员能力和动员特色。在农村社区建设中，对社会力量的整合、促进社会力量的参与一直被中央政府所强调。例如，2015年中共中央办公厅、国务院办公厅印发《关于深入推进农村社区建设试点工作的指导意见》明确指出，建立县级以上机关党员、干部到农村社区挂职任职、驻点包户制度；建立和完善党代表、人大代表、政协委员联系农村居民、支持农村社区发展机制；鼓励驻村机关、团体、部队、企事业单位支持、参与农村社区建设；拓宽外出发展人员和退休回乡人员参与农村社区建设渠道。但是，12个村的实践均反映出缺少对多元主体的整合机制，导致动员主体单一，没有形成动员的合力。行政动员只靠村委会，能人动员只靠乡村社区精英，自组织动员只靠社区内的自组织，项目动员依靠外来力量。很少有把多种力量动员起来的情况。在自组织动员中，KT村的村委会还稍微授权给了文化衫协会进行动员，但类似这样的合作还是很少。

实际上，村民、市场力量、社会组织、政府等都具有进行社会动员的能力。在访谈中，一位村民说道："村庄是大家的，社区好了我们的生活肯定也会好，至少跟别的村相比面子上总好看，过得去，不会被人家取笑说你们村多乱、多脏、多差。因此说实话，我也是想为村里做点事的，但是村里有班子啊，我只是农民，我想出力人家不让我出力啊。有次开会我提了点意见，还被人说我跟村长对着干，想当村长呢。其实我哪有那样的意见，我也是为村里好啊。"BL村的主任说："据我观察，我们村还是有不少人愿意出力的，关键是你要给他那样的机会。社区建设刚提出来的时候，乡里安排的工作任务重，时间紧，我们也没办法，挨个去征求意见。就我们小范围开了个后，以后我们要注意。"由于缺乏社会动员的多元主体整合机制，当一个主体的力量变弱时，整个社会动员的效果就会很差。

第二节 动力机制问题

（一）动员主体的动员目的与农村社区建设目标的整合机制待完善

在四类动员中，动员的动力大都来自于动员主体的目的、需求。例如行政动员的动力来自上级政府的压力，自组织动员的动力主要来自于社区内的自组织的组织利益与组织需要，能人和精英对社会动员的认知、意愿与发动能力就是能人动员的动力。项目动员的动力虽然来自动员主体对项目资源的成本与利益考量，但也是由动员主体的认识和目的决定。很明显，不同主体的目的与农村社区建设的目标并不是天然存在着一致性的关系。在当前的社区建设中，自组织的自身利益和组织需要更多地考虑组织的发展壮大中的特定需要。从 12 个村的社会动员情况看，XXK 村的辣椒协会动员动力就是基于修路能带来辣椒种植户的交通改善。能人动员的动力更多的是考虑能人自身的发展。ZJ 村的支书开展动员既原来他自己的事业报负心和自我发展趋势，所以等他快退休的时候，他推动社区建设的动力就不如以前足了。项目动员主要考虑项目的收益，LFQ 的动员主要是因为种植药材的利益驱动。对基层政府来说，其动员的直接初衷是源于上级的考核。因此，这些动力实际上与农村社区的自身发展存在着目标不一致的问题。

2007 年，民政部对设立农村社区建设实验县的目的是"根据各地实际，逐步完善农村社区建设的组织管理体制和运行模式"。2009 年，民政部将农村社区建设实验全覆盖的目的设定为"让更多的农村居民从中受益"，2015 年党和国务院将农村社区试点建设的目标设定为"打造一批管理有序、服务完善、文明祥和的农村社区建设示范点，为全面推进农村社区建设、统筹城乡发展探索路径、积累经验。"从以上文件可知，农村社区建设的目标主要是为满足农村社区内部的需求，积累农村社会创新基层治理的经验。比较其中一目标与各动员主体的目标可知，二者之间存在着巨大差别。有时候他们之间还会存在着一些差别。例如，LFQ 的一位村民说道："说是说为我们好，开展社区建设对我们有利，通过搞"一村一品"为村庄积累发展资源，实际还不是他们企业赚我们钱。那些村干部肯定也有自己的利益在里面，我们村的村长最积极，谁知道里面有什么原因。"

因此，为推动社区动员持续开展，必须将二者的目的相互整合，这就需要有相关的整合机制。整合机制的欠缺使各村庄的社会动员无法及时调整动员主体与社区建设之间的利益冲突。例如，在 XXK 村，该村的辣椒协会在推动在修路后，协会很想抓住社区建设的契机，进一步发展专业的合作社，由村里出资建立一个小型的辣椒交易市场和存储仓库。但是这不属于当地农村社区建设的范围，所以得不到村里和乡镇的支持。Z 小组长说道："他们说建那个辣椒仓库肯定是为他们种辣椒的考虑。人家那些不种辣椒的肯定不愿意。不能拿村里的钱去为他们服务啊。"所以，该村在初期进行了路面硬化，后期辣椒协会就很少参与社区建设了。

（二）缺乏持续性激励机制，社会动员可持续性弱

社会动员其实就是一个活动的过程，它是动员的主体运用一定的动员手段引导动员客体积极参与动员活动内容的过程，如果要使这一过程最终达到动员主体所期望的目的，那就需要强调社会动员激励机制。保证动员过程中激励机制，有助于社会动员客体主人翁意识的增强，更加积极主动地参与到动员中去，有助于社会动员个体的自我完善和社会动员群体的团体凝聚，最终达到推动社会动员顺利进行的目的。

社会动员过程中，由于政府需要对人力、物力、财力等资源进行一个统一的整合与配置，所以总会触及被动员者的利益。那么在动员过程中的激励性问题，将是促使社会动员持续发展的关键问题。例如，在我国近年来的灾害应急征用中，我国政府应急征用制度目前存

在征用主体和被征用人权责不清、征用程序缺失、补偿方式单一、补偿标准不明确等需要解决的问题。[①] 甚至出现征后不补的现象，致使社会动员过程严重有失公平，社会动员客体利益得不到保障。又如，由于社会经济的迅速发展，一些常规的社会动员中也会出现涉及动员客体利益受到损害，动员过程缺乏激励的情况。当前对农村的市场化经营动员过程中，由于信息的不对称，农民处于信息流通的弱势方，再加上政府提供的政策和法律支持不到位，基层政府的组织能力有限，这都会造成动员过程的激励机制缺失。我国政府社会动员中所采用的各项激励行为过于直接，短期目的性太强，长期忽视整个动员过程的公平性，最终会导致社会动员的失效。

此外，社会动员各主体的需求、意愿与目的不是一成不变的。在完成了初期的目的后，其动员意愿就会减弱。为保证社会动员能持续下去，必须要有相关的机制去激励和刺激社会动员各主体产生进一步动员的需求和意愿。同时，农村社区建设的内容和目标是在不断升级的，最初是为积累经验，后来过渡到了满足村民需求上，最后过渡到统筹城乡差距上。内容和目标的转化对社会动员提出新的要求，这需要提高、调整动员的频率。要使动员主体回应社区建设的动员要求，也需要有影响的刺激、激励机制。

但是，通过调研与数据分析发现，目前 12 个村的社会动员均缺少相关的激励机制。行政动员的上级政府很少对基层政府和村两委班子进行精神奖励和物质激励。在能人动员中也是如此。在 12 个村庄中，只有 ZJ 村比较例外，由于该村的宣传工作做得好，该村获得了很多的称号和奖励，还被评为全省的精品社区。但即便如此，该村的村领导班子本身也没有获得多少实际奖励。实行项目动员的 LJ 村和 LFQ 村，项目稳定之后其收益是固定的，因此他们也不会针对社区建设的新要求改正自己的动员方法。例如，LJ 村的 T 主任反映："我们

---

① Alexander Bruggen, Frank Moers, "The Role of Financial Incentives and Social Incentives in Multi-Task Settings", *Journal of Management Accounting Research*, 2007（11）, p. 25 – 27.

进行社区建设也是完成上面的任务，虽然上面总会提出新要求，但万变不离其宗，我们已经做的那样，不需要在变上面。上次拉这个企业进来已经费了很大劲，现在这样就行了。"因此，完成任务式的动员取向很难持续激发动员主体产生动员欲望。因此，动员的可持续性相对就不足。这也是 12 个村庄在 2014 年之后社区建设固步不前的主要原因。

（三）没有建立动员理念的更新机制

社会动员理论认为，动员主体的价值观对动员目的和意愿具有重要影响。因此，联合国在提出社区建设原则时明确提出应建立全民参与的观念。参与观念的引入对社区动员具有重要影响。多伊奇（Deutsch）认为社会动员是人们腐蚀和摧毁旧的社会、经济和心理上的主要信仰，开始接受新的社会化和行为模式。[①] 社区党员中要履行参与观念，需要对社区既有的社会、经济和心理上的信念进行改变。本课题组也认为，在农村社区建设中，我国的动员观念一致很陈旧，秉持资源动员的观念，通过为农村社区输入一定的外部资源来进行动员。在这种动员观念的影响下，农村社区建设很容易对农村社区进行资源供给来促进社区能力。这种方法确实会提升社区的能力，但这种改变更多的是由于资源的投入所致，这种"资源效应"并不必然带来社区内在特质的变化与能力的提升。当外部资源供给被切断时，农村社区功能又会恢复到社区建设前的瘫痪状态。[②]

同时，上文已提及，农村社区建设的内容和要求在不断更新。党的十八届三中全会中提出，创新社会治理成为国家进行社会建设的目标，在农村社区建立领域，治理也因而成立最新的理念。要使治理理念在社会动员领域有所反映，必须要有制度去激励和规制。例如，在

---

① 塞缪尔·亨廷顿：《变革社会中的政治秩序》，华夏出版社版 1988 年版，第 34 页。
② 袁小平、熊茜：《社会动员视角下的农村社区能力建设》，《山东社会科学》2011年第 11 期。

实行行政动员的 XJ 村,该村的 L 书记认为:"我不知道动员要有什么
要求,也不知道治理是什么,我只管上面让我做我就怎么做,什么多
元主体,都是他们造出来的,农村就这个情况,不管白猫黑猫,你让
农民动起来就是好猫。"

由于动员的理念更新机制尚未建立,相应的社会动员制度也缓
慢,跟不上国家的发展要求。

第三节　保障机制问题

(一) 缺乏条件保障机制

要使一个社区的社会动员能够持续下去,必须有制度化的保障机
制,既要为社会动员创造动员的条件,也要刺激动员主体愿意进行社
会动员。调研中发现,12 个村庄在农村社区建设中的社会动员都呈
现出一个临时性的共性:根据社区建设的需要选择特定的社会动员方
法,进行社会动员,而未在发动村民参与方面形成制度化的机制。即
使是最简单的参与奖惩措施,12 个村都未制定。由于缺乏制度化的
保障机制,一方面,社会动员的主体很多时候不愿意进行社会动员,
只要能用行政力量解决或者是在小圈子内决策的事,他们一般都不愿
意告诉村民,这样就导致了社区建设的范围狭窄。调查发现 12 个村
庄的村民对社区建设的了解比例非常低,村民对农村社区建设的认知
度低,直接原因在于很多村庄根本不对村民进行社区建设的宣传。另
一方面,各村都没有给予进行社区动员的主体一定的刺激(不论是经
济性刺激还是符号性刺激),没有给予进行动员的积极分子和参与人
员予以奖励,而且在社会动员的条件保障方面,各村都没有为其提供
专门的场所很多村在农村社区建设开会时,都是在条件比较简陋的地
方,如田间地头、大树底下或者村集体中的某一位成员的家里。这些
都反映出目前的社会动员欠缺制度化的支持,而且村民来顺应或顺从
动员主体的期望采取参与行为,也需要有一定的渠道。

　　社会动员的开展需要一定的物质条件。从动员主体看，要在农村社区开展动员，需要一定的场地、空间、基本设施设备等。12 个村的社会动员方法表明，目前很缺乏条件保障机制。动员主体所要求的必要设施设备都是由各个动员主体自己去获取。这对那些获取资源能力弱的主体，很容易消耗掉自身的动员能力。例如，ZJ 村的 Z 书记就说："我都是靠我自己的，村里和上级没帮我什么。刚开始时我一个人去找战友们帮们拿项目，虽然兄弟们比较帮忙，对我比较关照，多少总给了我们村一点，但说实话我自己很不好意思。而且，总不能总是去找他们吧。这实际上是拿我自己的脸在为村里做事呢。以前是憋一口气，一定要干个样子，对这个还不太看重，现在老了，快退了，不敢像原来那样去麻烦人了。"XXK 的动员也是如此，辣椒协会去动员大家集资，里面起作用的是村民对辣椒协会的信任。这种动员行为实际上是在拿这种市场信任做抵押，而不是没有成本的。该村的辣椒协会骨干 ZY 说道："大家积极是好事啊，这次他们那么积极，以后他们有事了我们还得帮人家啊，以后收辣椒什么的肯定要给那个积极点的关照下，要不然说不过去啊。要那样的话我都没脸见人。"

　　由于缺乏保障机制，无法保证社会动员的效率，也无法使社会动员持续开展下去。

（二）缺乏风险预防机制

　　任何社会动员都有一定的风险。在西方国家，社会动员是引发社会运动的导火线。有些社会骚乱也与社会动员密切相关。新中国成立后，由于对社会动员的运用比较频繁，使广大社会成员疲惫不堪，对党和政府的动员出现了弱者的抵抗：不参与、非公开破坏等。因此，西方国家的社会动员都会为自身建立起安全机制，预防风险或者使风险可控。

　　在本书中，行政动员、项目动员、能人动员和自组织动员均会有一定的动员风险。行政动员的风险在于政府的过度动员。项目动员的风险在于项目资源分配不公平，出现马太效应。能人动员的风险在于精英将动员目标偏离以及出现精英掠夺现象。自组织动员的风险在于自组织的动员目标与社区建设目标的偏离。这些现象在本课题所研究的12个村中都存在。行政动员方面，BL村对社会动员的运用就非常频繁。一位村民委员会的干部表示："我们村特别喜欢开会，一点小事都要开会。不知道是领导喜欢还是真有那么多事。搞的人都烦死了。农闲的时候还好，农忙的时候就麻烦，做事都做不赢，那边又通知要开会，我老婆对此怨言很多。为这个社区建设，村里不知道开了多少次会。第一次开会跟大家说要把工作布置下去，后来迎合的人少，又开会。三天一小开，一周一大开。也没见他们弄出个什么好的对策来。还不是强制压下去做……"在实行能人动员的ZJ村，该村书记也是喜欢开会。只不过开的是小会，他会找那些他觉得会支持他的人开会。在实行项目动员的LFQ村就有村民反映种植任务的分配不公平问题。村干部获得的药材种植亩数高于普通村民。一位村民说道："当官的肯定要比我们拿得多。他们一是知道项目消息，知道到底赚钱不赚钱；二是在分配指标时，他们因为与收购企业关系好，会想方设想多为自己谋利，多拿到指标。我们不认识人就没办法，分到多少就是多少了。……这样是不公平，但又能怎么办呐。"

总体来看，在农村社区建设的运行机制、动力机制和保障机制方面，本书所发现的四种社会动员方法都存在着机制缺失或机制错乱问题，这些问题大大影响了社会动员的效果，导致村民的参与意愿和参与行为不佳。在当前我国正在不断强化基层治理创新的大背景下，动员机制的不完善、不顺畅无疑会对社区治理效果产生影响。为此，下一阶段农村社区的动员能力建设，应该将一部分重心放在机制建设而非动员主体建设方面。

第一，应完善农村社区建设动员运行机制。在运行机制方面，动员主体与客体的共意与沟通对动员的效率起着非同寻常的作用。不管是行政动员、项目动员、能人动员还是自组织动员模式，在主体与客体关系方面都存在着不足。为此，一方面要建立起动员主体之间的整合机制，使政府、村委会、村庄能人、自组织等形成对社区建设的一致性理解；另一方面也应建立起动员主体与村民之间的双向沟通机制，使双方能够共意、共情，最终形成村民持续的参与行为。

第二，应注意完善农村社区建设的动力机制。针对四种动员方法均存在着动员能力弱、动员意愿不可持续的问题，应通过制度化方式完善农村社区建设的动力机制。一方面要划分各动员主体在农村社区建设中的动员责任；另一方面可以通过奖惩等方式对各动员主体进行适当刺激，以形成其可持续的动员意愿。

第三，应健全农村社区动员的保障机制。不同的社会动员模式需要不同的保障机制相匹配，后续保障紧跟上是农村社区建设对社会动员的要求。对于行政动员模式来讲，强大的国家行政组织为动员的成功提供了有力保障，但要积极预防组织链条的刻板化对村民参与的影响。对于项目动员模式来讲，预防风险机制的建立和完善至关重要。对于能人动员来讲，自由、自主的生存和发展空间是必不可少的保障机制。对于自组织动员来讲，组织参与社区事务需要有一定的设施和制度空间，为此应给予自组织相应的组织和制度保障。

第七章 结论与讨论

第一节 研究结论

本书通过实地研究发现，农村社区在推进社区建设的过程中，所采用的社会动员方法主要有四种，分别为行政动员、项目动员、能人动员和自组织动员。四种方法各有特征，其运行机制、动力机制和保障机制也不一样。虽然国家相关的制度对社会动员有一些强调，但是对 12 个村的社区动员调查，仍发现目前在农村社区建设中，社会动员方面还存在着如下的不足：社会动员思路不清晰，相关制度对社会动员缺乏明确规定；社会动员方法多元并存；社会动员能力弱，难以形成持续的合力；动员的结果停留于表象，难以促进村民的价值观以及社区结构的改变；社会动员欠缺制度化。这些不足的存在，会影响农村社区建设的可持续开展。

任何社会动员的开展都需要一定的机制。通过对行政动员、项目动员、能人动员和自组织动员机制的理论和实践分析发现，四者在运行机制、动力机制和保障机制方面都存在着很大差异。行政动员的运行机制是靠权力和行政组织的指令推行进行，其动员过程具有明显单线性特征；动力机制来自于上层政府对村里的要求程度；要使行政动员能开展下去，需要有相关制度规范政府的动员频率，减少村民的弱者抵抗。项目动员的运行机制的核心在于通过提供资源（市场资源、发展资源、福利资源）和满足需求；动员动力主要来自于动员主体提供资源的最初考量，其中最重要的考量在于项目成本和项目收益的关系；在运行保障上，必须要在资源的获得与资源的分配上建立起相关制度保障以减少项目资源分配的不公平。能人动员的主要运行特征是依据乡村精英的人格魅力和能人以及村民对乡村精英的特殊信任，其动员存在着一个村民对乡村精英的一个特殊信任过程；动力机制来自于乡村精英队动员的考虑以及他们获取的外部资源对实现农村社区建设目标的程度如何；由于能人动员主要受精英作用的影响，因此会存在着精英掠夺的风险，需要建立起相关制度防范动员目标因乡村精英导致的目标偏离。自组织动员的运行特征，动员主体与对象的关系较为平等，同时存在着一个组织成员依据情感对组织命令的一个意义解释过程；其动力机制来源于自组织的需要和组织利益；动员的保障机制之一就是要建立起相应的宣传说服制度，消解组织成员的目标认识障碍，激发组织成员的归属热情，二是要国家和社会授权。

　　但是，从本书所选取的 12 个村民的实地调研发现，目前农村社区建设中四种社会动员在运行机制、动力机制和保障机制等方面都存在着问题，导致农村社区建设的效果不佳。运行机制方面存在着无反馈机制、无对动员对象的分类甄别机制、无对动员主体的整合机制问题，动力机制方面存在着未建立动员主体的动员目的与农村社区建设目标的整合机制、缺乏对社区动员动力的持续性激励机制、没有建立动员理念的更新机制问题，保障机制方面存在着缺乏条件保障机制、缺乏风险预防机制问题。

　　机制的缺失导致村民的参与意愿和参与行为不佳。通过对村民的问卷调查发现，当前村民对农村社区建设的参与意愿存在着农民参与兴趣较低、参与意愿不强、对社区建设重视程度不足的特征，在参与行为上存在着参与社区建设活动频率较低，获取社区活动信息的方式过于局限；社区参与层次不够深入，农民参与仍处在表象行为层面等不足。同时还发现，村民的参与意愿与参与行为与动员密切相关。动员主体的性质影响了村民的参与意愿和参与行为，动员主体的性质越正式，村民的参与意愿和参与行为越低。社会动员的方法也影响到村民的社区参与意愿和参与行为。自组织动员、能力动员对提升村民参与意愿有重要帮助，行政动员方法会使村民的参与意愿低于其他动员方法，其一年内参与社区建设的频率也低于其他方法。以上发现说明要提升村民的社区参与，可以从社会动员方面寻找思路。

第二节　讨论

（一）社会动员机制缺失的结构性原因讨论

目前，每一种社会动员模式都存在着社会动员的机制缺失和不完善问题。对社会动员机制缺失的讨论曾有一些学者有过涉及，例如，刘俊浩在研究农村社区农田水利建设时，对国家动员和社会动员的两种机制进行了讨论，提出要完善现有社会组织形式和运行机制。但从组织的角度来讨论农村社区的动员机制的很容易忽略社会动员诞生的基础。多伊奇（Deutsch）认为，社会动员是人们腐蚀和摧毁旧的社会、经济和心理上的主要信仰，开始接受新的社会化和行为模式。在我国，社会动员的兴起其实与国家和社会的授权密不可分，之前我国的社会动员完全由国家把握。目前农村社区建设社会动员的能力动员、自组织动员的兴起，实际上来自于国家的授权和国家的收缩。从这个意义上看，社会动员与国家和社会密不可分。因此，对社会动员机制的讨论更应从国家和社会角度进行。

在社会角度方面，学者们认为，后总体社会是影响社会动员的一种重要社会形态。这一社会仍然保留着总体社会的形态，社会力量发育很小，导致动员只能采取多种动员方法。本书认为，社会动员的缺失还与国家形态相关。当前我国的国家形态是一种后全能国家的形态。后全能国家的典型特征是国家退缩，但仍保留着对社会的控制思维，导致行政动员仍然是一种主要方法。因此，我国目前的国家与社会关系、后总体社会、后全能国家是导致当前社会动员机制不健全的重要原因。所以，动员反映的是国家与社会的变迁。

（二）完善社会动员机制的相关建议

1. 加强和创新基层社会治理为社会动员及制度的建设提出了新要求

三十多年来，改革开放政策给中国经济插上了奔向中国梦的腾飞翅膀，改革开放的红利逐渐释放。人类历史上规模空前的社会变革，中国社会也在发生着复杂而深刻的变化，并由此产生了一系列新的社会问题和矛盾：城市化进程加快，城乡矛盾突出，社会形态更加活跃，开放性、流动性问题增多；社会结构变化失衡，阶层群体矛盾冲突增多；转型社会出现价值真空，社会防控体系不完善等等。在这其中，农村社区建设中暴露出的问题对权力高度集中、政府统管一切的传统社会管理方式提出新要求。党的十八届三中全会后，我国提出要加强国家治理能力建设，提出要建立起现代化的基层治理体系。治理意味着多元参与、协同，通过多元主体的协同来建构好国家、市场与社会的合作关系。根据合作治理理论，要建构起多元主体的关系，需要建构起国家、市场、社会等多元主体的互动平台。因此，在农村社区建设的动员领域，加强和创新基层的治理，需要迫切完善好多元参与、动员资源共享的新机制。

2. 通过制度化建设为社会动员提供动力是国外社区建设的主要经验

从 20 世纪 50 年代开始，在联合国的推动下，社区建设成为一种全球浪潮。通过社区建设，为人类营造一种美好的生活形态已经成为人类社会的一种共识。全世界许多国家都开展了社区建设，涌现了很多种模式。例如韩国的"新村运动"、新加坡的"社区营造"计划都非常著名。澳大利亚政府从 1983 年开始先后实施了"地方政府社区发展""家庭和社区护理""农村社区"等一系列项目。2000 年由联邦家庭与社区发展部组织实施"强化家庭和社区战略"，项目前四年投入 2.2 亿澳元，其中包括对儿童的照料，让儿童和青年人积极参加社区活动，实现社区现有资源的增值，培养社区居民的归属感等。政府部门除设立项目、安排资金外，还建立了完善的监测体系，对项目实施进行评价、指导和监管。德国、加拿大等国家政府也通过直接投资、税收优惠、购买服务等多种措施，支持社区发展。①

在国外进行建设的过程中，非常注重社区居民的参与。例如，在国外农村，社区会议、社区听证会和村民公决是其村民参与农村社区管理的常用方式。在定期召开的农村社区会议上，村民听取社区管理委员会主席所做的前一阶段工作汇报，并对下一阶段的工作计划安排展开讨论。在推动居民的社区参与方面，外国政府主要制定了涉及农村社区住宅、民权、信用贷款和投资等方面的法律法规，这些法规既保证了村民对社区的参与，又对村民具有动员作用。② 自 20 世纪 60 年代以来，先后制定了许多有关城市社区建设的法律法规，如：《住宅和社区发展法》《社区再投资法》《国家和社区服务合作条例》《授权区和事业社区法案》等等。新加坡和日本为城市社区建设和发展也有许多比较明显的法规，对社区建设有很强的约束力。③ 外国公民参与社区建设的热情非常高，其社区动员经验可总结为以下几点：

第一，政府倾向于采用激励性动员方法。如上所述，社区居民参与乡村自治的途径除了竞选社区专业管理委员会成员、加入 NGO 组织外，还有一个非常重要的途径就是参加志愿服务。社区居民这种强烈的志愿动机一方面源自于其自治传统，另一方面也得益于政府的激励。

政府为了培养社区居民的志愿精神，动员居民参与社区建设，建立了非常健全的激励制度，主要从形象、兴趣、精神以及经济四方面来提升公众参与志愿服务的积极性。其中前三个类别主要从非物质层面来对社区居民进行激励，形象激励即设立志愿服务奖项，通过媒体

---

①　侯岩、陈磊：《国外社区建设的做法与经验》，《新湘评论》2008 年第 8 期。
②　秦柳：《国外农村社区管理及对中国的启示》，《世界农业》2014 年第 9 期。
③　李保明：《国外城市社区管理模式及其启示》，《中国行政管理》2013 年第 4 期。

对志愿者及志愿活动的宣传、报道，使志愿者获得公众的关注、表扬和称赞，从而增强他们的自豪感和荣誉感的一种激励方法；兴趣激励是指各志愿机构都设置了各种类型的志愿项目，人们可以根据各自的兴趣来自由选择，这有利于激发志愿者的工作热情；精神激励是指志愿机构都有自己宗旨、口号和标语，志愿者在入会时通常也会举行宣誓仪式，这有利于培育志愿者的团队归属感。经济激励属于物质层面的激励，在国外，达到一定的服务时数后，志愿者往往能得到相应的经济奖励。具有高中及以上学历的学生，在校期间或者毕业后为社区提供1—2年志愿服务的，在志愿服务期间，政府每年给每位学生发放7500美元的生活费和4725美元的教育奖励金①，这极大地提升了青少年群体参与志愿服务的积极性。

第二，非政府组织是社区动员的重要主体。非政府组织一直是国外社区建设的重要主体，在动员社区居民参与社区建设上扮演重要角色。非政府组织之所以对公众有动员力，主要在于这些组织具有草根性、专业性以及非营利性。草根性是指这些组织是由居民自发组成，为社区居民发声；专业性是指很多社会组织本身是由行业的专业人士组成，如环保类协会多有生态学家发起，本身具有相应的专业知识，有一定的权威性；非营利性这类组织本身不以营利为目的，致力于提升社区福利。由于非营利组织具有以上特性，因而居民对这些组织非常信任，非政府组织，尤其是社区内部组织对居民的动员是一种基于信任资本的动员。

3. 将机制建设作为完善农村社区建设社会动员模式的重点

每一种动员模式都存在着问题，导致村民的社会参与意愿和参与行为弱，社会动员的运行、保障不佳。为此，应该以机制建设作为下一阶段农村社区社会动员模式建设的重点。其实，对于当前农村社区建设社会动员的研究，有些学者将完善的重点放在动员主体的发育

---

① 臧雷振：《美国、日本、新加坡社区参与模式的比较分析及启示与借鉴》，《社团管理研究》2011年第4期。

上，主张培育起社会力量来完成社会动员。例如，费爱华认为，针对动员主体面对日益分化和疏离的社会现实，针对不同特征的动员客体需要采取不同的动员模式。面向绝大部分普通市民，通过开放主流空间和建构异质性空间，进行参与动员；对其中一部分直接影响动员进程的个人和群体，通过以人际传播为特征的情理动员方式，确保他们接受规范、完成动员行动；针对动员客体中的一部分积极分子，通过内化动员让他们成为动员客体的表率，甚至将之转化成为动员主体；而针对违反动员规范的动员客体及部分工作不力的动员主体，则采用软性或硬性惩戒式动员方式。①

但是，仅仅完善动员主体，而不对动员的运行机制、动力机制等进行完善，会容易使社会动员丧失动力。例如，能人动员和自组织动员都面临着动员主体的目标与社区建设目标不一致的问题，如果处理不了，后续的社会动员容易偏离社区建设的目标，仅仅依靠主体的力量很难解决这一问题。从本书调研的情况看出，社区建设中社会动员领域出现的许多问题都与机制的不完善相关。因此，下一阶段社会动员模式建设的重点，应放在机制完善而非主体和能力完善上。而且，机制建设中就包含了主体的整合机制和能力、观念的更新机制。二者并不完全矛盾。

例如，20世纪50年代至今，德国的"村庄更新"计划已实施了很长一段时间，村民们一直积极参与到整个乡村更新机制中，最终实现了"城乡等值"发展。在如何调动村民参与社区建设上，德国积累了许多经验，其经验可总结为以下几点：

第一，激励动员机制。这里的激励动员机制是指政府作为动员主体，通过一定的制度规范和措施，给予村民物质性或非物质性的奖励，从而激发村民参与社区建设的热情的一种动员方式，根据动员载体的不同，激励性动员可进一步细分为物质激励性动员与非物质激励

---

① 费爱华：《新形势下的社会动员模式研究》，《南京社会科学》2009年第8期。

性动员。地方政府在征集村庄更新规划或问题解决方案时，对提出最佳方案的村民，政府会给予一定奖金奖励。但在实际的社建工作中，政府更倾向于用非物质激励的方法来动员村民参与社区建设，其中德国的乡村竞赛活动就是一种非常典型的非物质性激励动员机制。

德国的乡村竞赛活动起源于第二次世界大战结束后村民自发开展的乡村美化活动，1961 年由于德国农业部的加入，该活动正式成为一项全国性的乡村竞赛，联邦政府制定了相应的法律条文来保障竞赛公平公正性①。竞赛每三年举办一次，分为县级、邦级和联邦级，在竞赛中，尤其是联邦级竞赛中获胜，对参赛村民及村庄而言是至高无上的荣誉。这一竞赛制度有利于激发村民的社区意识，增进其社区认同感和归属感，调动村民参与乡村建设的积极性、主动性和创造性。同时，竞赛也为德国的乡村建设搭建了一个交流平台，各村庄可通过这一平台相互学习和借鉴优秀的建设经验，从而形成良性的乡村建设循环。1961 年至 2013 年这五十多年间里，共有 109930 个单位参与以"我们的村庄有未来"为主题的竞赛活动，共颁布了 283 块金牌、284 块银牌、173 块铜牌②。类似的非物质激励性动员还有"巴伐利亚勋章"，巴伐利亚家乡文化保护协会负责人里特、沃尔兹穆勒表示：获得"巴伐利亚勋章"对他们以及巴伐利亚人而言是最高的奖励。③由此也可见，这种非物质激励性方法对于村民参与社区建设具有动员效果。

文化学派强调个体情绪、情感与文化实践的互构，该学派看重象征符号体系建构与操控过程及其对个体的参与行为产生的影响，认为要提升社区的社会动员能力，需要社区成员在社区情感方面建构出有一致性

① 朱金、陈可石、诸君靖：《德国乡村竞赛计划发展及其对我国大陆乡村建设的启示》，《规划师》2015 年第 12 期。

② 吴唯佳、唐燕、唐婧娴：《德国乡村发展和特色保护传承的经验借鉴与启示》，《乡村规划建设》2016 年第 6 期。

③ 王霄冰：《德国巴伐利亚州家乡文化保护协会负责人访谈录》，《文化遗产》2012 年第 2 期。

的认同。① 因此，德国政府这种非物质性激励动员之所以对公众具有动员力，从文化学派视角来看主要是因为非物质激励性动员可以增加公众对于社区的认同感和归属感，在社区建设中形成了"共意"。

第二，组织动员机制。组织动员机制就是为达到一定的动员目的，动员主体通过一定的组织体系进行动员的机制建设②，根据动员主体性质的不同，可将组织动员分为政府组织动员和社会组织动员。政府组织动员法是指联邦政府或地方各级政府通过行政组织体系来动员村民参与社区建设的一种方法，德国从联邦到地方都颁布了非常多的法律法规来保障公众的社区参与权，其中联邦《建设法典》第三章明确规定公民具有参与社区建设的权力，如果地方政府或者开发商侵犯了公民这一权力，公民可以上诉。在这一制度框架下，社区居民参与村庄更新的权利得到保障，村民有为自己家乡发展出谋划策的机会，村民参与社区建设的自我效能感也得以提升。

4. 农村社区建设社会动员的顶层思考

理念决定方向，认识引导行动。通过对行政动员、项目动员、能人动员和自组织动员的机制分析与比较，看到其在农村社区建设中发挥的作用与效果各有优劣。从理论和国外社区建设的经验来讲，自组织动员模式将是未来社会发展，农村社区建设中社会动员的必然趋势，也是人民当家做主的生动体现。自组织动员是一个良好的动员模式选择，是在农村社区建设中社会动员的主方向，但同时我们要意识到，任何一种社会动员模式都需要一个与社会相适应的过程，理想的动员模式也必须要有高效的动力机制和健全的保障机制。

一个理想的社会动员模式必然要求研究村民对公共性事物（如农村社区建设）的看法与参与，找寻出其影响因素与影响机制，激发和培育农民的公共意识与公共行为很重要。社会动员模式不是万能的，

---

① 此内容出自本课题已公开出版或发表的阶段性研究成果。袁小平、汪冰逸：《农村社区建设中的社会动员：动员话语与研究进展》，《农林经济管理学报》2018 年第 5 期。

② 甘泉：《社会动员论》，博士学位论文，武汉大学，2010 年。

不是一成不变的，而是与时俱进，适应社会发展规律的。社区的全面发展要坚持以人为本，不但谋求社区的经济发展、政治民主、文化繁荣，还要更加关注和维护人民群众的根本利益，更着力于提高人民群众的生活水平和维护社区和谐。与之匹配的社会动员模式的选择要能够调动村民的热情和积极参与，这也是社区建设和发展的内在动力。

当下，自组织动员这种新社会动员模式具有良好的发展前景，也是农村社区建设中社会动员的发展方向。本书的调研也证实，自组织动员能使村民产生出较强的参与意愿和较高的社区参与率。它符合广大人民群众的根本利益和民主要求，能够体现出村民的主人翁意识，真正把社区建设大事办好。在自组织动员模型中，通过血缘关系、趣缘关系组织起来的合作社等自发性组织，相比其他类型的社会动员模型，不管它是传统型的还是现代型的积极性更高。因为在这种动员模型中，它的动力机制是以理性需求为导向的，平等协作、共同一致完成共同的兴趣和目标。但同时它的保障机制要求必须是纯洁的人，不能因个人私欲而破坏集体或组织利益。如果保障机制被别有用心或腐化的人利用，自组织动员将处于不利状态。此外，特别强调的是自组织动员的持续性很脆弱，解决这一问题的关键在于健全组织，增强吸引力，广泛联系村民，不脱离群众。

根据以上思路，本书认为，农村社区建设的新动员模型可以如下：

5. 完善我国农村社区建设中社会动员机制的具体建议

新形势下，加强和创新基层社会治理，改进目前的社会动员模型需要一种勇气和魄力。创新社区治理，做大社会动员。同样来说，构建新型的农村社会动员模型需要将农民组织和调动起来，发挥他们的积极性和创造性，这也是一个包含多学科的理论话题。由于国内有关社会动员的研究刚刚兴起，成熟的分析框架还没有出现，加上全国各地社会条件差异性较大，本书提炼出的新社会动员机制也将难以保证普适性，但给予了当前改进我国农村社区建设的动员机制树立了示范

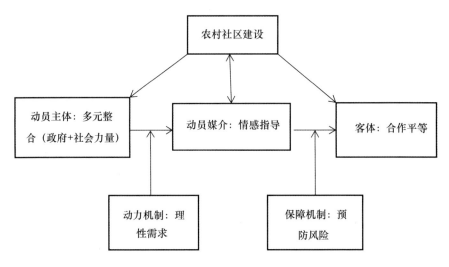

图 7.1　农村社区建设的新动员模型

和建议作用。

　　首先，开发农村社会建设动力机制。在动力机制方面，通过兴趣、比较与目标一致的组织带动，确保以理性需求为导向，不偏离需求方向、不走弯路。群众是靠山，社区靠大家。在密切联系群众，组织群众基础上，在经济利益攸关点上实现最大限度的公平很重要。此外，以人为本，做大功率。在农村社区建设中做好社会动员，在这一整体目标中，人的发展处于中心位置。社会动员方法要深入群众身边，激发村民的社区认同感，切实提高社区村民参与的频率和程度。而且农村社区建设需要政府政策扶持，社会帮扶。广泛的社会动员是农村社区建设不竭的动力源泉，力量单薄、资源不足的农村社区建设需要全社会的合力。

　　其次，维护农村社区建设动员运行机制。在运行机制方面，人文交流和关怀上化解矛盾与分歧对社会动员起着非同寻常的作用。不管是行政动员、项目动员、能人动员还是自组织动员模式，在主体与客体关系，动员方法与途径上都要体现出人文的交流和关怀，才能服人。另外，不管何种社会动员模式都要确保合法合规，除旧创新。我国是社会主义法治国家，依法治国是我国的总纲领。创新是社会动员不竭的动力，但社会动员的创新必须在法律规定的框架和范围内。当下，先进的现代信息手段和通信媒介，对社会动员模式的运行具有事半功倍的效果。

最后，健全农村社区建设保障机制。不同的社会动员模型需要不同的保障机制相匹配，后续保障紧跟上是农村社区建设对社会动员的要求。对于行政动员模式来讲，强大的国家行政组织是有力保障，但要积极预防组织的衰败和腐化。对于项目动员模式来讲，预防风险机制的建立和完善至关重要，风雨来袭，保障机制作用不可小觑。对于能人动员模式来讲，自由、自主的生存和发展空间是必不可少的保障机制。对于自组织动员模式来讲，群众就是有力的保障，密切联系群众，保持纯洁的人格，不腐化，以集体和组织利益为重。此外，政府公信力建设不能忽视。在国家创新社会治理的大背景下，国家、政府在社会动员模型中仍是最重要的角色，政府的威信、政府政策的贯彻程度离不开自身的公信力建设。

改进当前我国农村社区建设的动员机制是一个长期的探索过程，前途是光明的，道路是曲折的。这是一个需要英雄的时代，迫切需要壮士断腕的决心，刮骨疗伤的勇气，实现社会动员模式的创新。改革是社会主义制度的自我完善和发展，社会动员机制的选择同样需要与时俱进，因地制宜，因时而异。

参考文献

中文著作类

《辞海》，上海人民出版社 1999 年版。

蔡定剑：《公众参与——风险社会的制度建设》，法律出版社 2009
年版。

费孝通：《乡土中国》，生活·读书·新知三联书店出版社 1985
年版。

费孝通：《中国士绅：城乡关系论集》，赵旭东、秦志杰译，外语教
学与研究出版社 2011 年版。

汉斯—吕迪格·迪内尔：《德国公众参与与程序综述》，载刘平、鲁
道夫·特劳普—梅茨《地方决策中的公众参与：中国和德国》，上
海社会科学出版社 2009 年版。

候松涛：《全能政治：抗美援朝运动中的社会动员》，中央文献出版
社 2012 年版。

克思明：《论中共之农村动员——武装、革命与政权（1937—
1949）》，台北辅仁大学出版社 1988 年版。

刘俊浩：《农村社区农田水利建设组织动员机制研究》，中国农业出
版社 2006 年版。

刘一皋：《农民动员与社会变迁——华北事变前后之农村社会分析》，

《20 世纪中国社会史与社会变迁学术研讨会论文集》1997 年版。

罗衍军：《革命与秩序：以山东省郓城县乡村社会为中心（1939—1956）》，中国社会科学出版社 2013 年版。

时光等选编：《"二大"和"三大"——中国共产党第二、三次代表大会资料选编》，中国社会科学出版社 1985 年版。

王奇生：《革命的底层动员：中共早期农民运动的动员参与机制》，载徐秀丽、王先明《中国近代乡村的危机与重建：革命、改良及其他》，社会科学文献出版社 2013 年版。

王旭宽：《政治动员与政治参与——以井冈山斗争时期为例》，中央编译出版社 2012 年版。

夏周青：《农村社区建设工作手册》，国家行政学院出版社 2010 年版。

俞可平：《治理与善治》，社会科学文献出版社 2000 年版。

张羽：《战争动员发展史》，军事科学出版社 2004 年版。

赵全军：《社会转型与压力型社会动员——改革后中国农村义务教育供给制度研究》，上海人民出版社 2009 年版。

邹谠：《中国革命再阐释》，牛津：牛津大学出版社 2002 年版。

[美] 艾伯特·O. 赫希曼：《转变参与——私人利益与公共行动》，李增刚译，上海人民出版社 2008 年版。

[美] 爱德华：《国防部总动员计划》，波拉提等译，军事科学出版社 2007 年版。

[美] 杜赞奇：《文化、权力与国家：1900—1942 的华北农村》，王福明译，江苏人民出版社 2010 年版。

[美] 卡尔·多伊奇：《社会动员与政治发展》，美国：美国政治科学评论出版社第 55 号。

[美] 孔飞力：《中华帝国晚期的叛乱及其敌人：1796—1864 年的军事化与社会结构》，谢亮生、杨品泉、谢思炜译，中国社会科学出版社 1990 年版。

［美］林南：《社会资本》，张磊译，上海出版社 2005 年版。

［美］罗伯特·帕特南：《独自打保龄球：美国社区的衰落与复兴》，刘波、祝乃娟、张孜异、林挺进、郑寰译，北京大学出版社 2011 年版。

［美］塞缪尔·亨廷顿：《变革社会的政治秩序》，上海译文出版社 1989 年版。

［日］田原史起：《日本视野中的中国农村精英：关系、团结三农政治》，山东人民出版 2012 年版。

中文论文类

E. 扎姆菲尔斯库，戴侃：《对先进资本主义国家新社会运动的各种看法》，《国外社会科学》1985 年第 2 期。

K-w. 布兰特，姜晓辉：《新社会运动：一种超政治的挑战》，《国外社会科学》1987 年第 9 期。

安云初、吴家庆：《国民革命时期农村动员与农民现代意识的启蒙》，《求索》2007 年第 7 期。

曹英：《农村群体性事件中"草根精英"的生成、组织与动员机制》，《中国人民公安大学学报》2013 年第 1 期。

陈华：《互联网社会动员的初步研究》，博士毕业论文，中央党校，2008 年。

陈家建：《项目制与基层政府动员：对社会管理项目化运作的社会学考察》，《中国社会科学》2013 年第 2 期。

陈家喜、刘王裔：《我国农村空心化的生成形态与治理路径》，《中州学刊》2012 年第 5 期。

陈诗波、李崇光：《我国农民专业合作组织的"能人效应"解析》，《学术交流》2008 年第 8 期。

陈婉雪：《新型农村村民的社区社会参与——以武汉市 X 社区为例》，

硕士学位论文,华中师范大学,2011 年。

陈先红、张凌:《草根组织的虚拟动员机构:"中国艾滋病病毒携带者联盟"新浪微博个案研究》,《国家新闻界》2015 年第 4 期。

陈玉生:《新农村建设中的社会动员》,《甘肃理论学刊》2006 年第5 期。

丛晓峰、许淑华、龚晓洁:《村落精英对农村社区发展的消极影响——以 S 省 J 市林村为例》,《东岳论丛》2013 年第 7 期。

邓万春:《从能力到主体:社会动员研究的话语转向》,《理论导刊》2009 年第 1 期。

邓万春:《动员式改革:中国农村改革理论与经验的再探讨》,《社会》2008 年第 5 期。

董磊:《微博打拐的虚拟社会动员及社会管理研究》,硕士学位论文,哈尔滨工业大学,2013 年。

董文琪:《乡村文化建设中的精英动员与志愿失灵——以"屈原乡村图书馆"为例》,《中国非营利评论》2011 年第 1 期。

段世江、张辉:《老年人社会参与的概念和理论基础研究》,《河北大学成人教育学院学报》2008 年第 3 期。

段欣:《城乡基层治理中地方政府合法性危机研究》,《山西农业大学学报》2014 年第 5 期。

范斌、赵欣:《结构、组织与话语:社区动员的三维整合》,《学术界》2012 年第 5 期。

费爱华:《新形势下的社会动员模式研究》,《南京社会科学》2009 年第 8 期。

冯仕政、朱展仪:《集体行动、资源动员与社区建设——对社区建设研究中"解放视角"的反思》,《新视野》2017 年第 5 期。

冯仕政:《西方社会运动研究:现状与范式》,《国外社会科学》2003 年第 5 期。

甘满堂、张孝廷:《传统社区资源动员与农民有组织抗争——对东南

沿海农村抗争性集体行动的一种解释框架》，《辽东学院学报》
　　2010 年第 5 期。

甘泉：《社会动员论》，博士学位论文，武汉大学，2010 年。

高春风：《自组织理论下的农村社区发展研究》，博士学位论文，中
　　国农业大学，2009 年。

关兴：《新农村建设中的政治动员——以皖北 T 县为个案》，硕士学位
　　论文，华中师范大学，2008 年。

郭焕龙：《话说社会动员机制》，《前线》2009 年第 3 期。

郭旭杰、揭琳：《后税费时代农村公共物品研究——农村公共物品供
　　给中的精英动员》，《科教导刊》2010 年第 2 期。

郭延安：《农村社区建设中存在的问题及其对策》，《中国发展观察》
　　2012 年第 11 期。

韩志明：《利益表达、资源动员与议程设置——对于"闹大"现象的
　　描述性分析》，《公共管理学报》2012 年第 2 期。

何平：《农村社区建设与村民自治的共生、共建与联动》，《青岛农业
　　大学学报》（社会科学版）2011 年第 3 期。

贺东航、朱冬亮：《关于集体林权制度改革若干重大问题的思考》，
　　《经济社会体制比较》2009 年第 2 期。

侯岩、陈磊：《国外社区建设的做法与经验》，《新湘评论》2008 年第
　　8 期。

华伟：《单位制向社区制的回归》，《战略与管理》2000 年第 1 期。

黄佳鹏：《行政动员与社会动员：精准扶贫中的识别困境及其超
　　越——基于豫南 X 村的实证考察》，《中国延安干部学院学报》
　　2019 年第 12 期。

蒋柳萍：《从世博会志愿者组织看社会动员——兼论公共管理中的公
　　民参与》，《前沿》2010 年第 21 期。

孔繁斌：《政治动员的行动逻辑——一个概念模型及其应用》，《江苏
　　行政学院学报》2006 年第 5 期。

黎飞燕：《城镇化进程中农村能人动员式治理研究》，硕士学位论文，华中师范大学，2014 年。

李宝库：《社区建设是社会管理方式的重大变革》，《领导信息决策》2001 年第 26 期。

李保明：《国外城市社区管理模式及其启示》，《中国行政管理》2013 年第 4 期。

李德满：《文化权力、乡村政权与资源动员——解放区土改运动的在认识》，《中共浙江省委党校学报》2008 年第 4 期。

李静萍：《如何动员社会力量支持农村社区建设》，《沧桑》2014 年第 4 期。

李茂松：《农村社区建设进程中居民主体性缺失与建构研究》，《生产力研究》2017 年第 12 期。

李润国、姜庆志、李国锋：《治理现代化视野下的农村社区治理创新研究》，《宏观经济研究》2015 年第 6 期。

李向平、石大建：《儒道重建：合法性资源的动员模式》，《儒教研究》2009 年第 6 期。

梁丹：《新型农村社区建设中的农民利益补偿问题及对策研究》，《学习论坛》2013 年第 2 期。

刘宝：《农村社区建设的范式转换与实践路径——基于社区能力建构的视角》，《福建论坛》2013 年第 6 期。

刘成良：《农民集体行动的动员机制分析——对桂北一个宗族村落的考察》，《南京农业大学学报》（社会科学版）2015 年第 4 期。

刘成良：《行政动员与社会动员：基层社会治理的双层动员结构——基于南京市社区治理创新的实证研究》，《南京农业大学学报》（社会科学版）2016 年第 3 期。

刘能：《社会运动理论：范式变迁及其与当代中国社会研究现场的相关度》，《江苏行政学院学报》2009 年第 4 期。

刘能：《怨恨解释、动员结构和理性选择——有关中国都市地区集体行动发生可能性的分析》，《开放时代》2004 年第 4 期。

刘燕舞：《结构规约型动员——农民集体行动动员机制的一个解释框架》，《长春市委党校学报》2009 年第 6 期。

刘燕舞：《农民集体行动动力机制的一个分析视角——以豫东曹村 8 队农民集体行动为个案》，《长江论坛》2009 年第 3 期。

刘振杰：《新型农村社区建设的成效、问题与对策——基于对河南部分地市的调研》，《信访与社会矛盾问题研究》2014 年第 2 期。

柳拯、刘东升：《社会参与：中国社会建设的基础力量》，《广东工业大学学报（社会科学版）》2013 年第 2 期。

龙太江：《从"对社会动员"到"由社会动员"——危机管理中的动员问题》，《政治与法律》2005 年第 2 期。

龙永红：《现代慈善组织的资源动员——一个分析框架》，《学习与实践》2012 年第 11 期。

芦恒、陈仲阳：《"双向动员型"农村治理新模式探析——以吉林省扶余市为例》，《改革与开放》2015 年第 6 期。

吕振江：《浅谈土地治理项目前期农村群众发动动员工作》，《农业开发与装备》2009 年第 9 期。

罗家德、孙瑜等：《自组织运作过程中的能人现象》，《中国社会科学》2013 年第 10 期。

罗兴佐：《有动员无组织：熟人社会中的集体行动——对一起农村群体事件的分析》，《江苏行政学院学报》2013 年第 5 期。

马达、水木、邵猷芬：《精准扶贫九江在发力》，《老区建设》2015 年第 21 期。

彭正德：《阶级动员与认同聚合：党在乡村社会的一种政策动员模式——以湖南省醴陵县为中心的考察》，《湖南师范大学学报》2011 年第 6 期。

千野拓政：《从青年亚文化看文化动员模式的变化》，《中国图书评论》2015 年第 1 期。

乔晶:《重构农村:"农业学大寨"运动中的政治动员》,硕士学位论文,华东师范大学,2010年。

秦柳:《国外农村社区管理及对中国的启示》,《世界农业》2014年第9期。

曲颂:《农村社区管理模式的分析与评价》,《中国农业科学院》2012年。

任孟山:《政治机会结构、动员结构和框架过程——当代互联网与社会运动的一个分析框架及案例考察》,《中国青年政治学院学报》2011年第6期。

沈彦君:《农村公共物品供给中的精英动员——以新平村建桥为例》,硕士学位论文,西南政法大学,2009年。

石大建、李向平:《资源动员理论及其研究维度》,《广西师范大学学报》2009年第6期。

孙涛:《新型农村社区建设中的问题及对策研究——以山东省青岛市为例》,《青岛职业技术学院学报》2017年第1期。

孙瑜:《乡村自组织运作过程中能人现象研究》,博士学位论文,清华大学,2014年。

仝志辉:《农民选举参与中的精英动员》,《社会学研究》2002年第1期。

万勇:《美国体育志愿者激励机制初探》,《体育世界》(学术)2009年第9期。

汪治强:《"三社联动"驱动社会治理创新》,《社会治理》2016年第3期。

王德福、张雪霖:《社区动员中的精英替代及其弊端分析》,《城市问题》2017年第1期。

王瑾:《西方社会运动研究理论述评》,《国外社会科学》2006年第2期。

王苗、慈勤英:《"倚靠体制、面向社会":体制外公益组织"准社会化动员"的个案研究》，《甘肃社会科学》2013 年第 4 期。

王明美：《江西村落社区建设：欠发达地区农村社区建设的成功探索》，《江苏行政学院学报》2008 年第 3 期。

王霄冰：《德国巴伐利亚州家乡文化保护协会负责人访谈录》，《文化遗产》2012 年第 2 期。

魏智慧：《乡土性与现代性：集镇社区动员机制的可行性分析》，《社会科学战线》2016 年第 8 期。

文小勇、袁卫华、石颖：《"单位化"动员到"市场化组织"调控——农村思想政治工作模式的转》，《社会主义研究》2004 年第 3 期。

吴唯佳、唐燕、唐婧娴：《德国乡村发展和特色保护传承的经验借鉴与启示》，《乡村规划建设》2016 年第 6 期。

吴忠民：《重新发现社会动员》，《理论前沿》2003 年第 21 期。

夏少琼：《建国以来社会动员制度的变迁》，《唯实》2006 年第 2 期。

夏瑛：《从边缘到主流——集体行动框架与文化情境》，《社会》2014 年第 1 期。

项继权：《农村社区建设：社会融合与治理转型》，《社会主义研究》2008 年第 4 期。

肖伍祥：《中心＋村落：农村社区建设的一种模式》，《社会工作》2009 年第 7 期。

谢金林：《情感与网络抗争动员——基于湖北"石首事件"的个案分析》，《公共管理学报》2012 年第 1 期。

谢治菊：《村民社区认同与社区参与——基于江苏和贵州农村的实证研究》，《理论与改革》2012 年第 4 期。

徐进：《党、革命动员和地域社会：论中共河北党组织（1928—1934）》，《史学月刊》2007 年第 12 期。

徐勇：《"行政下乡"：动员、任务与命令——现代国家向乡土社会渗透的行政机制》，《华中师范大学学报》2007 年第 5 期。

徐勇：《"宣传下乡"：中国共产党对乡土社会的动员与整合》，《中共党史研究》2010 年第 10 期。

许宝财：《动员社会力量建设新农村》，《中国老区建设》2006 年第 11 期。

许婷、郑言达：《政府＋市场式动员与农村市场化经营——农村市场化经营动员的个案研究》，《商情》2008 年第 2 期。

许远旺、卢璐：《从政府主导到参与式发展：中国农村社区建设的路径选择》，《中州学刊》2011 年第 1 期。

薛利亚：《社会动员的变迁及内在机制——以公益献血的动员研究为例》，《社会科学》2011 年第 7 期。

杨宝：《嵌入结构、资源动员与项目执行效果——政府购买社会组织服务的案例比较研究》，《公共管理学报》2018 年第 3 期。

杨福忠：《从社会动员能力看当前国家同农民的关系》，《黑龙江社会科学》2001 年第 3 期。

杨华、王会：《重塑农村基层组织的治理责任——理解税费改革后乡村治理困境的一个框架》，《南京农业大学学报》2011 年第 2 期。

尹旦萍：《农村群体性事件应对中的社会动员策略——以"石首事件"后期的成功处置为例》，《福建行政学院学报》2011 年第 3 期。

尹广文、崔月琴：《能人效应与关系动员：农民专业合作组织的生成机制和运作逻辑——一组基于西北地区村域合作社的实地研究》，《南京农业大学学报》（社会科学版）2016 年第 2 期。

应星：《草根动员与农民群体利益的表达机制——四个个案的比较研究》，《社会学研究》2007 年第 3 期。

游世会：《村委会选举中的精英动员程序》，《中国校外教育》2015 年第 3 期。

于丹、董大海：《理性行为理论及其拓展研究的现状与展望》，《心理科学进展》2008 年第 5 期。

袁超：《中国社区觉醒时代到来了吗?》，《新产经》2012 年第 12 期。

袁方成、王剑虎：《社区建设中的农民》，《华中师范大学学报》2009年第5期。

袁方成：《"两型"社区：农村社区建设的创新模式》，《探索》2010年第2期。

袁小平、潘明东：《农村社区建设中的社会动员机制研究》，《农村经济》2017年第4期。

袁小平、潘明东：《农村社区建设中社会动员的现状、问题与对策——来自江西省9个村的实地调查》，《南昌大学学报》（人文社会科学版）2016年第5期。

袁小平、汪冰逸：《农村社区建设中的社会动员：动员话语与研究进展》，《农林经济管理学报》2018年第5期。

袁小平、熊茜：《社会动员视角下的农村社区能力建设》，《山东社会科学》2011年第11期。

臧爱绒：《试论经济建设中的"树立典型"——一种动员和组织机制的分析》，《延安大学学报》2014年第6期。

臧雷振：《美国、日本、新加坡社区参与模式的比较分析及启示与借鉴》，《社团管理研究》2011年第4期。

曾礼华：《分层设计：中国惠民项目动员过程的社会学分析——以一项农村饮水工程为例》，硕士学位论文，西南大学，2015年。

张建涛：《建国初期中共强大政治动员能力原因探析》，《改革与开放》2010年第6期。

张克中、贺雪峰：《社区参与、集体行动与新农村建设》，《经济学家》2008年第1期。

张莉宝：《精神伦理符号与社会动员》，《求索》2013年第11期。

张岳琢：《社会动员与地方NPO的品牌建构》，硕士学位论文，西北大学，2007年。

张志胜：《农村社区建设中农民主体性的缺失与重构》，《青岛农业大学学报》2013年第3期。

赵鼎新:《社会科学研究的困境:从与自然科学的区别谈起》,《社会学评论》2005 年第 4 期。

赵孟营:《非政府组织与社会主义新农村建设的基层动员》,《宁夏社会科学》2007 年第 2 期。

赵欣:《授权式动员:社区自组织的公共性彰显与国家权力的隐形在场》,《华东理工大学学报》(社会科学版) 2012 年第 6 期。

折晓叶、陈婴婴:《项目制的分级运作机制和治理逻辑——对"项目进村"案例的社会学分析》,《中国社会科学》2011 年第 4 期。

郑永廷:《论现代社会的社会动员》,《大学学报》2000 年第 2 期。

郑永廷:《论现代社会的社会动员》,《中山大学学报》2000 年第 2 期,第 22 页。

周娟:《环保运动参与:资源动员论与后物质主义价值观》,《中国人口·资源与环境》2010 年第 10 期。

周凯:《社会动员与国家治理:基于国家能力的视角》,《湖北社会科学》2016 年第 2 期。

周庆智:《传统社会动员机制面临的挑战与应对》,《国家治理》2015 年第 31 期。

朱金、陈可石、诸君靖:《德国乡村竞赛计划发展及其对我国大陆乡村建设的启示》,《规划师》2015 年第 12 期。

朱琦:《社区结构与权力分布》,《社会》2002 年第 8 期。

邹奕、杜洋:《"社会动员"概念的规范分析》,《天津行政学院学报》2013 年第 5 期。

外文著作类

Christian Davenport, Hank Johnston, Carol Mueller, *Repression and Mobilization*, Minnesota : University of Minnesota Press. 2005.

Davies, James C. , "Toward a Theory of Revolution", *American Sociologi-*

cal Review, Vol. 27, No. 1, February 1962.

Fritz, Jan Marie, and Rhéaume, *Jacquesmmunity intervention: clinical sociology perspectives*, New York: Springer. 2014.

Heller, K., Price, R. H., Reinhartz, S., Riger, S., Wandersman, A., & D'Aunno T. A., *Psychology and community change: Challenges of the future*, Dorsey Press, 1984.

Hoffer, Eric, *The True Believer: Thoughts on the Nature of Mass Movements*, New York: Harper Perennial Modern Classics, 2002.

Jan Kooiman, *Governing as Governance*, London: SAGE Publications Ltd, 2003.

Joel Beinin, Frederic Vairel, *Social Movement, Mobilization, and Contestation in the Middle East and North Africa*, California: Stanford University Press, 2011.

Lee, Francis L. F., "Internet, citizen self-mobilisation, and social movement organisations in environmental collective action campaigns: two Hong Kong cases," *Environmental Polotics*, Vol. 24, No. 2, 2015.

Margaret Ledwith, *Community Development: A critical Approach* (2nd ed.), Great Britain: Policy Press. 2005.

Michael A. McDonnell, "Popular Mobilization and Political Culture in Revolutionary Virginia: The Failure of the Minutemen and the Revolution from Below", *The Journal of American History*, Vol. 85, No. 3, December 1998.

Morrs, Aldon D. and Carol McClurg Mueller, *Frontiers in Social Movements Theory*, Yale: Yale University Press, 1992.

Nelson A. Pichardo, "Resource Mobilization: An Analysis of Conflicting Theoretical Variations", *The Sociological Quarterly*, Vol. 29, No. 1, March 1988.

Shaul Vardi, *Social Mobilization in the Arab-Israeli War of 1948 on the Is-*

raeli Home Front, Routledge, 2013.

Smith, D. H., "The Importance of Formal Voluntary Organizations for So-ciety", *Sociology and Social Research*, No. 50, July 1996.

Stephen M. Engel, *The Unfinished Revolution: Social Movement Theory And The Gay Lesbian Movements*, Cambridge University Press, 2001.

Terry Robson, *The State and Community Action*, London: Pluto Press, 2000.

WorldHealth Organization, "Community-based rehabilitation: CBR guide-lines", *World Health Organization*, Vol. 47, 2010.

外文论文类

Alexander Bruggen, Frank Moers, "The Role of Financial Incentives and Social Incentives in Multi-Task Settings", *Journal of Management Accounting Research*, 2007, 11.

Davies J. C., "Toward a Theory of Revolution", *American Sociological Review*, Vol. 27, No. 2, 1962.

G. M. Mubyazi, G. Hutton "Rhetoric and reality of community participation in health planning, resource allocation and service delivery: a review of the reviews, primary publications and grey literature", *Rwanda Journal of Health Sciences*, 2012.

Jia Gao and Yuanyuan Su, "Social mobilization in a changing China: A critical review of the literature", *Current Sociology*, July 2017.

McAdam D., McCarthy J. D., Zald M. N., etc., *Comparative Perspectives on Social Movements*, Cambridge University Press.

Rifkin S. B., "Examining the links between community participation and health outcomes: a review of the literature", *Health policy and planning*, 2014.

网络文献类

UNICEF：https：//www. unicef. org/cbsc/index_ 42347. html. ，UNICEF.

《2017 年农村义务教育学生营养改善计划实施信息》，《上饶市政府网》，http：//www. zgsr. gov. cn/doc/2018/11/29/318012. shtml，2018 年 11 月 29 日。

《国家民政部 2017 年社会服务发展统计公报》，中华人民共和民政部网站，http：//www. mca. gov. cn/article/sj/tjgb/2017/201708021607. pdf，2018 年 8 月 2 日。

《吉州区社区建设经验走向全国》，《中国江西网—江南都市报》，http：//jndsb. jxnews. com. cn/system/2014/04/21/013052550. shtml，2014 年 4 月 21 日。

《江西 2 万余个村庄整治建设 古村落旧貌换新颜》，《中国新闻网》，http：//www. chinanews. com/gn/2019/01 – 16/8730997. shtml，2019 年 1 月 16 日。

《江西脱贫攻坚阶段性成效显著 多样扶贫方式齐上阵》，《中国新闻网》，http：//www. chinanews. com/gn/2017/08 – 05/8296791. shtml，2017 年 8 月 5 日。

《南昌 6 社区获评第三批全省农村社区建设试点示范社区》，《南昌新闻网》，http：//www. ncnews. com. cn/xwzx/ncxw/bwzg _ rd/201810/t20181030_ 1348145. html，2018 年 10 月 30 日。

大河新乡网：《2012 年新乡市国民经济和社会发展统计公报》，《大河新乡网》，http：//www. xinxiang. gov. cn/sitesources/xxsrmzf/page _ pc/zwgk/ghygb/tjgb/article3187ecb79d094b37 812303c599da5db0. html，2013 年 3 月 22 日。

戈竹武、叶晓枫：《江西横峰县：倡导乡村文明新风》，《人民日报》2017 年 9 月 24 日第 11 版。

国家统计局：《国家统计年鉴 2006》，《国家统计局网站》，http：//
www. stats. gov. cn/tjsj/ndsj/2006/indexch. htm，2007 年。

江西省扶贫办和移民办：《全省脱贫攻坚整改工作进展良好》，《江西
省人民政府网》，http：//www. jiangxi. gov. cn/art/2017/6/21/art_
5210_ 301247. html，2017 年 6 月 29 日。

江西省民政厅：《以农村村落社区建设为载体扎实推进社会主义新农
村建设》，《中国农村村民自治信息网》，http：//cmzz. mca. gov. cn/
article/tbgz/qggzhy/cwgkyjzw/201201/20120100073203. shtml， 2012
年 1 月。

罗家德：《自组织让"关系"成为好东西》，《凤凰网》，http：//fi-
nance. ifeng. com/a/20130821/10484288 _ 0. shtml，2013 年 8 月
21 日。

全国人民代表大会常务委员会：《中华人民共和国村民委员会组织法（试
行)》， 《中国人大网》，http：//www. npc. gov. cn/wxZJMQl/gongbao/
1987 – 11/24/content_ 1481517. htm.，找不到转载日期。

宋海峰、廖建：《360 亿元建设新一轮高标准农田》，《江西日报》
2018 年 12 月 6 日第 A02 版。

田毅鹏：《单位制与中国社会密码》，《腾讯网》，https：//new. qq. com/
omn/20181218/20181218G0O8OL. html，2018 年 12 月 18 日。

万瑜、李嘉媛：《强化五大支撑 江西省脱贫攻坚工作取得显著成效》，
《人民周刊网》，http：//www. peoplenews. com. cn/html/2018/jizhezaix-
ian_ 0723/4239. html，2018 年 7 月 23 日。

王调翁、黄靓：《我市投入 183 亿元改善农村基础设施建设》，《上饶
晚报》2018 年 11 月 1 日第 A02 版。

新乡市国民经济和社会生长统计公报，https：//wenku. baidu. com/
view/0d5b82d58f9951e79b89680203d8ce2f0066659a. html，2013 年 3
月 22 日。

叶若林、孔臻：《变"楼的社区"为"人的社区"横峰打造精品农村

社区》,《上饶日报》2015 年 7 月 10 日第 01 版。

张文超:《确保农村社区建设取得成效》, 《三农网》, https: //
www. zg3n. com. cn/article - 62637 - 1. html. , 2018 年 1 月 5 日。

附录 1

村庄类型：　　　　　问卷编号：

调查问卷（村民）

尊敬的朋友：

　　您好。我们正在从事一项关于农村社区建设的实践调研，想邀请您作为我们的调研对象。您的回答对我们非常重要，同时也能帮助完善农村社区建设的各项政策。请您根据自己情况如实回答调研问卷的各项问题，我们会对您的回答严格保密。感谢您的配合！

南昌大学农村社区建设实践调研组

一　基本信息

（　　）1. 请问您的年龄是　　　　　（周岁）

（　　）2. 请问您的性别：

　　　　A. 男　　　　　　　　　B. 女

（　　）3. 请问您的户口属性是：

　　　　A. 城镇户口　　　　　　B. 农村户口

（　　）4. 请问您的民族：

　　　　A. 汉族　　　　　　　　B. 少数民族

（　　）5. 请问您的政治面貌是什么：

        A. 党员　　　　　　　　B. 共青团员

        C. 群众　　　　　　　　D. 其它民主党派

（　　）6. 请问您的健康情况为：

        A. 很不健康　　　　　　B. 比较不健康

        C. 一般　　　　　　　　D. 比较健康

（　　）7. 请问您的婚姻状况：

        A. 已婚　　　　　　　　B. 未婚

        C. 离异　　　　　　　　D. 丧偶

（　　）8. 请问您的受教育程度为：

        A. 文盲　　　　　　　　B. 小学

        C. 初中　　　　　　　　D. 高中

        E. 中专或技校　　　　　F. 大专及以上：

（　　）9. 请问您是否信教：

        A. 是　　　　　　　　　B. 否

（1）如选 A，请问您信何种宗教：

        A. 基督教　　　　　　　B. 佛教

        C. 道教　　　　　　　　D. 天主教

        E. 其它

（2）如选 A，请问您参加宗教活动的频率是：

        A. 从没有参加　　　　　B. 每周都有

        C. 每月都有　　　　　　D. 一年参加几次

        E. 一年不到 1 次

（　　）10. 请问您的家庭年收入约为多少？

        A. 2 万以下　　　　　　B. 2—5 万

        C. 5—10 万　　　　　　D. 10 万以上

（　　）11. 您觉得您目前的家庭收入在村庄内处于何种水平？

        A. 上层　　　　　　　　B. 中上层

C. 中层   D. 中下层

E. 下层

（   ）12. 请问您的职业是：

A. 农民   B. 工厂务工人员

C. 手工业者   D. 个体工商户

E. 商业经营人员   F. 种养大户

H. 其它

（   ）13. 请问您是否贫困户：

A. 是   B. 否

（   ）14. 请问您家总共有＿＿＿＿＿亩地？

（   ）15. 请问你家有＿＿＿＿＿套房子，总共＿＿＿＿＿平米？

（   ）16. 目前与您共同生活的共有＿＿＿＿＿人？

（   ）17. 您愿意向别人表露自己的想法吗？

A. 不愿意   B. 愿意表露一部分

C. 有什么就会说什么   D. 不一定

（   ）18. 请问您在人多的场合您会觉得？

A. 觉得不自在   B. 觉得游刃有余

C. 没什么特别感觉

（   ）19. 与您村庄内的其它人相比，请问您觉得您语言表达水平如何（说话的水平）？

A. 非常好   B. 比较好

C. 一般   D. 有点不好

E. 很不好

（   ）20. 与您村庄内的其它人相比，你觉得你自己的能力如何？

A. 好   B. 比较好

C. 一般   D. 比较不好

E. 很不好

（　　）21.（1）请问您是党员吗？

     A. 是   B. 否

（2）请问您正在或曾经担任村两委干部吗？

     A. 是   B. 否

（3）请问您正在或曾经担任过村小组干部吗？

     A. 是   B. 否

（4）请问您正在或曾经担任过村民代表或村民监察小组代表吗？

     A. 是   B. 否

（5）请问您正在或曾经担任过村里各类理事会、监事会的成员吗？

     A. 是   B. 否

（　　）22. 您的家族或您所在的房在你们村居于什么地位？

     A. 非常有地位   B. 比较有地位

     C. 一般   D. 比较没地位

     E. 非常没地位

（　　）23. 您在这个社区（村庄）的居住时间为：

（　　）24. 总的来说，您认为您的生活是否幸福？

     A. 很不幸福   B. 比较不幸福

     C. 一般   D. 比较幸福

     E. 非常幸福

（　　）25. 总的来说，您是否同意在这个社会上，您一不小心，别人就会想办法占你便宜？

     A. 完全同意   B. 比较同意

     C. 无所谓同意不同意 D. 比较不同意

 E. 完全不同意

（　　）26. 总的来说，您认为当今社会是不是公平的？

     A. 完全不公平   B. 比较不公平

     C. 居中   D. 比较公平

E. 完全公平

（　　）27. 总的来说，你觉得你们村比周边的村要不要好？

　　　A. 要好　　　　　　　　B. 相同

　　　C. 不好

（　　）28. 总的来说，您是否同意村里的人绝大多数都是可以信任的？

　　　A. 完全同意　　　　　　B. 比较同意

　　　C. 无所谓同意不同意　　D. 比较不同意

　　　E. 完全同意

（　　）30. 总的来说，您觉得现在的政府是不是可以信任的？

　　　A. 完全可以信任　　　　B. 比较可以信任

　　　C. 无所谓信任不信任　　D. 有点不可信任

　　　E. 完全不可信任

（　　）31. 总的来说，您对村干部的信任程度如何？

　　　A. 完全信任　　　　　　B. 比较信任

　　　C. 一般　　　　　　　　D. 有点不信任

　　　E. 完全不信任

（　　）32. 与邻近村庄相比，你觉得你们村的团结程度如何？

　　　A. 非常团结　　　　　　B. 比较团结

　　　C. 一般　　　　　　　　D 比较不团结

　　　E. 非常不团结

（　　）33. 您觉得本社区的好坏与您个人荣誉感的关系程度如何？

　　　A. 没有关系　　　　　　B. 关系一般

　　　C. 关系密切

二　村庄社区建设情况

（　　）1. 你知道你家属于哪个组、队吗？

A. 清楚知道   B. 有点模糊

C. 完全不知道

（　　）2. 你对村里人的熟悉程度是？

A. 认识全部人   B. 认识大部分

C. 认识一半   D. 认识小部分

E. 认识一两个

（　　）3. 您对村干部的熟悉程度如何？

A. 非常熟悉   B. 比较熟悉

C. 一般   D. 不太熟悉

（　　）4. 你觉得你们村的治安情况如何？

A. 非常好   B. 比较好

C. 一般   D. 比较不好

E. 非常不好

（　　）5. 您知道该社区人口大概有多少吗？

A. 知道   B. 不知道

（　　）6. 您在该社区的朋友有多少？

A. 没有   B. 1—5 个

C. 6—10 个   D. 10 个以上

（　　）7. 你们村是否有固定的办公场所？

A. 有   B. 没有

（　　）8. 您知道村委会办事处的地点在哪吗？

A. 很确切的知道   B. 知道大概的位置

C. 不知道

（　　）9. 请问你村有医疗服务站吗？

A. 有   B. 没有

（　　）10. 你觉得村里的医疗服务站能否满足你看病的需求？

A. 完全能   B. 大部分能

C. 部分能   D. 完全不能

（　　）11. 请问村里有幼儿园吗？

　　　　　　A. 有　　　　　　　　B. 没有

请问村里有完全小学吗？

　　　　　　A. 有　　　　　　　　B. 没有

请问村里有中学吗？

　　　　　　A. 有　　　　　　　　B. 没有

（　　）12. 请问村里的教育资源能否满足您家庭的需求？

　　　　　　A. 完全能　　　　　　B. 大部分能

　　　　　　C. 部分能　　　　　　D. 完全不能

（　　）13. 请问你们村有自己的社区组织吗（如舞蹈队、秧歌队、龙灯队）？

　　　　　　A. 有　　　　　　　　B. 没有

如果有，请问您加入了＿＿＿＿＿＿个社区社会组织？

　　　　　　A. 从未参与　　　　　B. 参与 1 个

　　　　　　C. 参与 2 个　　　　　D. 参与 3 个以上

（　　）14. 请问你们村有自己的正式组织吗（如村民自治委员会、村民代表大会、村民兵连等）？

　　　　　　A. 有　　　　　　　　B. 没有

（　　）15. 请问你们村是否有公共活动场所（如文化站、书屋、祠堂、小广场等）？

　　　　　　A. 有　　　　　　　　B. 没有

如果有，请问您去的频率如何？

　　　　　　A. 每天都去　　　　　B. 每周都去

　　　　　　C. 每月都去　　　　　D. 偶尔去一次

　　　　　　E. 从未去过

（　　）16. 您与社区或社区组织中意见领袖和角色人员的关系是

　　　　　　A. 关系普通　　　　　B. 关系较近

C. 关系较差   D. 没关系

（   ）17. 你们村现在还组织村庄内集体性活动吗（如闹元宵、清明会等）？

A. 会   B. 不会

如果会，请问多久举行一次？

A. 一年好几次   B. 一年一次

C. 几年一次

（   ）18. 您认为您对社区的付出和社区给予您的相比如何？

A. 付出更多   B. 一半一半

C. 给予更多   D. 不知道

（   ）19. 请问您，是否知道农村社区建设的内容？

A. 确切知道   B. 大概知道

C. 不知道

（   ）20. 据您所知，与社区所在的大多数人相比，您对社区建设的了解程度是更？

A. 更少   B. 差不多

C. 更多   D. 不知道

（   ）21. 请问您，对于村里的社区活动参与情况如何？

A. 积极参与   B. 参与了部分

C. 从未参与

（   ）22. 请问您对参与社区建设活动感兴趣么？

A. 没兴趣   B. 较没兴趣

C. 一般   D. 比较有兴趣

E. 非常有兴趣

（   ）23. 请问您，是否愿意参加社区建设活动？

A. 不愿意   B. 比较不愿意

C. 一般   D. 比较愿意

E. 非常愿意

（　　）24. 在什么样的情况下，您更愿意去参与社区建设？

      A. 主动参与　　　　　B. 动员下参与

（　　）25. 请问您，若您要参与的社区建设活动与您要从事的其他活动相冲突时，你会选择哪一方？

      A. 放弃社区建设活动　　B. 以社区建设活动为主

      C. 视情况而定

（　　）26. . 请问您，平均每个月参与多少次聚会和活动？

      A. 没有　　　　　　　B. 1—2 次

      C. 3—5 次　　　　　　D. 5 次以上

（　　）27. 请问您，去年一年参与社区建设事务的次数如何？

      A. 1 次　　　　　　　B. 2—3 次

      C. 3 次　　　　　　　D. 4 次以上

（　　）28. 请问您，去年一年参与社区建设事务的频率如何？

      A. 经常参与　　　　　B. 偶尔参与

      C. 基本不参与　　　　D. 从不参与

（　　）29. 请问您，在参与社区建设活动时的方式是什么？

      A. 精神上支持　　　　B. 出席活动

      C. 出席并动员他人　　D. 多做准备，建言献策

      E. 不去管

（　　）30. 请问您，在参与社区建设活动上的时间所占业余生活时间是怎样的？

      A. 一小部分　　　　　B. 一半一半

      C. 一大部分　　　　　D. 不占用时间

（　　）31. 请问您，在参与社区建设时更倾向于在社区建设中投入什么？

      A. 时间投入　　　　　B. 物质投入

      C. 财力投入　　　　　D. 感情投入

      E. 能力投入

（　　）32. 您认为，您自身在参与社区建设中所扮演的角色是什么？

　　　　A. 普通成员　　　　　B. 坚实力量

　　　　C. 角色人员　　　　　D. 意见领袖

（　　）33. 请问您，在参加社区建设活动中的发言状况如何？

　　　　A. 不发言　　　　　　B. 很少发言

　　　　C. 经常发言　　　　　D. 没参加过

（　　）34. 请问您认为，影响社区活动参与人数的决定性因素是什么？

　　　　A. 物质奖励　　　　　B. 宣传效果

　　　　C. 活动的吸引人程度　D. 设施良好

　　　　E. 居民认同

（　　）35. 请问您参与社会活动的目的什么？

　　　　A. 与自身利益切身相关　B. 打发时间

　　　　C. 认识人　　　　　　D. 脸面

　　　　E. 居委会要求

（　　）36. 请问您，您认为村内社区建设常用的动员方法是什么？

　　　　A. 行政动员　　　　　B. 能人动员

　　　　C. 项目动员　　　　　D. 自组织动员

（　　）37.. 您一般是通过什么渠道参加社区建设的？

　　　　A. 邻居介绍　　　　　B. 社区报名

　　　　C. 手机电话　　　　　D. 其他

（　　）38. 您所居社区参加社区建设的有效渠道丰富吗？

　　　　A. 很单一（通常只有 1 种）　B. 一般（2—3 种）

　　　　C. 很丰富（3 种以上）　　D. 不了解

（　　）39. 参加社区建设活动的人主要是靠谁的动员？

　　　　A. 社区工作人员　　　B. 社区意见领袖

　　　　C. 家人　　　　　　　　D. 社区朋友

　　　　E. 自发去的

（　　）40. 近年来村里有无发动村民做集体活动？

　　　　A. 经常　　　　　　　　B. 偶尔

　　　　C. 从未

（　　）41、请问在最近几年你们村庄的建设中，村中是否对您进行动员？

　　　　A. 是　　　　　　　　　B. 否

（1）他们总共动员了你家_____次？

　　　　A.0 次　　　　　　　　B.1 次

　　　　C.2 次　　　　　　　　C.3 次

　　　　D.4 次　　　　　　　　E.5 次

（2）乡、村干部在对你家进行动员时，你家的响应情况是？

　　　　A. 立即参与　　　　　　B. 观察别人在决定是否参与

　　　　C. 等家里有空在参与　　D. 拖不住了再参与

（　　）42. 据你所知，对于乡、村干部的动员，你们村的村民参与程度是？

　　　　A. 全部参与　　　　　　B. 大部分参与

　　　　C. 一半参与　　　　　　D. 少数参与

　　　　E. 都没参与

（1）如果你觉得参与率不高，请问你觉得村民不听村干部的主要原因是？（可多选）

　　　　A. 村干部不值得信任　　B. 村干部没有威信

　　　　C. 宣传不到位　　　　　D. 没有报酬

　　　　E. 村里人不团结　　　　F. 无惩罚措施

　　　　G. 忙

（　　）43. 近几年村里面成立各类社区组织（如合作社、理事会）吗？

    A. 成立　　　　　　　　B. 未成立

（1）最近几年，村里的社区组织有没有发动大家做一些集体活动？

    A. 经常　　　　　　　　B. 偶尔

    C. 从未

（2）最近几年这些社区组织是否对你进行了动员吗？

    A. 是　　　　　　　　　B. 否

（3）如果选 A，请问你的参与情况是？

    A. 积极参与　　　　　　B. 参与了部分

    C. 从未参与

（　　）44. 你对现在社区居委会的干部满意程度如何？

    A. 满意　　　　　　　　B. 一般

    C. 不满意

（　　）45. 您对参加的社区活动结果满意程度如何？

    A. 非常满意　　　　　　B. 比较满意

    C. 一般　　　　　　　　D. 不太满意

（　　）46. 你觉得你们村的村干部对村庄事务管理的如何？

    A. 非常好　　　　　　　B. 比较好

    C. 一般　　　　　　　　D. 有点不好

    E. 非常不好

（　　）47. 请问您对本社区内各设施、活动的满意程度如何？

	很不满意	不太满意	一般	比较满意	十分满意
交通状况					
垃圾清理					
公共卫生					

续表

	很不满意	不太满意	一般	比较满意	十分满意
道路灯光					
社区绿化					
社区服务					
健身娱乐					
社区活动					

（   ）48. 你觉得村里目前的公共服务设施能否满足你的需求？

        A. 完全能　　　　　　B. 部分能

        C. 一点都不能

（   ）49. 请问你们村近几年进行了以下建设吗？你的家庭参与状况如何？

	有	无	积极参与	偶尔参与	从未参与
基础设施建设					
环境整治					
产业项目					
社区服务站（如文化站、卫生室、体育设施）					
村落公共空间					
村庄文化建设（如乡贤文化、公共文化）					
社区组织（如理事会、娱乐组织）					
社区公益服务					
村庄选举					
村民议事					
精准扶贫					
民主监督					

（　　　）50. 根据你上述回答，请问你参与以上项目的原因是？（可多选）

	赚钱	干部来叫不好意思，怕得罪他们	有兴趣、符合自己想去	想让村里更美好	别人都参与，不参与怕别人说	强制参与怕惩罚
社区基础设施						
社区文化						
社区管理						
社区组织						

（　　　）51. 根据你上述回答，请问你对以上村里这几年建设的政策了解程度如何？

	非常了解	比较了解	了解一点	一点都不了解
社区基础设施				
社区文化				
社区管理				
社区组织				

（　　　）52. 请问你了解这些政策的渠道主要是？

A. 乡、村干部口头通知　B. 村内公告栏通知

C. 手机、电视　　　　　D. 大会通知

E. 家庭成员告知　　　　F. 村庄内别人告知

G. 外部获知

（　　　）53. 在动员您参与村庄事务方面，你会听哪类人会让您更信任？

A. 县乡干部　　　　　　B. 村干部

C. 村里其它说话管事的人　D. 村里有钱人

E. 村里社会组织的人

（   ）54. 请问你觉得如果要提升村民参与村庄事务的积极性，应该如何做？

A. 给村民更多的报酬

B. 加大宣传

C. 项目要让村民感兴趣

D. 村干部改变宣传方法

E. 加强村庄内公共服务建设

F. 多成立社区组织

G. 加强村庄团结

H. 让村庄内的能人来进行动员

附录 2

村庄类型：　　　　　　　　访谈编号：

访谈提纲（乡村基层干部）

尊敬的朋友：

您好。我们正在从事一项关于农村社区建设的实践调研，想邀请您作为我们的调研对象。您的回答对我们非常重要，同时也能帮助完善农村社区建设的各项政策。请您根据自己情况如实回答各项问题，我们会对您的回答严格保密。感谢您的配合！

南昌大学农村社区建设实践调研组

1. 请问你们村人口有_____户？_____人？其中本地人口_____人，外来人口_____人？

村庄内上一年度平均收入_____人/年？

2. 本村内村民的主要收入以为主？

A. 务农　　　　　B. 务工

C. 个体经营　　　D. 房产出租

E. 拆迁

3. 村里在外做生意_____比例？在外务工的_____比例？

4. 土地总共_____亩？人均_____亩？

村里土地如果转让，转让费大概_____钱/亩。

5. 离县城几里？离乡镇几里地？

6. 村庄历史有多长？

7. 村里是否有自己的市场？小学？中学？幼儿园？卫生室？

8. 村里有无公共服务站？是否有公共活动场所（如文化站、书屋、祠堂等）？

9. 村里议事在哪里？

10. 村里有几个村干部？目前干部体系是否完整？

11. 村里有多少集体财产？每年能分配给村民多少？

12. 村里这几年做了什么事？社区建设方面

13. 村里有没有成立社区组织？理事会、监事会、协会、合作社？如果有，他们是否有自己活动的场所？主要开展什么活动？

14. 你们如何发动村民？有什么经验介绍？

15. 您觉得村干部说话管用吗？为什么？

16. 您觉得目前发动老百姓参与村庄事务的主要困难在哪里？

17. 您觉得你们村跟别的村相比有什么特点？

18. 要提高村民的社会动员能力，您觉得最主要的是要做好什么？

19. 您觉得对老百姓的动员或老百姓对政策的动员上，这两年与前两年有什么不一样。

20. 您认为本村动员村民参与社区建设的过程中，有何保障机制？取得了何种成效和经验？